D1691652

Ina Rösing

TRANCE, BESESSENHEIT UND AMNESIE

Bei den Schamanen der Changpa-Nomaden
im ladakhischen Changthang

Mitarbeit am Forschungsprojekt:
Hans-Ulrich Pfeilsticker, Reinhardt Rüdel, Peter F. Tkaczyk

Transkription und Übersetzungskontrolle der tibetischen Texte:
Tsultim Kubet, Sonam Wangchok, Thinley Gyurmet

Musik-Transkription: Jarkko Niemi

Layout und Gestaltung: Silvia Gray

Weishaupt Verlag

ISBN 3-7059-0174-5
1. Auflage 2003
© Copyright by Herbert Weishaupt Verlag, A-8342 Gnas,
Tel: 03151-8487, Fax: 03151-84874.
e-mail: verlag@weishaupt.at
e-bookshop: www.weishaupt.at
Sämtliche Rechte der Verbreitung – in jeglicher Form und Technik –
sind vorbehalten.
Druck und Bindung: Druckerei Theiss GmbH, A-9431 St. Stefan.
Printed in Austria.

*Für Prof. A. Rahman,
Delhi,
für Wissen, Weisheit,
Freundschaft,
für meinen wichtigsten
Menschen in Indien*

VORWORT

Der vorliegende Band beschäftigt sich mit den Schamanen der Changpa-Nomaden auf dem ladakhischen Hochland von Changthang. Die Changpa-Nomaden gehören nach ihren sozialen Strukturen und ihrer religiösen und rituellen Ausrichtung (Buddhismus und Schamanismus) dem tibetischen Kulturkreis an. Die Moderne, die auch ihre ferne Welt erreicht hat, stellt auf dramatische Weise ihre Lebensbasis in Frage.

Es sind ihre traditionellen Heiler, die Schamanen, welche die »Krankheit« der Moderne am deutlichsten sehen. Sie sehen diese neue Zeit unter visionärer Trance und Gottbesessenheit, und wenn man ihren Trance-Gesängen lauscht, in denen von so viel mehr Gewalt in unserer Zeit die Rede ist (»mehr Blut fließt die Täler hinab«), so haben ihre Mahnungen eine merkwürdige Aktualität. (Ich habe das Buch kurz nach dem 11. September 2001 fertig gestellt.) Die Trance der ladakhischen Schamanen ist gefolgt von einer hermetischen Amnesie. Im vorliegenden Forschungsbericht wird nachgezeichnet, auf welchem Wege man die Schamanen – trotz ihrer Amnesie – verstehen und ihren Brückenschlag von alter und neuer Zeit – und damit auch ihre Botschaft für uns – entschlüsseln kann.

DANKSAGUNG

An erster Stelle danke ich allen Ladakh-Schamanen, die mich durch ihre Heilungsrituale und durch Gespräche und Lehren an ihrem Wissen teilhaben ließen – allen voran *Lhapa Sonam Murup* (†), und *Lhapa Thundup*. Dank auch allen anderen Gesprächspartnern in Ladakh – jedes dieser (Tonband-dokumentierten) Gespräche hat mir geholfen, mehr von Religion, Ritual und Alltag in Ladakh zu verstehen.

Ganz besonderer Dank gilt meinen wichtigsten ladakhischen Mitarbeitern: *Sonam Norboo Spurkhapa*, *Tsultim Kubet* (leider tragischerweise im Februar 2001 verstorben) sowie *Thinley Gyurmet* und *Sonam Wangchok*.

In Deutschland habe ich an erster Stelle *Dr. Hans Ulrich Pfeilsticker, Prof. Dr. Reinhardt Rüdel* und *Dipl. Ing. Peter Fa Tkaczyk* zu danken. Ohne ihre Mitarbeit hätte ich dieses Buch nicht verfasst:

(1) Es war die Computer-Bildarbeit von *Hans-Ulrich Pfeilsticker*, die meine nach 18 Jahren Anden- und 7 Jahren Himalaya-Forschung entstandene »Bildmüdigkeit« mit einem Schlag wieder »heilte«. Ohne das Bild in seiner Substanz anzurühren und zu verändern, konnte Hans-Ulrich Pfeilsticker eindrucksvolle Ausschnitte herstellen und durch leichte Aufhellungen und Abdunkelungen ein scheinbar völlig misslungenes Bild doch retten. Diese Bildarbeit mit Hans-Ulrich Pfeilsticker ließ den Plan entstehen, einen Changthang-Bildband zu gestalten. Der Plan hat sich geändert, erweitert und verschoben, und daraus ist der vorliegende Band entstanden. Die Beflügelung durch Hans-Ulrich Pfeilstickers Bildarbeit steht aber auf jeden Fall am Ausgangspunkt dieses Buches, und seine Bildarbeit hat auch den gesamten Produktionsprozess begleitet.

(2) *Reinhardt Rüdel* ist von Anfang an mit meiner Himalaya-Forschung verbunden. Er hat nicht nur alle bisher dazu verfassten Vorträge, Artikel und Buchbeiträge gelesen und mit mir diskutiert, sondern hat mich auch nachhaltig zu dem Text dieses Buches ermuntert, welches erst nur ein Bildband werden sollte. Ohne diese Ermunterung würde das Buch nicht in dieser Form vorliegen. Auch hat Reinhardt Rüdel wiederholt Mittel und Wege gewusst, Finanzierungslücken meiner Ladakh-Forschung zu flicken, ohne welche sie nicht weitergegangen wäre. Insbesondere war er es, welcher mir für ein Jahr die Zusammenarbeit mit Hans-Ulrich Pfeilsticker erst ermöglicht hat. Für all dies sage ich ihm meinen ausdrücklichen Dank.

(3) Ebenso ausdrücklich danke ich *Peter Fa Tkaczyk*. Die zweite Changthang-Expedition hätte ich ohne eine »deutsche« Begleitung *nicht* unternommen, und ohne diese Expedition hätte der vorliegende Band auch nicht geschrieben werden können. Ich brauchte eine Begleitung nicht nur als Schutz vor der unermüdlichen Freundlichkeit und Neugier der Nomaden und der Fürsorglichkeit meiner la-

dakhischen Mitarbeiter (beides hinderte mich beim ersten Changthang-Aufenthalt nachhaltig am Schreiben, doch immerhin eine der wichtigsten Feldforschungstätigkeiten!), sondern auch vor den bei der ersten Changthang-Expedition reichlich erfahrenen Unbilden und der Überlastung bei der Dokumentationsarbeit. In allem hat Fa mir sehr geholfen. Er hat mir durch seine Anwesenheit das Alleinsein zum Schreiben ermöglicht, er hat die Geräte versorgt und bei der Arbeitsorganisation, der Protokollierung der Arbeit und den Aufnahmen geholfen. Er hat auch alle Belastungen, einschließlich Kranksein, geteilt – und dafür sage ich ihm meinen ausdrücklichen Dank.

Einem weiteren Kollegen möchte ich meinen ganz besonderen Dank aussprechen, *Prof. Dr. Jarkko Niemi* vom Department of Music Anthropology, University of Tampere, Finnland: Er hat mir einige der Strophen eines schamanischen Gesangs in Noten transkribiert. Mit Dankbarkeit schließe ich seine kostbare Arbeit in diesen Band ein (vgl. Anhang D).

Ganz herzlichen Dank auch meinem wunderbaren Frauenteam an der Universität Ulm, ohne das ich weder für Ladakh, Changthang oder sonst irgendwo hätte abwesend sein noch je irgend eine wissenschaftlich Arbeit vollenden können: *Silvia Gray, Beate Graßdorf-Mendoza, Edith Robinson-Kollmetz* und *Ärztin Ursula Wolf*.

Dank den Institutionen, welche diese Forschung gefördert haben: das Land Baden-Württemberg durch den Landesforschungspreis, welcher mir für die Andenforschung verliehen wurde und den ich für die Finanzierung der ersten Jahre der Himalaya-Forschung eingesetzt habe, und die *Volkswagen-Stiftung*, welche einige Feldforschungsreisen und einen Teil der Transkriptionsarbeit förderte.

Ich danke auch den Menschen, die mich in meiner Klausur in Wintermoos, in welcher das Buch geschrieben wurde, beschützt haben: den Freunden *Adi* und *Resl Vogl* für ihre vielfältige Hilfe, Versorgung und ihren stetigen Schutz vor Ablenkungen und Unterbrechungen.

Danken möchte ich auch den kritischen Erstlesern dieses Bandes: *Prof. Dr. Martin Baumann, Heinz Räther, M. A.* und *Frank Seeliger, M. A.* Ich habe nicht alle ihre Anmerkungen berücksichtigen können; verbleibende Mängel stehen in meiner eigenen Verantwortung.

Wintermoos, September 2001
Ina Rösing

INHALTSVERZEICHNIS

Widmung (3)
Vorwort (5)
Danksagung (6)
Inhaltsverzeichnis (8)
Verzeichnis der Abbildungen (11)
Anmerkungen zur Orthographie der tibetischen Texte (13)

KAPITEL 1: Nomadisches Leben. Eine Einführung und der Stand der Forschung (17)

1. Einleitung (18)
2. Hirten-Nomadentum und Ökosystem (19)
3. Die ladakhischen Changpa-Nomaden: Stand der Forschung (24)
4. Die tibetischen Changpa-Nomaden: Stand der Forschung (30)
5. Changpa-Schamanen: Das weiße Feld (33)
6. Übersicht zum vorliegenden Buch (36)

KAPITEL 2: Die Lebenswelt der Changpa-Nomaden (39)

1. Changthang: Die Umwelt (40)
2. Viehbestand und Weidewechsel (45)
3. Die »große schwarze Spinne« und das weiße Zelt (52)
4. Tauschhandel in Vergangenheit und Gegenwart (59)
5. Sozialstruktur: Polyandrie, die Vielmänner-Ehe (66)
6. Die religiöse Tradition:
   Buddhistisch-schamanische Mischungen (72)

KAPITEL 3: Schamanen in Ladakh (85)

1. Schamanen, Medizinmänner, Heiler: Definition und Abgrenzung (86)
2. Stand der Forschung (88)
3. Kloster- und Dorf-Schamanen oder: Der Tanz über dem Abgrund (89)
4. »Wahnsinn« als Berufung zum Schamanen (96)
   (1) Deldan (96)
   (2) Sonam Murup (99)
   (3) Dechen (102)
   (4) Kunzes (103)
5. Die Transformation des »Wahnsinns« zur kontrollierten lha-Besessenheit (110)
   (1) Dechen (112)
   (2) Palzes (113)
6. Die schamanische Séance (117)
7. Ruf und Ansehen des Schamanen und die Schlüsselrolle der buddhistischen Rinpoches (121)

KAPITEL 4: Das Rätsel von Trance und Amnesie (131)

1. Die Schamanen-Trance: Die eigene und die fremde Sicht (132)
2. Innensicht I: Lha-Zustand und Amnesie (134)
3. Innensicht II: Spar kha, die spirituelle Kraft (140)
4. Außensicht I: Trance als Theater (142)
5. Außensicht II: Amnesie als Abwehrstrategie (145)
6. Das Paradox der Amnesie und der Weg nach Changthang (151)

KAPITEL 5: Ein Schlüsselerlebnis, eine leibliche Erfahrung und die Verlagerung der Frage (155)

1. Die Suche nach den Schamanen in der unendlich weiten Landschaft von Changthang (156)
2. Die erste Heilungs-Séance bei Lhapa Thundup (158)
3. Der Werdegang des Schamanen Thundup (168)
4. Der Weg in die Trance (172)
5. Zweite Séance: Das Schlüsselerlebnis (173)
6. Die brennende neue Frage: Was hat er gesagt? (183)

KAPITEL 6: Der große Schamanengesang, die Auflösung der Fragen (187)

1. Vater und Sohn. Zwei weitere Changthang-Schamanen (188)
2. Der junge Schamane Sonam Lathar (188)
3. Der Schamane Ngawang: Hermetische Amnesie (191)
4. Bilanz zur Amnesie (198)
5. Sonam Tashi, der Schamanen-Gehilfe (199)
6. Arbeitsweise und Methoden der Annäherung (201)
7. Der große schamanische Gesang (203)
8. Deutung und Bedeutung des Trance-Gesangs (209)
9. Die ökonomische und gesellschaftliche Realität in Changthang und Ladakh und die Vision des Schamanen für sein Land und gegen die Gewalt in der Welt (211)

Glossar und verwendete Abkürzungen (219)

Anhang A: Vergleich der Changthang-Schamanen mit den Schamanen von Zentral-Ladakh (223)
Anhang B: Die Rede vom Schamanismus als Geisteskrankheit (227)
Anhang C: Sprechende Anthropologie im Kontext ekliptischer Sprach-Codes (231)
Anhang D: Jarkko Niemi: Musiktranskription einiger Strophen des großen schamanischen Gesangs (253)

Literaturverzeichnis (257)

VERZEICHNIS DER ABBILDUNGEN[1]

1 Die wüstengleiche Hochebene des ladakhischen Changthang (Rupshu) im Abendlicht (20/21)
2 Changpa-Nomaden beim Umzug zu neuen Weiden (25)
3 Nomadenfrau mit ihren Kindern (28/29)
4 Nomadenmädchen schaut ins Zelt herein (32)
5 Nomadenfrau (35)
6 Nomadenfrau mit Kind (38)
7 Nomadenjunge (42)
8 Nomadenmädchen (43)
9 Schafe auf der Weide (46/47)
10 Korzok, Kloster und Siedlung (49)
11 Nomadenkinder nach dem Sammeln von Brennmaterial: Ertrag eines Arbeitstages (51)
12 Das schwarze Zelt (53)
13 Auf dem Weg zum benachbarten Zeltlager (54/55)
14 Webarbeit im Zelt (57)
15 Das Material des schwarzen Zeltes: Yakhaar-Webstoff am Rauchabzug (59)
16 Pashmina-Ziegen. Hier – sich gegenüberstehend – mit den Hörnern verhakt, um sie in Ruhe in zwei Reihen von hinten melken zu können (60)
17 Das weiße Zelt (61)
18 Verlassene Zeltstätte, welche aber zur gegebenen Saison von der selben Familie wieder aufgesucht wird. Deutlich erkennbar: die Schutzmauer ringsherum und der Herd in der Mitte (64/65)
19 Die weibliche und die männliche Seite des Zeltes, links Kochgeschirr und Buttertee-Behälter, rechts Satteltasche und Reisetaschen (69)
20 Ein *lha tho* auf der Höhe eines Passes (73)
21 Innenhof des Klosters Korzok (76/77)
22 Interieur eines schwarzen Zeltes: der buddhistische Altar über dem Herd (u. a. mit einem Bildnis des Dalai Lama) (82/83)
23 Lobsang Chotrak, das Kloster-Orakel von Thiksey, tanzt über dem Abgrund (Cham-Spiele 1995) (90/91)
24 Sonam Murup (95)

---

1 Folgende Abbildungen stammen von Peter F. Tkaczyk: 6, 8, 19, 31, 40, 41, 42. Alle anderen Abbildungen sind von Ina Rösing.

25 Absaugen mit dem *pu ri* vom Scheitel der Patientin, die das Gesicht schmerzhaft verzieht (118)
26 Absaugen mit dem Mund vom Auge der Patientin (119)
27 Schamanin bei der Feuerbehandlung: Die Messerklinge wird über dem Feuer erhitzt und über die Zunge gezogen (Bild oben), um dann die schmerzende Stelle zu behauchen (Bild unten) (123)
28 Bakula Rinpoche (126)
29 Stakna Rinpoche (127)
30 Der Schamane Thundup (163)
31 Gute Stimmung im Zelt – meine Fotos vom letzten Jahr machen die Runde (166)
32 Andächtige Verfolgung des schamanischen Tuns: Klienten in der Séance von Lhapa Thundup (167)
33 Schamane Thundup beim Blasen über die *da ma ru*-Trommel (171)
34 Der Schamane Thundup gibt Erläuterungen (175)
35 Schamane Thundup mit *da ma ru*-Trommel und Glocke, Mantras rezitierend (177)
36 Lhapa Thundup in tiefer Trance: Gesang vom Zustand der Welt (179)
37 Lhapa Thundup in tiefer Trance: Gesang, Gebet und Mahnung (181)
38 Lhapa Thundup – Zusammenbruch am Ende der Séance (184/185)
39 Lhapa Sonam Lathar mit Sohn (189)
40 Buddhistischer Mönch in einer schamanischen Séance bei Lhapa Ngawang. Im Hintergrund traditioneller schmuckvoller Behälter zum Herstellen von Buttertee und moderne chinesische Gebrauchsgegenstände aus Plastik und Blech (192)
41 Lhapa Ngawang weiht zwei sich tief vor ihm auf den Boden beugende Frauen mit der Weihrauchschale (193)
42 Lhapa Ngawang in Trance. Die *da ma ru*-Trommel in der rechten Hand, die Glocke (nicht sichtbar) mit bunten Gehängen in der linken. Hintergrund: Tageslichtschein durch das handgewebte Yakhaar-Zelt (196/197)
43 Lhapa Thundup beim „großen Gesang" (205)

ANMERKUNGEN ZUR ORTHOGRAPHIE DER TIBETISCHEN TEXTE

In der Orthographie der tibetischen Texte (Transkriptionen von Tonbändern) folge ich nicht den Normen der etablierten Tibetologie und den Regeln des klassischen Tibetisch, sondern der Alltagspraxis studierter und gebildeter Ladakhis. Die Transkriptionen stammen von drei Ladakhi-Mitarbeitern:

TSULTIM KUBET

Lobsang Rinchen (genannt Tsultim) wurde am 1. Juni 1946 im Dorf Kubet in Nubra geboren. Seine Eltern waren Bauern. Er war der älteste von sechs Geschwistern, vier Buben und zwei Mädchen. Der Vater wollte, dass er Mönch wird, und gab ihn mit sechs Jahren an das Diskit Kloster in Nubra.[2] Dort hat er zunächst zwei Jahre die Klosterschule besucht. Danach begleitete er seinen Lama-Lehrmeister zu der Höhle von Lchang-lung, wo dieser eine drei Jahre/drei Monate/drei Tage-Meditation (genannt Lo Sum Cho Sum) absolvierte. Tsultim versorgte den in der Höhle meditierenden Lehrmeister mit allem erforderlichen Alltagsbedarf (Essen, Trinken, Decken). Zwischen den Meditationsperioden des Tages wurde er von diesem Lama in tibetischer Schrift und Tibetischem Buddhismus unterrichtet.

Er blieb seinem Lehrmeister auch noch nach dessen Klausur fünf Jahre treu an der Seite und begleitete ihn zu allen seinen mönchischen Verpflichtungen. 1962, im Alter von 16 Jahren, beschloss Tsultim dann, die Mönchskutte abzulegen.

1963 wurde er von Bakula Rinpoche als besonders zu fördernder Schüler ausgewählt und an die Varanasi Hindu Universität geschickt. Er schloss 1975 sein Studium mit einem Bachelor of Arts an der Varanasi Hindu Universität ab. Seine Studienschwerpunkte waren Geschichte, Sozialwissenschaften und Englisch.

Zurück in seiner Heimatregion wurde er für $1^1/_2$ Jahre zunächst an einer Grundschule Lehrer, mochte aber diesen Beruf nicht sehr. Er übernahm den Posten eines Managers der Ladakh Wood Factory und stieg dann ab 1988, nachdem Ladakh für den Tourismus geöffnet worden war, als Bergführer in das Tourismusgeschäft ein. Er hat siebzehn Mal den Stok Kangri (unter anderen Gipfeln Ladakhs) bestiegen und zwei Dutzend Mal Zanskar durchwandert. Er war auch drei Jahre lang Vizepräsident der All Ladakh Buddhist Association. Er blieb bis zu seinem Tod als Bergführer tätig.

---

2 Es war und ist zum Teil noch heute üblich, dass eine Familie einen, manchmal sogar zwei Söhne in frühen Jahren in das zuständige Kloster gibt.

Er war verheiratet mit zwei Schwestern und hatte fünf Kinder. Sein Sohn Kunzang Rigzin ist am 19. Mai 1999 im Alter von 19 Jahren im indisch-pakistanischen Krieg in der Nähe von Kargil gefallen.

Tsultim Kubet starb, nachdem er uns im Dezember 2000 noch bei bester Gesundheit in Ulm besucht hatte, im Februar 2001.

SONAM WANGCHOK

Er wurde 1973 im Dorf Khardong in Nubra geboren. Sein Vater war Förster. Er ist der Zweitjüngste von sechs Geschwistern, vier Jungen und zwei Mädchen. Bis zu seinem elften Lebensjahr war Sonam ausschließlich eingespannt in den elterlichen Bauernbetrieb – seine Hauptaufgabe war das Hüten der Schafe. Bis dahin hatte er noch keine Schule besucht.

Sein ältester Bruder erkannte aber die Begabung des Jungen und sorgte dafür, dass er in Choglamsar, nahe Leh, der Hauptstadt Ladakhs, in das Central Institute of Buddhist Studies eingeschult wurde, wo er mit 19 Jahren seinen Abschluss machte. Seine Schwerpunkte waren Buddhistische Philosophie sowie die Sprachen Tibetisch, Hindi und Englisch.

Die Familie Sonam Wangchoks hatte enge Beziehungen zu Bakula Rinpoche. Als dieser einen Stipendiaten für das Buddhismus-Studium in Sri Lanka suchte, wurde Sonam Wangchok aufgrund seiner guten Abschlussnoten im Central Institute ausgewählt. Mit 19 Jahren reiste er nach Colombo, der Hauptstadt Sri Lankas, und studierte an der Buddhist und Pali University in Colombo Buddhistische Kultur und Philosophie (Tibetologie). Mit 24 Jahren schloss er das Studium mit einem Bachelor of Arts mit Auszeichnung ab.

Dieser Abschluss mit Auszeichnung ermöglichte ihm sogleich den Zugang zur Delhi University, wo er zwei Jahre tibetische Sprache und tibetische Literatur studierte. Seine exzellenten Noten ermöglichten ihm, ohne Ablegung eines MA Examens (Master of Philosophy), mit 26 Jahren direkt sein Doktorandenstudium am Department of Buddhist Studies der Delhi University aufzunehmen. Er arbeitet zur Zeit an seiner Doktorarbeit zum Thema »*Origin and development of the Sakya tradition in the Western Himalaya with special reference to the Matho Monastery in Ladakh*«. – Sonam ist seit 1999 mit Sonam Both verheiratet und hat eine kleine Tochter namens Padma.

THINLEY GYURMET

Er wurde 1973 im Dorf Stakna geboren. Seine Eltern sind Bauern. Er ist das fünfte Kind von elf Geschwistern, sechs Jungen, drei Mädchen, zwei Kinder sind gestorben. Er stammt aus einer polyandrischen Familie, seine Mutter Yishe Pulit, heiratete die ältesten drei von sechs Brüdern. Der älteste Vater starb, als Thinley zehn Jahre alt war.

Nachdem er ein Jahr die Grundschule besucht hatte, wurde er mit neun Jahren dem Stakna Kloster übergeben. Im Kloster erhielt er die Grundschulausbildung und seine erste Ausbildung in Buddhismus. Mit 14 Jahren – bereits in der Mönchskutte – kam er an das Central Institute of Buddhist Studies in Choglamsar, wo er sich auf Buddhistische Philosophie und die Sprachen Tibetisch und Hindi spezialisierte. 1999 schloss er sein Studium mit einem Master of Arts in Buddhist Philosophy ab.

Er wurde dann eingesetzt zum Unterricht des Buddhismus an einer Höheren Schule in Nubra. Gleichzeitig schrieb er sich ein zum Doktorandenstudium an der Sanskrit University in Varanasi (Benares). Sein Promotionsthema im Fach Buddhistische Philosophie lautet *How to clarify the defiled mind* (Wie das unreine Bewusstsein zur Klarheit kommt). Da er bald merkte, dass die Arbeit als Lehrer und die Arbeit an der Dissertation nicht vereinbar waren, beschloss er jetzt, auf den Schulberuf zu verzichten und sich ganz dem Dissertationsstudium zu widmen.

In den nachfolgenden Texten habe ich die Orthographie dieser drei Mitarbeiter übernommen; die endgültigen Korrekturen übernahmen – nach dem zu frühen Tod von Tsultim – die Mitarbeiter Sonam Wangchok und Thinley Gyurmet. Es ist die in Ladakh allgemein verwendete, vereinfachte tibetische Orthographie.

Auch wenn auf diese Weise gewisse Diskrepanzen zum klassischen Tibetisch unvermeidlich sind, bleibe ich dabei, die Texte auch in tibetischer Schrift zu dokumentieren – gerade damit eine Überprüfbarkeit unserer Übersetzungen gewahrt bleibt. In Anhang C lege ich ausführlich dar, wo und warum diese Übersetzungen tatsächlich sehr schwierig sind. Aber gerade deshalb sollte die Überprüfbarkeit erhalten bleiben.

KAPITEL 1

Nomadisches Leben.
Eine Einführung und der Stand der Forschung

Übersicht:

1. Einleitung (18)
2. Hirten-Nomadentum und Ökosystem (19)
3. Die ladakhischen Changpa-Nomaden: Stand der Forschung (24)
4. Die tibetischen Changpa-Nomaden: Stand der Forschung (30)
5. Changpa-Schamanen: Das weiße Feld (33)
6. Übersicht zum vorliegenden Buch (36)

1. EINLEITUNG

In dem schwarzen, aus Yak-Haar gewebten Zelt der Changpa-Nomaden ist es tagsüber hell, auch wenn der Eingang verhängt ist. Licht kommt durch das Abzugsloch über dem Herd, Licht kommt aber vor allem auch durch die groben Maschen des Gewebes: Das gesamte Zeltinnere – Boden und Herd, Altar und Webstuhl, Küchengeschirr und Sattelzeug, weibliche und männliche Hälfte des Zeltes – ist mit kleinen Sonnenflecken übersät, ebenso Gesicht und Gestalt des Schamanen, wenn er tagsüber im Zelt seine Heilungs-Séancen abhält (vgl. Abbildung 6.3). Wenn der Schamane seine kleine *da ma ru*-Handtrommel in wilden Rhythmen schüttelt, dann tanzen nicht nur die Klöppel auf dem gespannten Trommelfell, es tanzen auch die Lichtflecken im Raum, die durch seine heftigen Bewegungen immer wieder neu gruppiert werden.

Man hat sich schnell orientiert in einem solchen geräumigen Zelt. Das jedenfalls denkt man zuerst. Das meiste steht und liegt auf dem Boden oder ist sichtbar am Rande des Zeltes gestapelt – bestenfalls mit einer Decke verhängt. Welche Geheimnisse aber diese Zelte bergen, welche kleinen und großen Verstecke, wieviel Geschichte und Biographie und Lebenswelt in diesen Zelten stecken, das bemerkt man erst, wenn man warm geworden ist mit der Familie, vertraut ist mit ihrem Leben, wenn sie anfangen zu erzählen, wenn vergilbte Fotos von Rinpoches und weitere Bilder des Dalai Lama hervorgekramt werden und das erste Webstück der Tochter und das schönste Sattelzeug...

Wie mit dem Zelt – so geht es einem auch mit den Schamanen. Man hat sich schnell orientiert mit dem Ablauf einer schamanischen Séance. Das jedenfalls denkt man zuerst. Die Grundstruktur der Séance bleibt gleich, viele Ritualhandlungen wiederholen sich, viele Gebete werden einem bald vertraut in den Ohren klingen (zumal man sie bereits aus dem buddhistischen Alltag einer jeden ladakhischen Familie kennt oder aus den gemurmelten Gebeten der Pilger in den Klöstern). Aber dann geht der Schamane auf den speziellen Patienten ein, oder seine wilde Trance trägt ihn davon – und plötzlich wird alles ganz neu und oft ganz erschreckend und vor allem oft zutiefst dunkel und rätselhaft.

In meiner Forschung bei den Schamanen der Changpa-Nomaden war es mein Ziel, das Licht des schwarzen Zeltes in die Trance-Gesänge der Schamanen zu bringen. Bewusst wähle ich dieses Bild, bewusst verwende ich diese Analogie. Denn ich beanspruche nicht das Licht des Tages, das Licht der freien Landschaft des weiten Changthang in die Gesänge der Schamanen zu bringen – mein Forscherleben reicht dazu nicht aus –, aber ich kann durch zähe und vielgleisige Arbeit schließlich doch Sonnen- oder Lichtflecken auf diese Gesänge werfen und anhand der entschlüsselten Fragmente einen Einblick vermitteln, eine Ahnung von ihrer alltagsweltlichen, ihrer religiösen, ja ihrer politischen Tiefe.

Bevor ich mich an diese Arbeit der Entschlüsselung mache, erscheint es mir aber wichtig, zunächst einmal ein konkretes Bild der Lebensverhältnisse nomadischer Völker im Allgemeinen und der Changpa-Nomaden im Besonderen zu zeigen – kein Schamanengesang ist ohne diese Basis zu verstehen. Diese Basis soll im vorliegenden Kapitel erstellt werden. Ich werde im nächsten Abschnitt (Abschnitt 2: Hirtennomadentum und Ökosystem) zunächst den untrennbaren Zusammenhang zwischen extremen Umwelten auf der einen Seite und dem nomadischen Lebensstil auf der anderen Seite aufzeigen. In zwei Abschnitten wird dann zusammengefasst, was wir aus der bisherigen Forschung speziell zu den ladakhischen und tibetischen Changpa-Nomaden erfahren können (Abschnitte 3 und 4). Der Stand der Forschung zeigt allerdings weiße Flecken (Abschnitt 5) – sie betreffen vor allem die Changpa-Nomaden –, weiße Flecken, die zu füllen dann den weiteren Kapiteln dieses Buches vorbehalten ist.

2. HIRTEN-NOMADENTUM UND ÖKOSYSTEM

Als Nomaden bezeichnen wir Menschen, die »hauptsächlich oder einzig Tierhaltung zur Existenzsicherung betreiben, dem Weideangebot folgend zu wiederkehrendem Standortwechsel gezwungen sind und deren materielle Kultur dieser mobilen Lebensweise entspricht« (SCHOLZ 1994, S. 72.).

Ähnlich auch andere Nomaden-Definitionen: Nach GALVIN (1996) ist Nomadentum eine Lebensform, in welcher Menschen ihren Lebensunterhalt durch Viehzucht sichern und ohne festen Wohnsitz stetig und saisonal bedingt mit ihren Herden umherwandern auf der Suche nach Nahrung und Weideland. Für Rada and Neville DYSON-HUDSON (1980) sind Nomaden »*people who are primarily dependent on livestock, who live in environments with marked seasonality and who choose as their basic strategy for providing year-round food for their herds the movement of livestock to pastures rather than bringing the fodder to the herds*« (S. 18).

Die erstzitierte Definition (SCHOLZ 1994) ist gegenüber den anderen beiden gleichzeitig weiter und präziser. Danach ist Nomadentum nicht einfach eine spezifische Wirtschaftsform unter bestimmten ökologischen Bedingungen, sondern die beiden Faktoren Ökologie und Überlebensstrategie bedingen weitere bestimmte kulturelle Muster. Scholz ist hier behutsam und beschränkt sich auf materielle Kulturgüter. Ich denke, man kann ein Stück weiter gehen und auch die kulturellen Schöpfungen im sozialen Bereich mit einbeziehen. Nicht nur das Zelt,

Abbildung 1: Die wüstengleiche Hochebene des ladakhischen Changthang (Rupshu) im Abendlicht

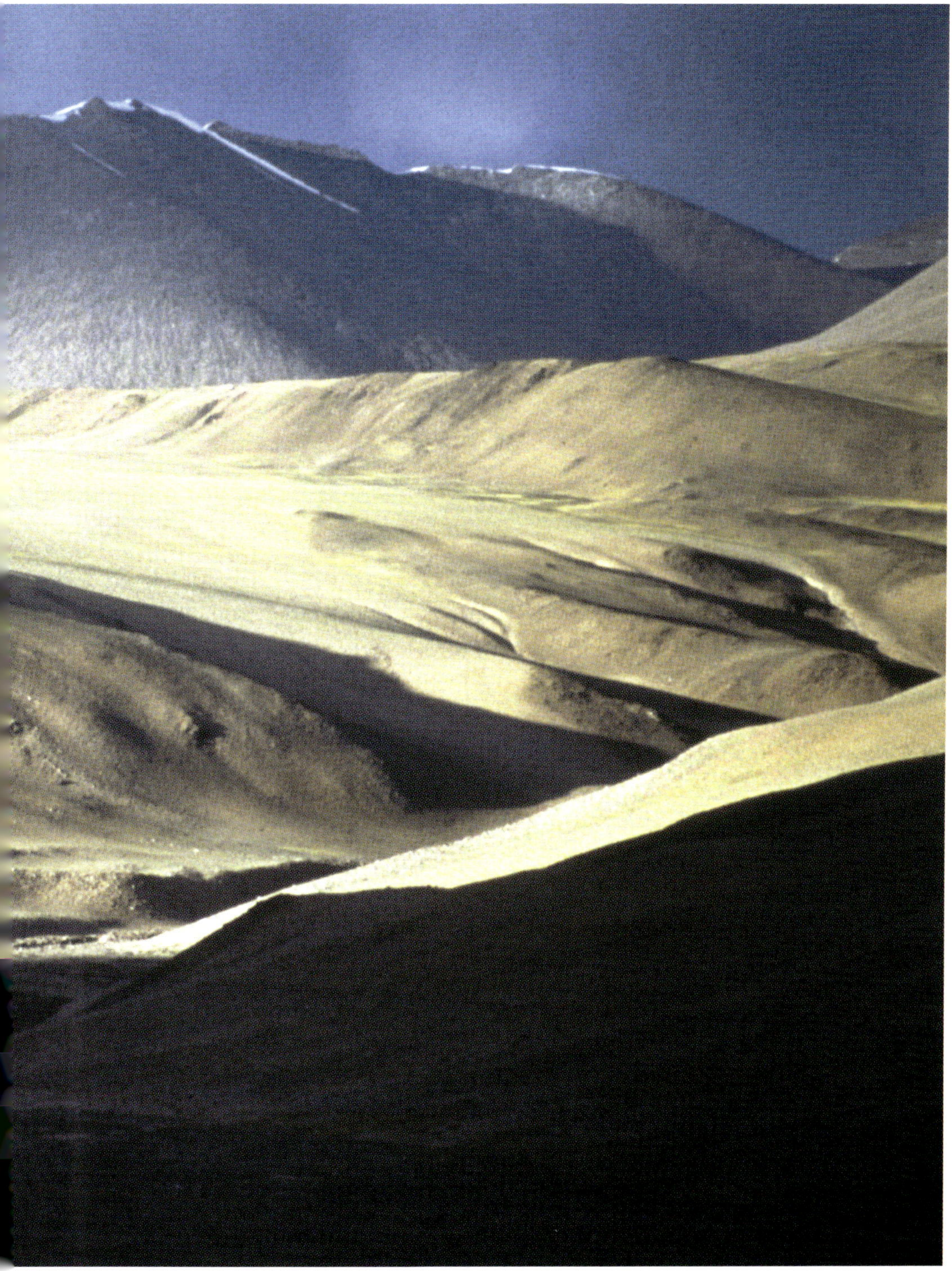

sondern gar die Heiratsform *kann* man als ein Korrelat von Ökologie und Wirtschaftsstrategie ansehen, wie ich für die Changpa-Nomaden noch zeigen werde.

Die vier wichtigsten Merkmale des Hirten-Nomadentums als Überlebenssystem, d. h. als eine ökonomische Strategie, sind also: 1. Viehzucht, 2. jahreszeitlich ressourcenbedingter Wechsel von Weideplätzen und Wohnorten (Umzug samt allem Besitz, vor allem dem Vieh), 3. das Wohnen in Zelten oder anderen tragbaren Behausungen sowie 4. die Gestaltung der sozialen Beziehungen in einer diesen Wirtschaftsbedingungen angemessenen Weise.

Reines Nomadentum gibt es selten auf der Erde. Oft ist ein nomadisches Leben kombiniert mit Phasen der Sesshaftigkeit oder schließt zeitweise sesshafte Bevölkerungsanteile ein, die auch ein wenig Landwirtschaft betreiben. Wo immer ein Ökosystem dies hergibt, wo also auch nur ein wenig Ackerbau möglich ist, leben Menschen als Halbnomaden.

Reines Nomadentum kommt nur noch in extrem kargen Umwelten vor.[1] Es ist eine Lebensform, die sich solchen extremen Umweltbedingungen anpasst. Das Studium des Nomadentums erlaubt wie das keiner anderen Lebensform, die Adaptation von *Kultur* an die *Natur* zu verstehen, von kultureller Lebensform mit ihren vielfältigen Sitten und Gebräuchen an die Gegebenheiten eines Ökosystems. Es zeigt auf eine besonders prägnante Weise die Umweltgeprägtheit von kulturellen Erfindungen des Menschen.

Ich möchte hier nur kurz auf den Stand der Forschung zum Nomadentum allgemein eingehen. Viele Wissenschaftler haben sich schon an einer allgemeinen Theorie zum Nomadentum versucht[2] – und diese extreme Form der Überlebensstrategie fordert ja auch geradezu dazu heraus. Doch haben diese allgemeinen Theorien über das Nomadentum heute ganz gewiss keine Konjunktur mehr, und eine kohärente Theorie hat sich auch nie aus diesen Ansätzen entwickelt. Gerade die vergleichenden empirischen Studien zum Nomadentum der Welt zeigen die ungeheure Breite der Variation dieser Lebensform auf, welcher eine Theorie, die immer vereinfachen muss, einfach nicht gerecht wird.

Doch hartnäckig hält sich beim Thema Nomadentum die Theorie der Kulturökologie. Sie untersucht die komplexen Beziehungen von ökologischen Bedingungen auf der einen Seite und den menschlichen kulturellen Mustern, vor allem der sozialen Organisation, auf der anderen Seite. Der kulturökologische Ansatz wird gerade in Bezug auf die Polyandrie (Verheiratung von einer Frau mit mehreren Männern) in nomadischen Gesellschaften nach wie vor viel diskutiert (vgl. Kapitel 2).

---

1 Der Untergang des Nomadentums erscheint vielen Nomadenforschern unvermeidlich, vgl. z. B. SCHOLZ (1991, 1994) oder MERKLE (2000).
2 Vgl. z. B. AL-WARDI 1972; ASAD 1979; GOLDSCHMIDT 1971, 1979; de PLANHOL 1979; POHLHAUSEN 1954; SALZMAN 1979, 1980; SPOONER 1971, 1973; VAJDA 1968; vgl. auch HOFFMANN 1998.

Die kulturökologischen Ansätze sind bis heute modern[3] – aber bis heute gilt z.T. auch noch die Kritik an diesem Ansatz, wie sie Rada und Neville DYSON-HUDSON bereits 1980 formuliert haben. Kulturökologische Ansätze tendierten dazu, bestimmte Perspektiven zu vernachlässigen. Im Blick auf die Anwendung der Theorie auf die nomadische Lebensform seien die vernachlässigten Themen vor allem: die Untersuchung von Wandel, z. B. in Richtung auf halbnomadische Mischformen, die Vernachlässigung der Interaktion der nomadisch lebenden Menschen mit der Außenwelt, und die Ausblendung der Rolle des umgebenden Staates und der kolonialen und postkolonialen Einflüsse.

Diese zitierte Arbeit von Rada und Neville Dyson-Hudson ist noch heute lesenswert. Sie fasst die Nomadenforschung eines Jahrzehnts (1970 bis 1980) zusammen. Von 161 dort besprochenen Büchern und Artikeln zum Nomadentum beziehen sich nur zwei, dazu noch ziemlich alte Artikel auch auf Zentralasien (BACON 1954 und PATAI 1951) – und keine einzige Arbeit (auch nicht Bacon und Patai) bezieht sich auf den tibetischen Kulturraum.

Eine umfassende und sehr sorgfältige Grundsatzabhandlung zum Nomadentum ist das Buch Nomadismus. Theorie und Wandel einer sozioökologischen Kulturweise von Fred SCHOLZ (1995).[4] In diesem Band kann man sich nicht nur über die vielfältigen Varianten des Nomadentums orientieren, sondern auch über die Fülle der Theorien, welche Anthropologen, Geographen und andere Fachvertreter entworfen haben, um diese Form der Überlebensstrategie zu erklären.

Eine Reihe von jüngeren Sammelbänden (ab 1990) vergleichen Nomaden und nomadische Überlebensmodelle in verschiedenen Teilen der Welt und fokussieren – die frühe Kritik von Rada und Neville Dyson-Hudson ausgleichend – besonders auch auf Fragen des Wandels unter den Bedingungen von Politik und Wirtschaftsentwicklung (Modernisierung), so z. B. der von GALATY und JOHNSON (1990) herausgegebene Band *The World of Pastoralism: Herding Systems in Comparative Perspective* (vgl. auch BARFIELD 1993a), oder der von GINAT und KHAZANOV (1998) herausgegebene Band *Changing Nomads in a Changing World*. In diesem letztgenannten Band kommt der tibetische Kulturraum allerdings nicht vor und auch in dem Überblickskapitel des Bandes (KHAZANOV 1998) wird alle Forschung zum tibetischen Kulturraum völlig unterschlagen, obwohl sich dieses Kapitel auf Fragen des politisch und wirtschaftlich bedingten Wandels konzentriert

---

3   Vgl. ANDERSON 1973; DYSON-HUDSON und SMITH 1978; FRAKE 1962; GUILLET 1983; MILTON 1997; MORAN 2000; STEWARD 1968; für die Anwendung kulturökologischer Ansätze auf Ladakh vgl. MANN 1978b, 1985, 1990.
4   Vgl. auch seine Bibliographie zum Nomadismus (SCHOLZ 1992) und das ältere von ihm herausgegebene Buch *Nomaden: Mobile Tierhaltung. Zur gegenwärtigen Lage von Nomaden und zu den Problemen und Chancen mobiler Tierhaltung* (SCHOLZ 1991).

und die Situation der tibetischen Nomaden unter dem Einfluss der chinesischen Maßnahmen hier gerade ein besonders eindrucksvolles Studienfeld abgibt.[5]

Nach dieser kurzen allgemeinen Einführung zum Nomadentum werde ich im Folgenden den Stand der Forschung zu den Changpa-Nomaden darlegen, von denen dieses Buch handelt. Sie leben auf der weiten Hochebene des Changthang im ehemaligen Tibet (heute China) und im heutigen Ladakh (Indien).

Changthang ist ein tibetischer Name. Chang heißt Norden und thang oder tang Hochebene. Das tibetische Changthang-Plateau – das etwa 70 Prozent des politisch definierten Tibets ausmacht und auch bis nach Ladakh, Nordindien, hineinreicht – ist das weitaus größte und höchste Plateau der Welt. Das gesamte Changthang-Gebiet liegt im Durchschnitt auf über 4.000 Metern Höhe und umfasst etwa 600.000 bis 800.000 km^2.

3. DIE LADAKHISCHEN CHANGPA-NOMADEN: STAND DER FORSCHUNG

Aus bisheriger Forschung liegt zu den ladakhischen Changthang-Nomaden nur recht dürftige Information vor. Prem Singh JINA umriss 1995 die Forschungslage folgendermaßen:

> Es herrscht ein absoluter Mangelzustand in Bezug auf wissenschaftliche Information, Daten und Literatur zu den sozioökonomischen und Umweltbedingungen der Menschen dieser Weideregionen. Soweit ich weiß, ist für die Changthang-Gegend dieses Buch der erste Versuch in der Geschichte Ladakhs, Forschungsarbeiten zu diesen Weideregionen durchzuführen. (JINA 1995, S. 11; Übersetzung IR)

Diese Beschreibung der Forschungslage von 1995 – »absoluter Mangelzustand« – gilt auch heute noch, und zwar nicht nur in Bezug auf die sozioöko-

---

[5] Ganz am Rand möchte ich noch eine Kategorie von Literatur erwähnen, die besonders amüsant zu lesen ist, wenn man sich einmal mit »echten« Nomaden befasst hat: Die Verwendung des Begriffs Nomade in der soziologischen Literatur zur Postmoderne. Als Erstes ist dabei die Darstellung von Zygmunt BAUMANN (1996) zum postmodernen Nomaden zu nennen, aber auch MAFFESOLI (1997) und dann vor allem die beißende und zynische Kritik der inflationären Verwendung der Nomaden-»Metapher« von Dick PELS (1999) (vgl. auch die Kritik dieser Kritik von BRAIDOTTI, 1999).

Abbildung 2: Changpa-Nomaden beim Umzug zu neuen Weiden

mischen und ökologischen Bedingungen, sondern auch in Bezug auf alle Lebensformen der Changpa-Nomaden.

Es gibt nur *eine* wissenschaftlich ernst zu nehmende ethnologische Studie zum ladakhischen Changthang (AHMED 1996). Etwas besser ist die Forschungslage in Bezug auf das tibetische (heute chinesische) Changthang. Beide Forschungsstränge werde ich kurz zusammenfassen:

Die Arbeit von Prem Singh Jina, aus der ich oben zitiert habe, war in der Tat die erste Monographie zum ladakhischen Changthang (JINA 1995; vgl. auch die beiden Artikel JINA 1990 und JINA 1999). Ein Jahr später erschien eine weitere Monographie *Transhumants of Himalaya* (1996), in welcher die Autorin Veena BHASIN die Nomaden Changthangs, die nomadischen Gaddis von Himachal Pradesh und die Bhutias von Sikkim vergleicht. Was Ladakh betrifft, so stimmen ihre Ausführungen so weitgehend mit denen von P. S. Jina überein, dass einer von beiden seitenlang abgeschrieben haben muss (ohne dass dies irgendwo vermerkt wäre). Jina und Bhasin sind also nicht unbedingt als zwei verschiedene Quellen anzusehen.

Zu Bhasin muss auch angemerkt werden, dass ihr Buch nicht nur von einer Reihe von Auslassungen und Fehlern gekennzeichnet ist,[6] sondern auch Wertungen enthält, die keinen Platz haben sollten in einer wissenschaftlichen Arbeit. Man höre ihr Urteil über die Changpa-Nomaden:

> Bei den Changpa-Nomaden drängen sich in den Zelten, die immer zu nah aufeinander stehen, ganze Familien in promiskuöser Enge zusammen, und sie schlafen in schmierigen, von Ungeziefer verseuchten Betten in einer stets rauchverpesteten Luft. Weder Männer noch Frauen kümmern sich im Geringsten um ihre Körperpflege. Sie tragen ihre Kleider sehr lange, ohne sie je einmal zu wechseln, zu bürsten oder auszuschütteln. Sie behalten diese sogar nachts an und ziehen sie nur aus, wenn sie von sich aus allmählich (in Fetzen) abfallen. Ihren Körper waschen sie nie, und Hände und Gesicht selten. Allerdings, um sich gegen die Schärfe des Windes zu schützen, bestreichen sie sich mit der ranzigsten Butter. (BHASIN 1996, S. 52-54, Übersetzung IR)

Viel wohler fühlt man sich nicht, wenn Jina »frühere« Werturteile (die von HEBER und HEBER 1903/1976) über die Changpa zitiert, um dann zu versichern, dass die Nomaden sich heute ihr Haar jedoch »anständig« waschen und kämmen:

---

6   Die Einteilung des Zeltes in eine rechte männliche und linke weibliche Hälfte ist BHASIN (1996) offensichtlich ebenso entgangen wie der starke Rückgang der Polyandrie. Falsch sind z. B. Aussagen, dass nur Männer die Weidearbeit machen (nein, auch Mädchen müssen die Tiere weiden, jedenfalls bis zur Verheiratung) und dass nur die Frauen weben (nein, Männer weben auch).

»Die Bewohner Chang-Thangs haben ein relativ vorspringendes Kinn, ihre Augen sind typisch mongolisch, ihre Nasen lang und ziemlich abgeflacht. Lange Haare, die gewiss seit Jahren nicht oder überhaupt nie die Bekanntschaft mit Kamm und Bürste gemacht haben und die in einem Zopf enden, umrahmen Gesichter, die des Waschens ungewohnt sind.« (HEBER und HEBER 1903/1976). Heute sind viele (dieser) Leute ausgebildet, und die Regierung von Jammu und Kashmir hat in Changthang viele Schulen aufgemacht mit dem Ergebnis, dass (die Changpa) so leben wie andere Ladakhis. Ihre Lebensbedingungen und ihr Lebensstil haben sich geändert. Sie waschen und kämmen ihr Haar anständig. (JINA 1995, S. 37, Übersetzung IR)

Eine exzellente und die bisher einzige wissenschaftliche Ethnographie von Changthang stellt die Dissertation von Monisha AHMED (1996) dar (vgl. auch AHMED 1999, 1999/2000).[7] Ihr Fokus ist zwar speziell das Thema Weben bei den Changthang-Nomaden, aber da sie untersucht, wie »Fasern, Gewebe und Textilien erstellt, symbolisiert, verstanden, in Handlung umgesetzt und erfahren werden« (S. 2), umfasst ihre Studie alle Bereiche, von der Wirtschaft und Technologie, über Sozialstruktur und Religion bis zu Spiel und Politik. Gerade dieser weiten Spanne wegen fällt eine Lücke umso mehr auf. Vollständig, d. h. ohne jeden Verweis, fehlt bei Ahmed – und dies trifft auch auf die beiden vorgenannten Autoren zu – der Bereich von Gesundheit, Krankheit und Heilung. Schamanen werden in diesen Monographien mit keinem Wort erwähnt.[8]

---

7 Auch DOLLFUS (1999) ist ein sehr wichtiger Beitrag; dieser Artikel beschränkt sich jedoch auf die Religion und ist keine umfassende Ethnographie des Changthang. Ich gehe in Kapitel 2 darauf ein.
8 Einen genussvollen optischen Eindruck des ladakhischen Changthang (auf Schönheit orientiert, nicht auf Information) – einschließlich dreier Bilder von schamanischen Séancen – gibt der Bildband *Les Bergers de L'Hiver* von Olivier und Danielle FÖLLMI (1999). Vgl. auch ein Kapitel über Changthang (ohne Changthang-Schamanen) in RABOUAN (2000). Damit, und mit den drei genannten Autoren Jina, Bhasin und Ahmed ist dann aber die Ethnographie dieser Region auch erschöpft.

Abbildung 3: Nomadenfrau mit ihren Kindern

29

4. DIE TIBETISCHEN CHANGPA-NOMADEN: STAND DER FORSCHUNG

Etwas besser als für das ladakhische Changthang ist die Forschungslage für das tibetische (heute chinesische) Changthang und die tibetischen Nomaden insgesamt.

Aus dem traditionellen Tibet (vor 1950) haben R. B. Ekvall und M. Hermanns wichtige Untersuchungen zu tibetischen Nomaden vorgelegt. EKVALL (1939, 1968/1983; vgl. auch EKVALL 1961, 1964b, 1964c, 1974 und DOWNS und EKVALL 1965) hat zwischen 1926 und 1941 insgesamt acht Jahre bei den Samtsa-Nomaden im Nordosten Tibets verbracht. Er war an erster Stelle Missionar und hat sich dann aber auch am Department of Anthropology der University of Chicago als Anthropologe ausbilden lassen. Diese Ausbildung bedingt seine präzisen Beschreibungen, sein Beruf die Wertungen. Insbesondere im Bereich der Religion – vgl. auch sein Buch über den Tibetischen Buddhismus (EKVALL 1964a) – werden diese Wertungen deutlich. Der Buddhismus in Tibet – erst recht der der Nomaden – sei doch eine ziemlich »korrupte« Form des Buddhismus, in welchem »völlig inkompatible« und sich gegenseitig ausschließende Glaubensinhalte und Praktiken aus der animistischen und schamanischen vorbuddhistischen Bön-Religion mit dem Buddhismus verknüpft würden (EKVALL 1939, S. 10-11).

Auch M. Hermanns war Missionar. Er weilte viele Jahre bei den Amdo-Nomaden Tibets und rühmt sich großer Vertrautheit mit ihnen. In seinem Buch *Die Nomaden von Tibet* (HERMANNS 1949; vgl. auch KUSSMAUL 1952/1953) konzentriert er sich auf die Wirtschaftsform der Nomaden, auf Viehzucht und Tauschhandel, auf die materielle Kultur und die Eigentumsverhältnisse. Sein Band *Die Familie der Amdo-Tibeter* (HERMANNS 1959) befasst sich mit der Familiengründung (Partnersuche, Heiratsbräuche usw.), der Familiensicherung (Rolle Mann und Frau, Erziehung usw.) und der Familienauflösung (Scheidung, Tod) bei den Amdo-Nomaden. In seinem Buch *Mythen und Mysterien, Magie und Religion der Tibeter* (HERMANNS 1956) werden Religion und Ritual behandelt. Doch geht es dabei an erster Stelle um die buddhistische Religion und auch viele vorbuddhistische Bräuche. Über Schamanen erfahren wir jedoch sehr wenig; Hermanns hat die Tendenz, diese ganz dem Schamanismus sibirischer Prägung anzugleichen, referiert die entsprechende Literatur und schildert dabei die tibetischen Schamanen in einer sehr generalisierenden (und oft sicher unrichtigen) Weise. Immerhin beschreibt er ihre äußere Ausstattung (Kleidung, Krone, Trommel usw.) korrekt und erwähnt, dass sie unter Trance heilen.

Für die Erforschung tibetischer Nomaden sind aus jüngerer Zeit – von kleineren Arbeiten (vgl. z. B. BARFIELD 1993b; TOPGYAL et al. 1998) und rein wirtschaftsgeographisch orientierten Forschungen (z. B. MANDERSCHEID 1998, 1999a, 1999b) abgesehen – vor allem der Tibetologe, Linguist und Kulturanthropologe Melvin C. Goldstein und die Physische Anthropologin Cynthia M. Beall zu nennen. Ihre Arbeiten basieren auf insgesamt 20 Monaten Feldforschung (1986, 1987, 1990) in der autonomen Region Tibet in China, davon 14 Monate bei den Phala-Nomaden des tibetischen Changthang.[9]

Ihr Hauptwerk ist die Monographie *Nomads of Western Tibet: The Survival of a Way of Life* (1990) (vgl. auch GOLDSTEIN und BEALL 1989a). Einer der Schwerpunkte dieser Forschung ist der Blick auf die extremen Änderungen, welchen das nomadische System durch Chinas wechselnde Politik gegenüber Tibet ausgesetzt war – erst durch die chinesische Kulturrevolution (forcierte Sesshaftmachung der Nomaden, Unterdrückung ihrer Tradition und Religion) und dann, nach dem Tod von Mao Tse Tung, durch die Öffnung der chinesischen Politik für die kulturelle Autonomie Tibets.[10]

Die Rückkehr der so lange von den Chinesen unterdrückten und »umerzogenen« Nomaden zu vielen ihrer traditionellen Werte und Bräuche und die allseitige Wiederbelebung buddhistischer und schamanischer religiöser Ausdrucksformen ist ein eindrucksvolles Zeugnis von deren Überlebenskraft.[11]

Neben diesen politisch bedingten Änderungen im Leben der tibetischen Nomaden haben sich die Autoren auch besonders mit den daraus erwachsenen Änderungen in der Sozialstruktur, besonders der traditionellen Form der tibetischen Heiratsbräuche – der fraternalen Polyandrie, der Verheiratung mehrerer Brüder mit einer Frau – beschäftigt (GOLDSTEIN 1981, GOLDSTEIN und KELLY 1987, GOLDSTEIN und TSARONG 1987). Sie haben auch aufgezeigt, was der Verfall dieser Tradition demographisch, ökonomisch und kulturell für diese Bevölkerungsgruppen bedeutet.[12]

---

9   Für eine Kurzdarstellung ihrer Forschung vgl. GOLDSTEIN und BEALL 1987.
10 Für eine Zusammenfassung vgl. GOLDSTEIN, BEALL und CINCOTTA 1990. Sehr wichtige Arbeiten zum Einfluss der chinesischen Politik auf die nomadische Wirtschaft stammen auch von CLARKE (1988, 1992, 1998) und LEVINE (1998); zu LEVINE (1998) vgl. auch GELEK (1998).
11 Mit dem gleichen Fokus haben sich diese Autoren dann den Nomaden der Mongolei zugewandt. Vgl. GOLDSTEIN und BEALL (1994) und auch MÜLLER (1994).
12 Die Forschungsarbeiten von Goldstein und Beall bei den tibetischen Nomaden des Changthang sind nicht unkritisch geblieben, wobei die Kritik aus verschiedenen Lagern kommt: der professionellen Kulturanthropologie (z. B. NEWELL 1994), wo mehr die populäre Darstellung denn die Substanz Missfallen erregt, und dem mehr politisch motivierten Lager der Tibet-Bewegung (COX 1987 und 1991 und die Antworten von GOLDSTEIN 1988 und 1992).

Abbildung 4: Nomadenmädchen schaut ins Zelt herein

5. CHANGPA-SCHAMANEN: DAS WEISSE FELD

Wie steht es nun mit den Schamanen in der Forschung zum tibetischen Changthang und zu Nomaden in anderen tibetischen Regionen? Ebenso wie bei der Forschung zum ladakhischen Changthang muss hier eine auffällige Abwesenheit der Schamanen konstatiert werden.

In HERMANNS' Amdo-Forschung (1949, 1959) kommen Schamanen überhaupt nicht vor. Ekvall, der sich in seinem Hauptwerk zu den Samta-Nomaden (1968/1983) ohnehin nur auf vier Seiten zur Religion äußert, erwähnt sie im ganzen Buch nur mit einem einzigen Satz: Diese »gott-ergriffenen« oder »gott-besessenen« Personen, die unter Trance mit der Stimme des Gottes sprechen, würden von den Nomaden bei Entscheidungsfragen um Rat ersucht (EKVALL 1968/1983, S. 83).

Im Hauptwerk von GOLDSTEIN und BEALL (1990) und in den meisten ihrer vielen Artikel (1989a, 1991 usw.) kommen Schamanen ebenfalls nicht vor, was umso auffälliger ist, als diese Autoren ja nach dem Tode Mao Tse Tungs die Rückkehr der Nomaden zu vielen ihrer traditionellen Lebensformen mit besonderem Augenmerk erforschten. Sie sagen auch, dass diese Änderungen in keinem anderen Bereich deutlicher erkennbar seien als in dem der Religion – trotzdem ist nur von ein paar Gebetsfahnen, Pilgertouren, Mani-Mauern und Klöstern die Rede (GOLDSTEIN und BEALL 1991).

Nur an einer Stelle ihres Werkes (1989b) finden wir folgende Beschreibung eines nach langer chinesischer Unterdrückung wieder aus dem Dunkeln auftauchenden Schamanen:

Das Ausmaß der Änderungen im Zuge der neuen Politik macht sich besonders im Bereich der religiösen Praxis bemerkbar. Während unserer Feldforschungsarbeit in Phala waren die Nomaden, für welche die Religion wieder ein wichtiger Teil ihres Lebens geworden war, wieder frei, dem Zyklus ihrer religiösen Riten zu folgen, welche die traditionelle Gesellschaft kennzeichnete. Die meisten Familien hatten kleine Altäre in ihren Zelten und ließen Gebetsfahnen von Zeltpfosten und Spannschnüren im Winde flattern. Die Nomaden hatten keine Angst mehr vor der offenen Zurschaustellung der Religion, und einige von ihnen trugen sogar *buttons* mit dem Dalai Lama und stellten sein Foto offen auf. Menschen, die Gebetsmühlen drehen, Rosenkränze beten, Niederwerfungen vollziehen – das sind oft anzutreffende Bilder. Sogar Regierungsereignisse, wie der im Distrikthauptquartier installierte »Markt«, schloss inoffizielle, aber offen sichtbare religiöse Komponenten ein, z. B. wenn Mönche in speziellen »Kloster«-Zelten Lesungen vornahmen...

Diese traditionellen Praktiken sind nicht alle gleichzeitig oder in irgendeiner bestimmten Reihenfolge wieder aufgetaucht. Zuerst hatten die Nomaden Angst, dass es sich bei der neuen Politik um einen unfairen Trick handle, dessen Zweck es sei, die Nester »rechts gerichteten« Denkens zu entlarven, und die Menschen waren zurückhaltend, sich zu exponieren und eine individuelle Identifikation zu riskieren.

Die Veränderung geschah nur allmählich, als einzelne Nomaden spezifische Aktionen unternahmen, welche effektiv die allgemeine Politik testeten. Wenn dann weder Protest noch Strafe seitens der über ihnen stehenden Distriktfunktionäre kam (die alle ethnisch Tibeter waren), dann breitete sich eine solche erwünschte Praktik aus, und dieser Prozess ist bis heute in Gang.

Das Wiederauftauchen von nomadischen »Medien« (Menschen, die von Gottheiten besetzt werden und durch welche Gottheiten sprechen) gibt dafür ein Beispiel…

Das (Schamanentum) tauchte in Phala im Winter 1987 wieder auf, als ein Erwachsener in einem Zeltlager sehr krank wurde und tagelang vor seinem Tode große Schmerzen litt. Ein Mann aus dem gleichen Lager fiel während dieser Krankheit spontan in Trance und wurde von einer Gottheit besetzt, welche eine Voraussage und eine Erklärung für die Erkrankung gab. Als in den darauf folgenden Wochen und Monaten keine offizielle Kritik dieser Ereignisse erfolgte, hat er (der Schamane) zusammen mit anderen Leuten die traditionelle Kleidung der Schamanen wiederhergestellt, und er wird jetzt von anderen Nomaden in Phala im Falle von Krankheit aufgesucht. (GOLDSTEIN und BEALL 1989b, S. 626-627; Übersetzung IR)

Mehr erfahren wir – weder für das ladakhische noch für das tibetische Changthang – über die dortigen Schamanen nicht. (Zu den ladakhischen Schamanen *außerhalb* Changthangs vgl. jedoch Kapitel 3.)

Abbildung 5: Nomadenfrau

6. ÜBERSICHT ZUM VORLIEGENDEN BUCH

Wenn in der bisherigen Forschung diese flüchtige Erwähnung eines wieder auftauchenden Schamanen die einzige Erwähnung von Schamanen der Changpa-Nomaden im ladakhischen und im tibetischen Changthang darstellt, so muss man wohl auch auf diesem Sektor die Forschungslage als einen »absoluten Mangelzustand« (JINA 1995) bezeichnen. Das vorliegende Buch versucht, diese Lücke zu füllen.

Im nächsten, dem zweiten Kapitel möchte ich zunächst die allgemeine Lebenswelt und Lebensweise der ladakhischen Changpa-Nomaden genauer darstellen: zuerst ihre Umwelt, d. h. die extremen äußeren Lebensbedingungen, dann Aspekte ihrer Wirtschaft (Viehzucht, Weidewechsel und Handel) und schließlich ihrer Sozialstruktur und ihrer Religion.

Im dritten Kapitel gebe ich dann eine ausführliche Darstellung der *ladakhischen* Schamanen – wobei ich vor allem auch auf meine eigene Forschung zurückgreife. Zwar sind, wie gesagt, in der bisherigen Forschung die (ladakhischen, aber auch tibetischen) Changpa-Schamanen gänzlich ausgelassen worden – nicht aber die Schamanen der anderen Regionen Ladakhs. Ladakh insgesamt hat eine ganz andere Wirtschaftsstruktur als Changthang, es ist traditionellerweise eine rein bäuerliche Gesellschaft. Aber die Schamanen Ladakhs lehren uns doch schon sehr Wichtiges über die Schamanen dieser gesamten Region. Hier kann man auf eine Fülle an Forschungsresultaten zurückgreifen.

Ich werde im Kapitel 3 kurz die Dorf- und die Kloster-Schamanen behandeln. Ich werde vor allem auf den »Wahnsinn« als Ausgangspunkt ihrer Berufung eingehen, und ich werde zeigen, wie dieser »Wahnsinn« dann transformiert wird zu einer im Heilungsritual kontrolliert eingesetzten Trance. Auch werde ich eine schamanische Séance darstellen und den Ruf und das Ansehen der Schamanen in der ladakhischen Gesellschaft – vor allem im buddhistischen Klerus – behandeln.

Kapitel 4 geht dann mitten hinein in den Kern des ladakhischen Schamanismus – das Rätsel von Trance und Amnesie. Hier beginnt meine eigene persönliche Forschungsgeschichte. Ich geriet nicht nur in Zweifel an der Echtheit der schamanischen Trance, sondern ich scheiterte auch nahezu vollständig an der Hermetik der schamanischen Post-Trance-Amnesie.

Doch es gilt, den Schamanen gerecht zu werden. Deshalb stelle ich in diesem Kapitel ganz genau dar, was Schamanen *selbst* zu Trance und Amnesie sagen. Sie selbst kommen zu Wort, ihre Innensicht wird dokumentiert. Erst dann erwähne ich auch die Außensicht – meine Außensicht –, die Frage, ob die schamanische Trance nicht einfach gutes und vielleicht durchaus heilwirksames *Theater* ist, und den Verdacht, dass es sich bei der Amnesie-»Behauptung« der Schamanen um eine Abwehrstrategie speziell gegenüber den in größerer Zahl bei den ladakhischen Schamanen vorbeidefilierenden westlichen Forschern handelt...

Wenn ein Schamane sich nach der Trance an gar nichts mehr erinnert, dann kann er auch nicht vermitteln, wie er heilt – man sitzt als Forscher auf. Eine Lösung sowohl der Frage nach der Echtheit der Trance wie der Amnesie schien mir im fernen Changthang zu liegen: Forscher waren zu irgendwelchen Changthang-Schamanen bisher nicht vorgedrungen. Das ist der Beginn meiner eigenen Entdeckungsreise in die Rätsel von schamanischer Trance und Amnesie und der Ausgangspunkt meiner Expeditionen in den Changthang.

Nachdem ich in den Weiten der Hochebene von Changthang unter den umherziehenden Nomaden die Schamanen ungewöhnlich mühelos habe finden können, beginne ich, diese in Kapitel 5 vorzustellen. Die erste Begegnung war die mit dem Schamanen Thundup. Ich zeichne seinen Lebensweg nach, er kommt ausführlich auch zu Wort in der Schilderung der Trance, ich beschreibe auch die erste seiner Séancen, an denen ich teilnahm. Dann kam die zweite Séance dieses Schamanen Thundup – und hier passierte etwas, was für mich zum »Schlüsselerlebnis« der Frage nach Trance und Amnesie wurde. Ich gehe auf dieses Schlüsselerlebnis ein und ich zeige, wie sich damit in der Geschichte meiner eigenen Schamanenforschung die Fragen plötzlich sehr wesentlich verlagert haben. Aber sowohl die alten Fragen: Trance als Theater, Amnesie als Abwehrstrategie – als auch die neue Frage: was war bei dem Schamanen während meines »Schlüsselerlebnisses« vor sich gegangen? – finden dann im letzten Kapitel ihre Antwort.

Im sechsten und letzten Kapitel lernen wir auch andere Schamanen der Changthang-Nomaden kennen, sowohl mit ihrer Lebensgeschichte als auch mit ihrer Heilungspraxis (mehr als drei Schamanen gibt es dort nicht nach übereinstimmenden Aussagen der Nomaden, wobei sie allerdings die Schamanen der *Stadt* [Nyoma] nicht mitzählen). Die Frage nach der Amnesie als Abwehrstrategie erledigt sich in der Begegnung mit dem zweiten Schamanen Ngawang. Zur Lösung der Frage nach dem Geschehen während des »Schlüsselerlebnisses« war allerdings noch lange harte Forschungsarbeit erforderlich. Dafür galt es, einen langen Gesang des Schamanen Thundup zu entschlüsseln. Tagelang saß ich zusammen mit meinen Mitarbeitern auf dem Boden der Nomadenzelte und arbeitete mit Sonam Tashi, dem Gehilfen des Schamanen Thundup, über diesen einen großen schamanischen Gesang.

Dieser Gesang, diese dann schließlich wenigen entzifferten Seiten, sind Kern und Höhepunkt des Buches, spannt er doch auf eine ganz faszinierende Weise nicht nur den Bogen von der schamanischen zur buddhistischen Religion, sondern auch von der alten zur neuen Zeit. Es sind gerade die Mahnungen zur neuen Zeit, welche uns zeigen mögen, dass ein Schamane im fernen Changthang auch eine Botschaft für uns hat.

Abbildung 6: Nomadenfrau mit Kind

KAPITEL 2

Die Lebenswelt der Changpa-Nomaden

> **Übersicht:**
>
> 1. Changthang: Die Umwelt (40)
> 2. Viehbestand und Weidewechsel (45)
> 3. Die »große schwarze Spinne« und das weiße Zelt (52)
> 4. Tauschhandel in Vergangenheit und Gegenwart (59)
> 5. Sozialstruktur: Polyandrie, die Vielmänner-Ehe (66)
> 6. Die religiöse Tradition: Buddhistisch-schamanische Mischungen (72)

1. CHANGTHANG: DIE UMWELT

Das ladakhische Changthang – ein etwa 21.000 km² großes Gebiet (BHASIN 1996; JINA 1995, 1999) hat eine durchschnittliche Höhe von 4.500 Metern. Es ist bewohnt von Nomaden und Halbnomaden. Die Halbnomaden betreiben neben der mobilen Tierhaltung auch ein wenig Ackerbau und haben dort, wo die Äcker liegen – neben den Zelten, mit denen sie umherziehen – auch eine kleine Behausung von ein bis zwei Räumen (vgl. dazu JINA 1999).

Die unwirtlichste, extremste, raueste, dürrste, kälteste, höchste Region – die von Rupshu, Korzok, Kharnak[1] – ist die Lebenswelt der Vollnomaden von Changthang.

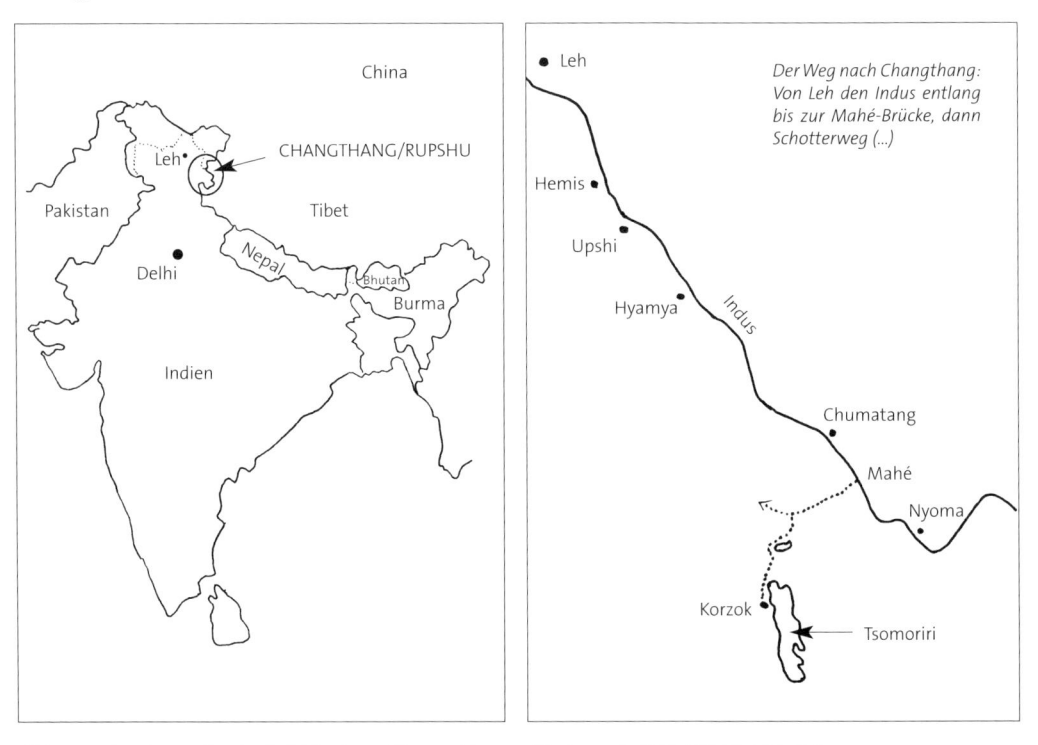

Skizzen der Lage des ladakhischen Changthang (frei nach DOLLFUS 1996):[2]

---

1   Korzok und Kharnak sind Regionen und Siedlungen. Rupshu ist die Gegend des Tsomoriri-Sees. Dort hat auch AHMED (1996) ihre Forschung durchgeführt.
2   Es ist eindrucksvoll, dass man von der Changthang-Gegend keinerlei vernünftiges Kartenmaterial finden kann – selbst AHMED (1996) lässt einen hier nachdrücklich im Dunkeln. Die obige Karte gibt wenigstens eine Andeutung der Lage von Ladakh im Norden Indiens. Das ladakhische Changthang (Rupshu) liegt im äußersten Osten Ladakhs an der Grenze zu China. Die gepunkteten Linien geben die umstrittenen Grenzen wieder.

Dieses Gebiet umfasst ca. 8.000 km² (JINA 1999). Nur ganz wenige der Vollnomaden haben einen festen Wohnsitz am Fuße des Klosters Korzok über dem Tsomoriri-See. Dort in Korzok hatte bis zum 17. Jahrhundert der feudale Herrscher von Changthang seinen Sitz, dort zählten frühe Reisende des letzten Jahrhunderts zehn kleine Behausungen, wo alte und kranke Menschen zurückblieben. Heute hat Korzok (vgl. Abbildung 10, S. 49) immerhin etwa 70 Häuser, die meisten davon werden allerdings nur als Lagerraum verwendet (BHATTACHARJI 1993). Korzok-Bewohner betreiben – und dies auf über 4.500 Metern Höhe! – auch ein wenig Landwirtschaft. Unter sorgfältiger Bewässerung gedeiht – manchmal – einmal pro Jahr eine kleine Ernte an Gerste. Nicht selten aber wird die Ernte nicht reif, die Halme werden grün geerntet und dienen als Winterfutter für das Vieh (RIZVI 1996, S. 38-39). Doch »sesshafte« Changpa sind nur eine Minderheit. Das vorliegende Buch ist der Mehrheit der Changpa gewidmet – den das ganze Jahr umherziehenden Nomaden mit ihren Herden von Schafen und Ziegen und ihrem Bestand an Yaks und Pferden.

Das Land, in dem sie umherziehen, ist klimatisch außerordentlich hart. Changthang ist eingerahmt von mächtigen Gebirgszügen, dem Himalaya sowie dem Kunlun-, Altun-, Qilian- und Hengduangebirge, was die außergewöhnlich geringen Niederschlagsmengen bedingt. Nach den Angaben von SCHALLER (1997) sind es weniger als 25 mm im Jahr, BHASIN (1996) gibt ca. 10 cm an, JINA (1995) drei Zoll, also knapp 8 cm. Changthang ist auf jeden Fall sehr trocken, es ist fast eine Wüste (vgl. Abbildung 1, S. 20/21).

Die Temperaturen sind ebenfalls extrem. Im Sommer kann es zwar bis zu 30 Grad am Tage haben, nachts aber fällt das Thermometer auch oft wieder auf minus 5 Grad. Die Tag-Nacht-Schwankungen sind also sehr groß. Im Winter wird es bis zu minus 40 Grad. EVERDING (1993) gibt eine durchschnittliche Jahrestemperatur von minus 5 bis plus 6 Grad an. Scharfe Winde fegen fast immer über die Hochebene.[3]

Landwirtschaft ist unter diesen klimatischen Bedingungen nahezu ausgeschlossen, Wald gibt es keinen, die Vegetation ist äußerst dürftig. Changthang ist zwar reich an Seen, doch haben diese keinen Abfluss, es sind Salzseen oder sie bestehen aus Brackwasser und haben keinen Fischbestand. Trinkwasser ist also außerordentlich knapp. Hauptquelle von Trinkwasser sind die Gletscher der um-

---

3   Insgesamt stimmen die Angaben zu Größe, Klima und Bevölkerungsdichte von Changthang wenig überein. MA LIHUA (1993) und EVERDING (1993) geben 600.000 km² an, SCHALLER (1997) 750.000 km², QUIERS (1998) 800.000 km². Folgende Durchschnittshöhen werden angegeben: EVERDING (1993): 5.000 m, MA LIHUA (1993): mehr als 4.500 m, QUIERS (1998) durchschnittlich 4.500 m, SCHALLER (1997): mehr als 4.000 m. MA LIHUA gibt 1 Bewohner pro km² an, EVERDING (1993) 1 Bewohner pro 10 km². Für Korzok gibt RIZVI (1996) bald 4.500 m, bald 4.600 m an. BHATTACHARJI (1993) gibt für Korzok 4.570 m und 4.604 m an, für den Tsomoriri-See 4.512 m und 4.581 m.

Abbildung 7: Nomadenjunge

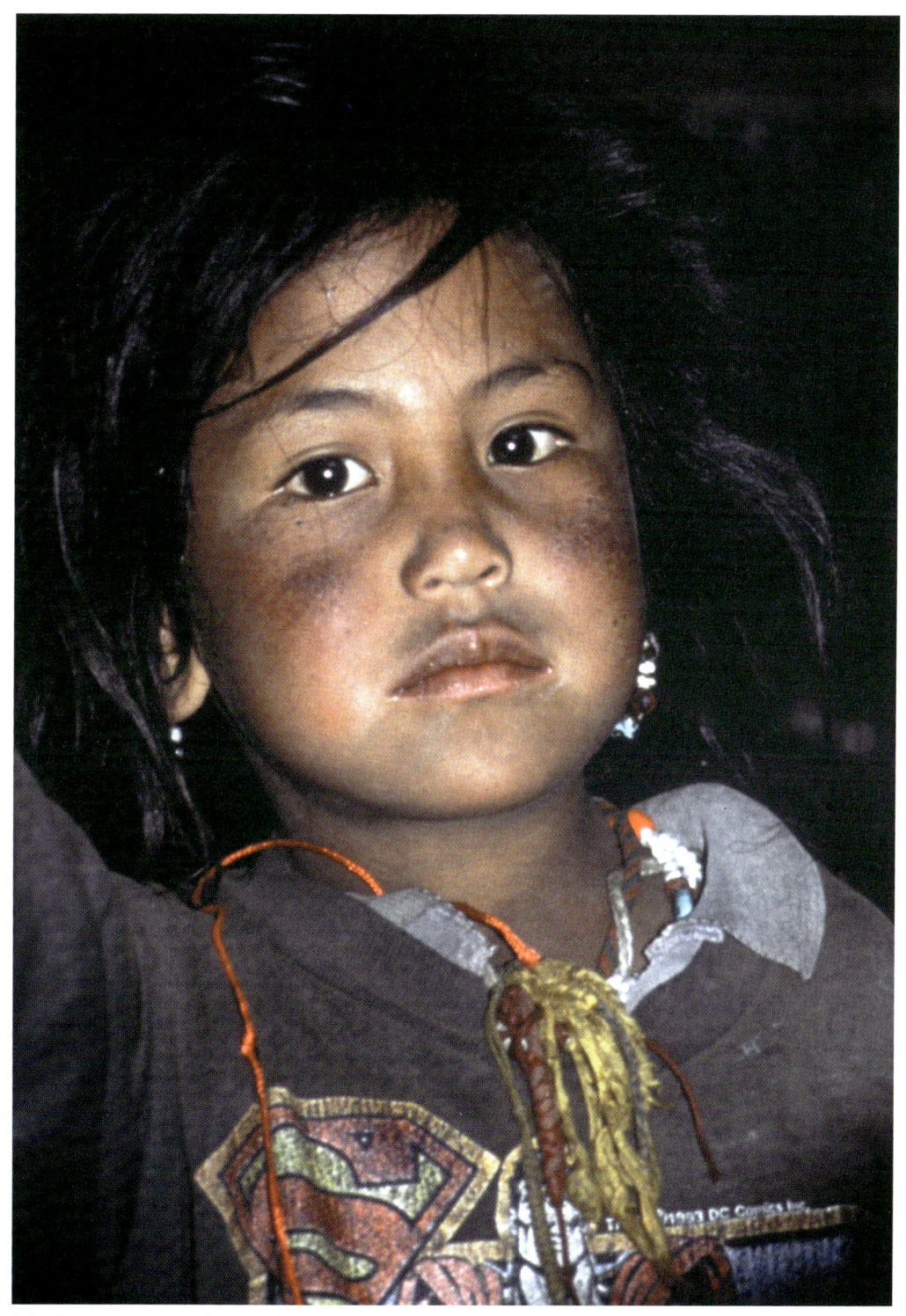

Abbildung 8: Nomadenmädchen

liegenden Gipfel. Folglich ist auch der Wildbestand nicht so reich, dass Menschen von der Jagd leben könnten.

Wenn Jagd, Fischfang und Ackerbau als Ernährungsgrundlage nicht möglich sind, bleibt nur noch die Viehzucht. Da aber auch die für Vieh geeignete Vegetation außerordentlich dürftig ist, müssen die Changpa umherziehen. Wenn die dürftige Vegetation abgegrast ist und weitere Weidegründe im Umfeld des Zeltlagers nicht mehr in einigen Stunden Marsch erreichbar sind, muss umgezogen werden (vgl. Abbildung 2, S. 25) – ein Umzug mit allem Vieh und allem Hab und Gut.

Insgesamt sind die Umweltbedingungen in Changthang so heikel, so sehr an der Grenze der Bewohnbarkeit durch Mensch und Tier, dass jedwede noch verschärftere Witterung – z. B. der Schneesturm des Winters 1985 – den Wildbestand von Natur[4] und den Viehbestand der Menschen unter Umständen gleich um fünfzig Prozent reduzieren kann (SCHALLER 1997). Die Nomaden sind voller Katastrophengeschichten von den immer wieder einmal über Changthang einbrechenden Extremwintern mit viel Schnee, in denen das Vieh kaum noch Nahrung findet und in großer Zahl wegstirbt.

Menschen sind ungemein erfinderisch. Wenn Vieh ihre Lebensgrundlage ist, so wissen sie das Fell, die Haut, die Knochen, die Sehnen, den Dung der Tiere zu nutzen und aus ihnen Zelte und Kleidung, Werkzeug und Schmuck, Sattelzeug und Behälter, Seile und Brennstoff herzustellen. Und sie ernähren sich vom Fleisch und der Milch der Tiere.

Allein damit ein Auskommen zu finden, ist jedoch außerordentlich schwer. Insbesondere ist ein rein tierischer Speisezettel auf die Dauer unbekömmlich. Das Hirten-Nomadentum als ökonomisches System, als Überlebensstrategie ist deshalb meist mit irgendeiner Form des Tauschhandels kombiniert. Durch Tausch mit den Produkten von Menschen aus anderen ökologischen Regionen werden der eigene Speisezettel und die materielle Kultur ergänzt.

Im Folgenden werde ich in einzelnen Abschnitten das Leben der Changpa-Nomaden etwas genauer nachzeichnen: Viehbestand und Weidewechsel (Abschnitt 2), das schwarze und das weiße Zelt als ihre Behausungen (Abschnitt 3), ihren Tauschhandel in der Vergangenheit und der Gegenwart (Abschnitt 4), die Polyandrie (Abschnitt 5) sowie ihre Religion zwischen Buddhismus und Schamanismus (Abschnitt 6).

---

4 Zum Wildbestand von Changthang liegt ein schöner Bildband vor von G. B. SCHALLER (1997), *Tibet's Hidden Wilderness. Wildlife and Nomads of the Chang Tang Reserve.* Vgl. auch seinen Artikel *Tibet's remote Chang Tang* (1993).

2. VIEHBESTAND UND WEIDEWECHSEL

Die Nomaden von Changthang halten vor allem Schafe, Ziegen (vgl. Abbildungen 9, S. 46/47 und 16, S. 60), Yaks und Pferde.

Das Schaf gibt Fleisch (zum Verzehr wie zum Tausch), Wolle (ebenfalls Eigenbedarf und Verkauf) sowie etwa drei Monate lang Milch (überwiegend zum Eigenbedarf: als Getränk zum unmittelbaren Verzehr und als Grundlage für die Herstellung von Joghurt, Butter und Käse). Das Schaf wird auch als Lasttier verwendet und kann bei einer Last von ca. 10 kg etwa 12 km pro Tag zurücklegen.

Ebenso wichtig wie das Schaf ist für die Changpa-Nomaden die Ziege. Das Kostbarste, was die Changthang-Ziege den Menschen bietet – neben Fell, Fleisch und Milch – ist die *pashmina*-Wolle. Diese ist für die Nomaden ausschließlich Handelsgut, sie selbst verwenden sie nicht. Die *chang ra* (Nord-Ziege) ist eine besondere Art von Ziege, die es nur in dieser Gegend (und entsprechenden Regionen der Mongolei) gibt: In der extremen Kälte des Winters wächst ihr eine Art Unterkleid aus allerfeinster Wolle, *pashmina* genannt. Diese *pashmina*-Wolle wird ausgekämmt, gesäubert und verkauft.

Die *pashmina*-Wolle wird über Zwischenhändler überwiegend nach Kashmir gebracht, wo sie zu den legendären *pashmina*-Schals verarbeitet wird, die bei einer Größe von 2 x 1 m bis über tausend Dollar kosten können. Es ist nur ein kleiner Bruchteil, welchen die Nomaden an diesem *pashmina*-Handel verdienen (zur Ökonomie des *pashmina*-Handels vgl. AHMED 1996, Kapitel 9.3; RIZVI 1999 und ALTMANN und RABOUAN 1999), aber dennoch trägt er ganz erheblich zu ihrem relativen Wohlstand bei. Seit der Schließung der Grenzen zu Tibet, von wo früher die meiste *pashmina*-Wolle kam, weil sie als die beste galt, haben die ladakhischen Changthang-Nomaden ökonomisch einen durchaus besseren Stand – jetzt ist es *ihre* *pashmina*-Wolle, welche gefragt ist.

Entsprechend hat sich auch die Zusammensetzung des nomadischen Viehbestandes geändert – die Ziegenhaltung hat sich um ein Vielfaches gesteigert.

Das mächtige Yak ist ebenfalls ein unentbehrliches Tier der Nomaden (BONNEMAIRE 1976; EPSTEIN 1974). Das weibliche Yak *(dri)* gibt das ganze Jahr über Milch, und Yaks sind die Haupttransporttiere bei den etwa zehn Umzügen mit Zelt, Sack und Pack, welche die Nomaden im Jahr unternehmen müssen. Man braucht allein zwei Yaks, um die beiden Hälften des etwa 120 kg schweren schwarzen Nomadenzeltes zum nächsten Weideplatz zu transportieren.

Auch Pferde werden gelegentlich zum Transport von Gütern verwendet, aber sie dienen an erster Stelle als Reittiere (Abbildung 13, S. 54/55) und sind für einen Nomaden allemal ein Zeichen von Status.

Wenn wir nur die besonders hoch gelegene Region des ladakhischen Chang-

Abbildung 9: Schafe auf der Weide

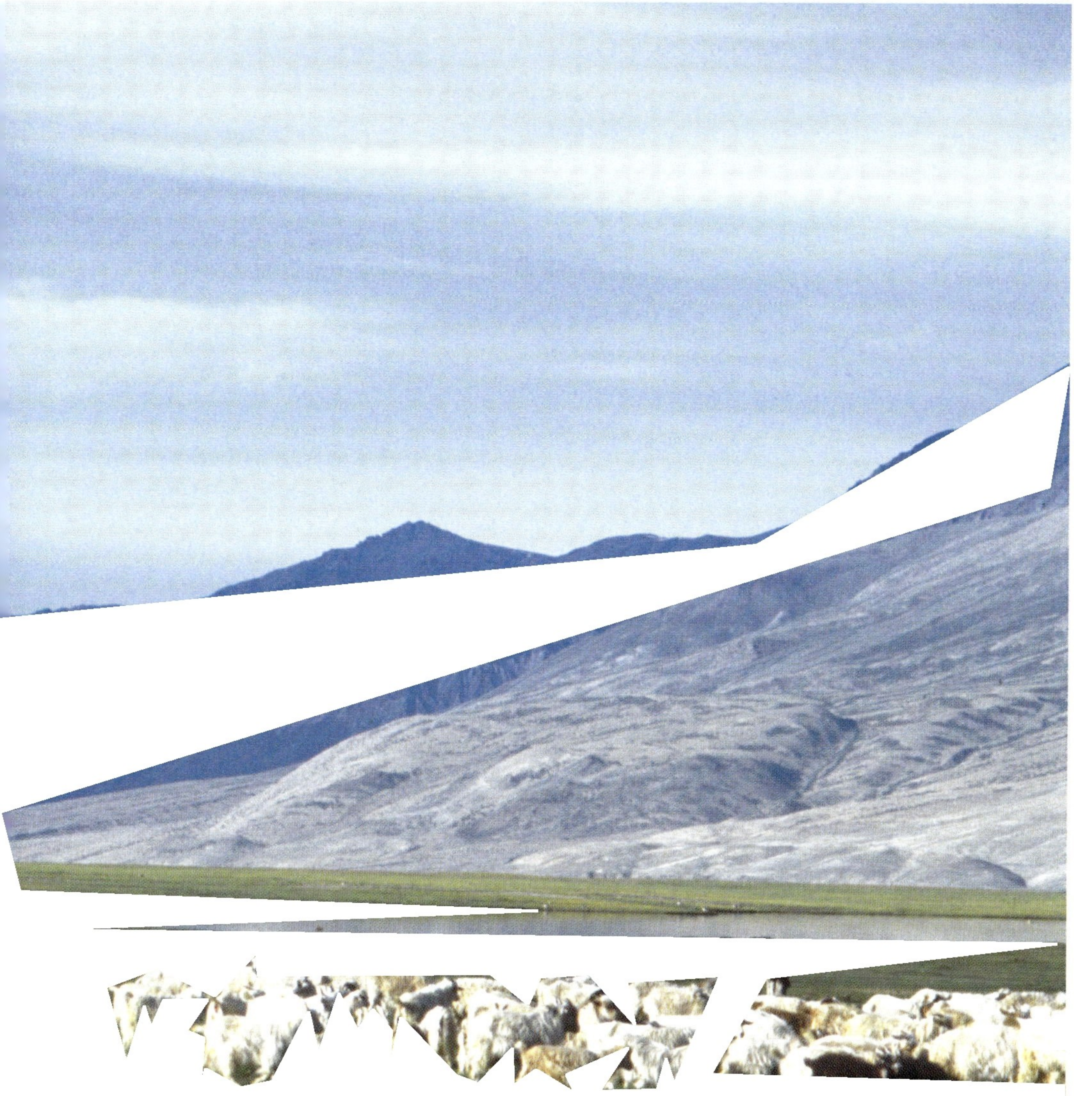

thang, die von Rupshu, Korzok und Kharnak, betrachten, die Region der rein nomadischen Lebensform, so ist klar, dass die tierische Population die menschliche zahlenmäßig bei weitem übertrifft. Leider sind die Zahlenangaben für beide Bevölkerungsdichten recht uneinheitlich – aber bestimmte Durchschnittswerte lassen sich doch angeben. JINA (1995) meint, dass etwa 4.000 Menschen in dieser Region leben, BHASIN (1996) spricht von 2.900, JINA spricht in einer späteren Arbeit (1999) von 320 Zelten – in jedem wohnt eine Großfamilie von 7 bis 14 Personen. Auf jeden Fall ergibt sich daraus eine außerordentlich dünne Besiedlung. Und die meisten Daten gehen auch von einer Abnahme aus, bedingt durch Abwanderung in die Hauptstadt Ladakhs, nach Leh. So zitiert z. B. DOLLFUS (1999) für die Kharnak-Region eine Bevölkerungszahl von 363 Menschen, erwähnt aber sogleich, dass seitdem 25 »Zelte« (Familien) aus dieser Gegend weggezogen sind.

Für die Region Rupshu zitiert AHMED (1996) die Ergebnisse der Bevölkerungszählung von 1981, welche 499 Bewohner angibt, 1990 sind es aber nur noch 399 in insgesamt 73 Zelten. Auch hier ist es die Abwanderung nach Leh, welche die Zahl reduziert.

Nun gibt es im ladakhischen Changthang nicht nur ladakhische Nomaden, sondern auch tibetische. Nach der Flucht des Dalai Lama aus Tibet sind über zehntausend tibetische Flüchtlinge nach Ladakh gekommen, darunter viele Nomaden aus dem tibetischen Teil Changthangs. Eine Grenze gab es vorher nicht – frei wechselten die Nomaden ihre Weiden über eine dort auf den Höhen irrelevante politische Grenze hinweg. 1962 hat dann China erhebliche Teile des ladakhischen Changthang besetzt, die Grenze wurde geschlossen und sie ist seitdem auf beiden Seiten durch hohe militärische Präsenz ständig bewacht.

Die Lage des ladakhischen Changthang hat sich durch diese politischen Ereignisse stark verändert. Die Veränderung betrifft zunächst einmal die Bevölkerungsdichte. Für die Anzahl der tibetischen Nomaden, die jetzt im ladakhischen Changthang leben, liegen keine Zahlen vor. AHMED (1996) zitiert für ihre Untersuchungsregion Rupshu eine Schätzung von 130 Personen, praktisch ein Drittel der Anzahl ladakhischer Changpa.

Unabhängig von der Schwankung der Bevölkerungsdichte (Abzug von Ladakhi-Nomaden und Zuzug von nomadischen Tibet-Flüchtlingen) haben sich offensichtlich die Herdengrößen ganz erheblich erweitert. JINA (1995) nennt für 1985/86 190.000 Schafe und Ziegen, 1993/94 hat sich die Zahl nahezu verdoppelt (300.000 Schafe und Ziegen) – beide Angaben beruhen auf offiziellen Zählungen des District Husbandry Department in Leh. Monisha AHMED (1996) meint aber, dass diese Zahlen sicher alle zu tief greifen – kein Nomade gebe gerne die Anzahl seiner Tiere an, zumal sich die (wenn auch geringen) Abgaben, welche dem indischen Staat zu entrichten sind, nach der Viehzahl bemessen.

Ein Nomade, welcher 300 Schafe und Ziegen, 30 bis 35 Yaks und vier bis fünf Pferde sein Eigen nennt, werde in Changthang als reich angesehen. Ein mittlerer

Abbildung 10: Korzok, Kloster und Siedlung

Wohlstand sei mit 100 bis 150 Schafen und Ziegen, 10 bis 20 Yaks und ein bis zwei Pferden gegeben. Arm sind Nomaden, die nur 30 bis 40 Schafe und Ziegen, ein Yak und ein Pferd haben (AHMED 1996).

Das gesamte Leben der Nomaden ist durch die einfache Tatsache bestimmt, dass ihre Tiere jeden einzelnen Tag des Jahres auf die Weide geführt werden müssen – 365 Tage im Jahr, davon gibt es keine Ferien und keine Feiertage.

Es sind die Kinder (Mädchen und Jungen ab 6 Jahren) und Männer, welchen die Weidearbeit obliegt. (Die Melkarbeit ist Frauensache. Kinderaufgabe ist auch das Sammeln von Brennmaterial. Dafür sind sie – stets zu zweit – einen ganzen Tag unterwegs; vgl. Abbildung 11, S. 51.) Das bedeutet täglich zwei Weidegänge mit Wegen von zwei bis vier Stunden. Schafe und Ziegen werden zusammen geweidet, Yaks und auch Pferde davon jeweils getrennt. Oft tun sich mehrere Zelte zum Weiden zusammen – allerdings kann ein Hirte mit Schleuder und Hund nicht mehr als 200 Schafe und Ziegen zusammenhalten. Weniger wohlhabende Nomaden verdingen sich auch als Hirten und verdienen dann etwa 500 bis 550 Rupies im Monat (AHMED 1996). Ein Pferd – um einen Vergleich zu haben – kostete 1995 etwa zehntausend bis zwölftausend Rupies. Ohne eine einzige Rupie auszugeben, müsste ein Hirte dafür also 18 bis 24 Monate arbeiten.

Die Weidegründe sind für jede Familie ganz präzise bestimmt und eingegrenzt. Verteilt werden die Weidegründe vom *go ba*, dem von der Gemeinschaft aller Zelte einer bestimmten Region (*yul*) bestimmten Oberhaupt. Wer die Grenze überschreitet, muss an den *go ba* Strafe zahlen. Und die Strafe ist nicht gering: ein Tier pro zehn »Grenzverletzer«. Wenn ein Hirte also mit seiner Herde von 200 Schafen und Ziegen die ihm zugeordnete Weidegrenze überschreitet (und es kommt raus), dann muss er dem *go ba* 20 Schafe zahlen. Vom Verkauf dieser Schafe werden *yul*-Belange finanziert: Ausgaben bei Festen, Unkosten bei Besuchen von Regierungsvertretern usw.

Der jahreszeitlich bedingte Migrationszyklus einer Zeltgemeinschaft – fünf bis zehn Zelte – umfasst sechs (BHASIN 1996), sieben (JINA 1995) bzw. zehn (AHMED 1996) verschiedene Weidegebiete, deren Sequenz genau bestimmt und jahreszeitlich bedingt ist. Innerhalb der jeweiligen saisonalen Weidezone werden die individuellen Weidegründe alle drei Jahre neu verteilt, so dass jede Familie im Turnus immer wieder auch jede bessere oder schlechtere Weide erhält. Die Größe der zugeteilten Weiden bemisst sich nach der Stückzahl des Viehs.

Eine besondere Weide-Behandlung erfahren die Herden der beiden Klöster von Changthang, des Thugje- und des Korzok-Klosters. Jedes Jahr werden vom *go ba* drei Familien bestimmt, welche diese Herden ohne jede Entlohnung zusätzlich zu übernehmen haben. Niemand hat etwas dagegen, Klosterhirte zu werden, denn erstens wird es als fromme Tat angesehen, welche sich nach diesem Leben sicher auszahlen wird, und zweitens bekommen die Klöster die besten Weidegründe, von denen dann auch das Vieh dieser Familien profitiert. Zusätzlich wird

Abbildung 11: Nomadenkinder nach dem Sammeln von Brennmaterial: Ertrag eines Arbeitstages

eine Familie bestimmt, die Pferde der ganzen Region zu weiden, was eine sehr harte Aufgabe ist und deshalb auch entlohnt wird.

Der Umzug von einer Weideregion zur nächsten geschieht meist in zwei Etappen – einfach deshalb, weil die meisten Familien nicht genügend Yaks haben, um alles auf einmal aufzuladen. Ein Teil wandert also voraus, die Yaks werden zurückgeführt, und dann geht es zum zweiten Teil des Umzugs. Das schwerste zu transportierende Gut ist die Behausung der Nomaden – das schwarze Zelt. Es ist zweigeteilt und wird, wie erwähnt, in zwei je 60 kg wiegenden Hälften transportiert. Nur zwei Yaks können diese Last bewältigen. Dieses schwarze Zelt – und heutzutage oft auch zusätzlich oder ersatzweise das weiße – gibt viel Auskunft über das Leben der Nomaden.

3. DIE »GROSSE SCHWARZE SPINNE« UND DAS WEISSE ZELT

Seit der eingehenden Untersuchung von FEILBERG (1944) hat das schwarze Zelt zweifellos eine gewisse anthropologische Berühmtheit erlangt (vgl. auch FAEGRE 1979, Kapitel 1). Es ist über Afrika und Asien weit verbreitet – man findet es bei den Nomaden in Mauretanien und Marokko, in Algerien und im Iran, in Afghanistan und Belutschistan, und auch im tibetischen und ladakhischen Changthang.

In Changthang sind es nur die Männer, welche das Zelt aus Yakhaar weben. Frauen weben auch (vgl. Abbildung 14, S. 57), aber niemals das Zelt. Im Gegensatz zum restlichen Ladakh, wo es nur die Männer sind, die weben, ist Weben in Changthang, wo es auch eine so viel größere Rolle spielt, Männer- *und* Frauensache. Nähen ist allerdings nur Männersache. Die Männer weben im Allgemeinen die »männlichen« Stücke: Satteldecken, Sattelzeug, Satteltaschen usw. Aber wenn Not am Mann ist, dürfen das auch die Frauen tun. Das Zelt aber dürfen sie *nicht* weben, daran dürfen sie keine Hand anlegen.

Das Zelt *(re bo)* aus Yakhaar[5] wird aus einzelnen Bahnen zusammengesetzt (vgl. Abbildungen 12, S. 53 und 15, S. 59). Diese Bahnen sind 23 bis 30 cm breit (die Breite ergibt sich aus dem transportablen Webstuhl) und 10 bis 12 Meter lang. Es

---

5   In der Schilderung des schwarzen Zeltes beziehe ich mich vor allem auf die Untersuchungen von AHMED (1996) in Rupshu (Changthang), MANDERSCHEID (1999a) bei den tibetischen Nomaden in Dzangthang sowie JONES (1996).

Abbildung 12: Das schwarze Zelt

Abbildung 13: Auf dem Weg zum benachbarten Zeltlager

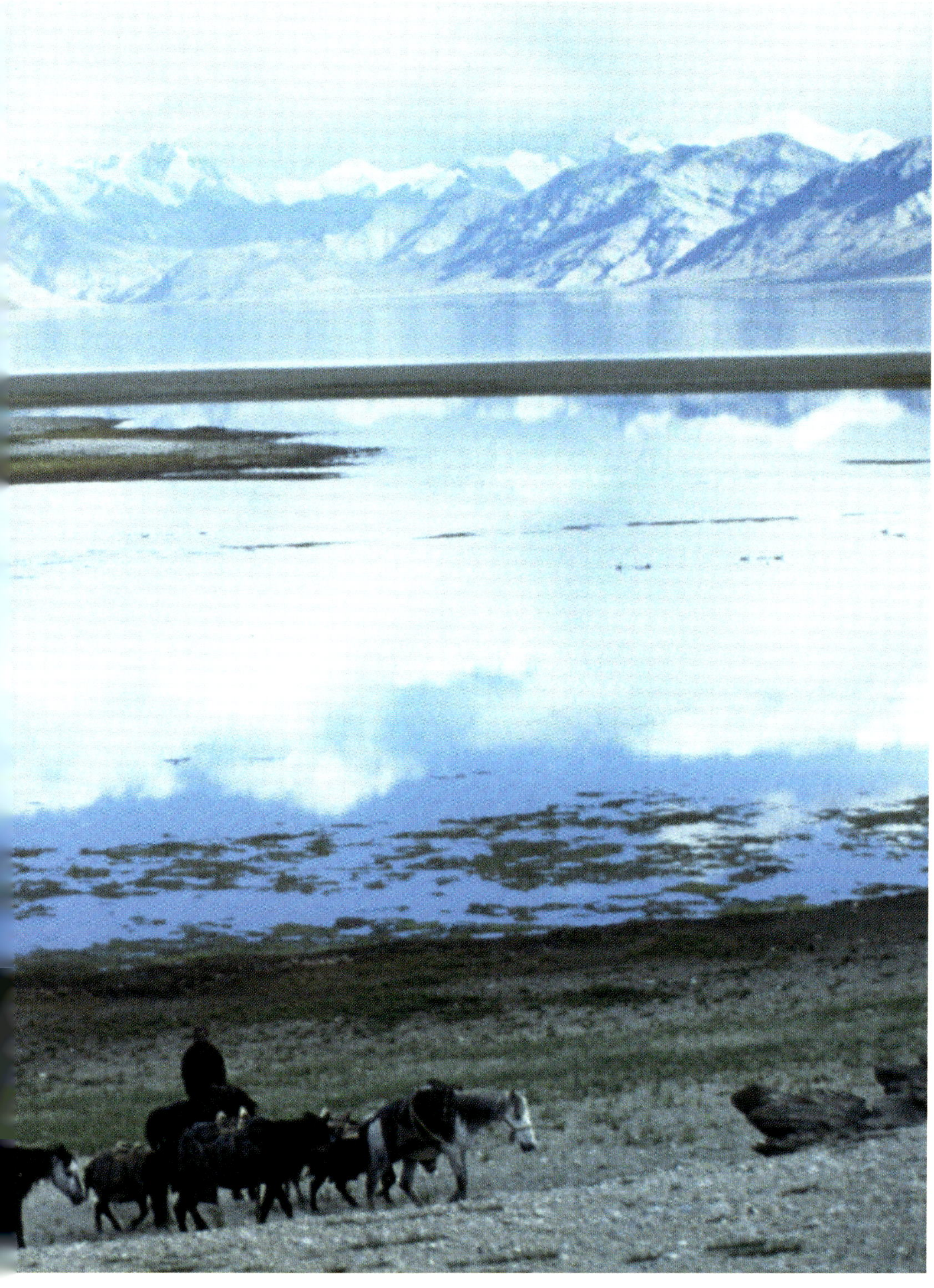

wird so lose gewebt, dass noch Tageslicht einfallen und der Rauch abziehen kann. Diese einzelnen Bahnen werden zu zwei trapezförmigen Hälften – jedes aus 32 Stücken bestehend – zusammengenäht.

Dieses Zelt ist, obwohl es Lichteinfall zulässt, regendicht. Es ist erstens »imprägniert« durch den natürlichen Lanolingehalt der Yakwolle und wird stetig »nachimprägniert« durch den fettigen Rauch abbrennender Butterlampen und des als Brennmaterial verwendeten Tierdungs. Außerdem quillt das Zelt bei Regen und wird dadurch dichter.

Das schwarze Zelt ist überwiegend eine Spannkonstruktion, wodurch hölzerne Zeltstangen eingespart werden – Holz gibt es in Changthang schließlich nicht. Innen ruht das Zelt auf zwei kräftigen, in einer Gabel endenden Pfosten, die mit einem Querbalken verbunden sind. Mehr Pfosten gibt es innen nicht. An den oberen äußeren Nähten des Zeltes sind Schnüre befestigt, die über weitere sechs bis acht vom Zelt entfernte Außenpfosten (ebenfalls mit Gabelende) geführt werden und dann zum Boden gespannt und dort mit Steinen festgemacht werden. Alle Zelte, die ich in Changthang kennen gelernt habe, hatten eine Raumgröße von ca. 6 x 6 Metern oder mehr.[6]

Das Zelt ist immer über einer Bodenvertiefung von ca. 80 bis 100 cm, die mit Steinen ausgekleidet ist, gebaut, so dass man am Boden sitzend durch diesen Wall vom Wind geschützt ist. In diesem Wall sind auch Steinregale untergebracht, wo man z. B. Butter gut kühl halten kann, wenn draußen die Sonne mit 30 Grad auf das schwarze Zeltdach niedersengt.

In der Mitte gegenüber dem Zelteingang befindet sich der auch aus Steinen gebaute Herd des Zeltes. Steinumfriedung und Herdkonstruktion bleiben an dem jeweiligen Zeltort zurück und sind strikt familiengebunden. Sie werden, wenn die Familie wieder an diesen Ort zurückkehrt, von neuem als »eigener« Herd benutzt (vgl. Abbildung 18, S. 64/65).

Die am meisten zitierte Beschreibung des schwarzen Zeltes in Tibet stammt vom Pater Régis-Evariste Huc, der Mitte des vorletzten Jahrhunderts durch China, Tibet und die Mongolei reiste (HUC 1931 zitiert nach JONES 1996, S. 94). Er schreibt:

> Mit all dieser merkwürdigen Kompliziertheit von Stöcken und Schnüren hat das schwarze Zelt der tibetischen Nomaden keine geringe Ähnlichkeit mit einer großen Spinne, die bewegungslos auf ihren langen staksigen Beinen steht, aber so, dass ihr dicker Bauch am Boden ruht. Die schwarzen Zelte sind in keiner Weise mit den mongolischen Zelten vergleichbar. Sie sind keine Spur wär-

---

6   MANDERSCHEID (1999a) gibt als Zeltgröße 5 x 5 bis 10 x 10 Meter an. Das im Besitz des National Museum of Denmark befindliche Zelt misst 8,75 x 3,75 Meter (JONES 1996). BHASIN (1996) gibt 4 x 3 Meter an und JINA (1999) 41 Quadratfuß.

Abbildung 14: Webarbeit im Zelt

mer oder solider als ein landläufiges Reisezelt. Ganz im Gegenteil: Sie sind sehr kalt, und ein starker Wind reißt sie ohne jede Schwierigkeit nieder... Wenn (die Nomaden) einen Zeltplatz ausgesucht haben, dann bauen sie im Allgemeinen eine vier bis fünf Fuß hohe Mauer, und im Zelt bauen sie eine Feuerstelle, die weder geschmackvoll noch stabil ist. (S. 94; Übersetzung IR)

Pater Huc hält sich also mit Wertungen nicht zurück: Für ihn ist das schwarze Zelt eine hässliche Spinne, die der Wind umpustet wie nichts, und das Zelt sei innen mit einem ebenfalls wackeligen und außerdem geschmacklosen Herd ausgestattet. Auch spätere Autoren sind nicht gut auf das schwarze Zelt zu sprechen. Für DUNCAN (1933, S. 72) ist es »eine riesige Spinne mit hundert Beinen«. HERMANNS (1949, S. 48) findet das schwarze Zelt eine »ungemütliche Behausung« und MANDERSCHEID (1999a) schließt ihre Behandlung des Zeltes mit dem Hinweis ab, dass es sehr wohl für heiße Zonen sinnvoll sei, nicht aber für tibetische Wetterverhältnisse, wie sie in Changthang herrschten – da seien die Menschen in diesen Zelten den Witterungseinflüssen doch weitgehend ungeschützt ausgeliefert. Wer bei 30 Grad Hitze und permanent brodelnden Kochtöpfen sowie unter ständiger Versorgung heißen Buttertees einmal einige Stunden in einem solchen schwarzen Zelt verbracht hat, oder auch von eisigen Winden geplagte Tage, der wird sich der Richtigkeit dieser Zusammenfassung nicht ganz entziehen können...

Trotzdem bedeutet den Nomaden ihr schwarzes Zelt sehr viel. Doch heute gibt es auch Alternativen. Billig kann man Stoff kaufen und sich ein weißes Zelt (*gur*) nähen (vgl. Abbildung 17, S. 61). Es hat den Vorteil, dass es sehr viel leichter ist (es wiegt ein Drittel des schwarzen Zeltes), dass man es folglich auch größer machen kann, und dass es im Sommer innen nicht so heiß wird. Auf der anderen Seite steht: Es ist keine drei bis vier Jahre haltbar (das schwarze Zelt hält zehn bis zwölf Jahre) und es ist im Winter viel kälter als das schwarze. Heute sieht man unter den Changpa-Nomaden beide Formen, und wer es sich leisten kann, wird sich auch zwei Zelte halten, ein *re bo* und ein *gur*, ein schwarzes und ein weißes Zelt.

Der Innenraum des Zeltes – ob nun schwarz oder weiß – ist geschlechtlich aufgeteilt (vgl. Abbildung 19, S. 69). Tritt man in das Zelt ein, so ist die linke Hälfte die weibliche Seite. Hier arbeitet, hantiert, sitzt die Frau, hier spielen die Kinder, hier sind die Essensvorräte und der Besitz der Frau. Rechts ist der männliche Raum, wo am Zeltrand alle männlichen Besitztümer gestapelt sind: Reitdecken, Sättel, Satteltaschen usw. Rechts sind auch die religiösen Utensilien untergebracht, und nur rechts betet ein Lama oder geht ein Schamane in Trance.

Bei der Sitzordnung im Zelt sind sowohl die Familie als auch die Gäste geschlechtlich getrennt (die kleineren Kinder sitzen auf der weiblichen Seite, vgl. Abbildung 3, S. 28/29), und sie ist auch hierarchisch. Genau gegenüber dem Eingang oberhalb des Herdes ist in jedem Zelt der buddhistische Altar aufgebaut, mit einem Schrein, den Opferschalen, oft Bildern von Rinpoches und besonders oft auch

Abbildung 15: Das Material des schwarzen Zeltes: Yakhaar-Webstoff am Rauchabzug

vom Dalai Lama. Der Platz neben dem Altar ist sowohl auf der weiblichen wie auch auf der männlichen Seite der statushöchste, er wird rechts von dem Familienoberhaupt und links von seiner Frau eingenommen oder vom ranghöchsten Gast. Es besteht kein Zweifel: Es irritierte meine Gastgeber einen Augenblick ein wenig, die Schamanen Ngawang und Sonam Lathar, in ihrem schwarzen Zelt in Thugu, dass ich, ein Weib, mit meinen drei männlichen Mitarbeitern mit auf der *rechten* Seite des Zeltes sitzen wollte (des Tonbandes, des Fotografierens und auch der flüsternden Kommunikation mit den Mitarbeitern wegen), weshalb einem Mönch, der später noch dazu kam, nichts anderes übrig blieb, als sich auf der weiblichen Seite niederzulassen (vgl. Abbildung 40, S. 192).

4. TAUSCHHANDEL IN VERGANGENHEIT UND GEGENWART

Von der nomadischen Wirtschaftsform in Changthang kann man nicht sprechen, ohne auch kurz auf den Handel einzugehen. Zu wenig bietet das ungemein karge Changthang, als dass selbst noch so genügsame Menschen dort autark leben könnten. Es fehlt am bittersten an Holz, Tee, Gerste und Zucker.

Abbildung 16: Pashmina-Ziegen. Hier – sich gegenüberstehend – mit den Hörnern verhakt, um sie in Ruhe in zwei Reihen von hinten melken zu können

In der Vergangenheit war Changthang – insbesondere die rein nomadische Region von Rupshu – ein ganz wichtiger Durchgangs- und Umschlagplatz des zentralasiatischen Handels. Durch Rupshu an der Grenze zu Tibet zogen Teehändler aus Lhasa und Händler aus dem Punjab und aus Kinnaur, Lahul und Kulu (JINA 1995, S. 52). Die Waren wurden teils in Rupshu getauscht, teils gingen sie weiter nach Leh. Von Leh wanderte Ware in die entgegengesetzte Richtung. Die Nomaden waren durch ihr Angebot von Fleisch und Wolle in diesen Handel eingebunden und die wichtigsten Bedarfsgüter für sie waren Tee und Gerste. Das wichtigste Gut, das neben Tee aus Tibet nach Rupshu und nach Leh kam, war früher Salz – und eines der wichtigsten Güter, welche aus Tibet über Leh nach Kashmir gingen, war die begehrte *pashmina*-Wolle.

1962 aber, nach dem chinesisch-indischen Krieg, wurden, wie erwähnt, die Grenzen zwischen Indien und China (d. h. auch dem von China annektierten Tibet) geschlossen. Auf beiden Seiten ist Militär postiert. Die indische militärische Präsenz ist allenthalben sichtbar in Changthang. Als militärisch hochgradig sensible Region war Changthang entsprechend lange für jeden Besucher gesperrt. 1993

Abbildung 17: Das weiße Zelt

wurde Changthang indischen Besuchern und Touristen geöffnet, 1996 auch ausländischen.

Aber die Besuchsrestriktionen für Changthang sind bis heute erheblich: Als Ausländer kann man nur mit einer mit Pass zu beantragenden schriftlichen amtlichen Genehmigung reisen. Der Dienstweg kann Tage dauern. Auch darf niemand allein reisen, es müssen mindestens vier Ausländer sein. Die Zeit ist auf sieben Tage begrenzt (kann aber mit Sonderantrag ggf. verlängert werden), und die Routen sind festgelegt.[7]

Für die Nomaden von Changthang hat sich seit 1962 der Tauschhandel wesentlich geändert. Plötzlich, mit der Schließung der Grenze zu Tibet, kam aller tibetischer *pashmina*-Export zum Erliegen sowie aller Salzexport aus Tibet. Was *pashmina* betrifft, so war dies für die Changthang-Nomaden ein großer Segen, denn plötzlich war *ihre pashmina*-Wolle gefragt, die vorher als weniger wertvoll galt. Dies hat zweifellos zu einem wirtschaftlichen Aufschwung in Changthang geführt. Heute ist *pashmina* für die Nomaden das mit Abstand wichtigste Handelsgut. Und sein Preis hat sich (freilich auch unter Einbeziehung der Inflation) seit der Schließung der Grenze verzehnfacht.

Es sind heute (überwiegend muslimische) Händler aus Leh und aus Manali, die das *pashmina* in Changthang einkaufen und – unter erheblicher Preiserhöhung – nach Kashmir weiterleiten, wo bis heute das meiste *pashmina* verarbeitet wird. Zunehmend schalten sich in diesen Handel aber auch die aus Changthang ausgewanderten Changpa-Nomaden ein und vor allem auch die tibetischen Nomaden, welche als Flüchtlinge nach Changthang kamen. Tibeter werden als außerordentlich geschäftstüchtig angesehen, und im Vergleich zu den Ladakhis sind sie das auch ohne Zweifel. Neuerdings kaufen Tibeter eine Menge *pashmina* auf, und erhebliche Mengen sollen inzwischen über die Grenze nach China gehen. Die Kashmiri-Händler sind bereits sehr besorgt. Und der Preis steigt.

Ganz anders steht es um das Salz. Die Salzkarawanen sind völlig aus dem zentralasiatischen Raum verschwunden. Wer braucht noch Salz von den Salzseen Tibets? Ladakh führt Seesalz in Plastiktüten ein, und das zu minimalen Preisen. Und die Changpa-Nomaden versorgen sich mit diesem Billigsalz. Den Salzbedarf ihres Viehs (ca. ein Kilogramm pro Tier und Jahr) besorgen sie sich von ihrem eigenen Salzsee, dem Tso kar, wohin sie einmal im Jahr mit einer großen Schafkarawane ziehen, um Salz zu stechen (AHMED 1999).

Unter den Produkten, welche die Nomaden heute verkaufen, steht – wirtschaftlich betrachtet – an erster Stelle das *pashmina*, des weiteren Wolle und Fleisch, auch ein wenig Butter und Käse. Was ihnen fehlt und was sie einhandeln oder kaufen, sind Tee und Gerste, inzwischen aber auch andere Nahrungsmittel wie Reis und Linsen. Besonders wichtig sind für sie Holz (vor allem für die Zelt-

---

7   Mit Sondergenehmigungen sind diese Restriktionen zum Teil auch aufzuheben.

stangen) und Metallgegenstände wie Messer und Küchengeräte sowie Töpfe und Gefäße. Inzwischen gibt es einen erheblichen Konsumbedarf an billigen chinesischen Gütern, vor allem Kleidung und auch Taschenlampen, Kerosinöfen, Thermosflaschen, Radios. Es sind die von den Chinesen vertriebenen tibetischen Flüchtlinge, welche offensichtlich eben diesen »chinesischen Handel« in jüngerer Zeit besonders aktiv betreiben. Dies führt dazu, dass man heute in vielen Nomadenzelten munter Altes und Neues nebeneinander findet.

BHATTACHARJI (1993), der 1983 zum ersten Mal in Rupshu war, bemerkt zehn Jahre später, dass die Changpa-Nomaden zum Teil Transistor-Radios, Seife und Druckkochtöpfe besitzen und mit Bündeln von Banknoten hantieren. Und zum Handel mit China (Tibet) sagt er: »Handel mit Tibet ist hier üblich, wird aber unter der Decke gehalten. Jeder nimmt daran teil, und jeder leugnet es auch.« (S. 131; Übersetzung IR)

Ganz im Dunkeln liegt ein Bereich des Tauschgeschäftes, welches sagenhafte Verdienstmöglichkeiten bietet: der Schmuggel mit der *shahtoosh*-Wolle, der wilden Antilope *chi ru*. Das Tier steht international unter Artenschutz. Ihr winterliches »Unterkleid« ist um noch vieles feiner als das der Changra-Ziege, beträgt aber auch im Vergleich zur Changra-Ziege nur ein Drittel bis ein Fünftel pro Jahr. Für das heutige chinesische Changthang hat SCHALLER (1993, 1997) sehr eindrücklich das Ausmaß dieses Wilderns und Schmuggelns von *shahtoosh*-Wolle geschildert. Wie es um den Wildbestand der *chi ru*-Antilope im ladakhischen Changthang steht, dazu liegen keine Informationen vor, und über die *chi ru* befragt, erntet man unter den Nomaden regelmäßig Schweigen. Monisha AHMED (1996) aber konnte offensichtlich einiges darüber erfahren. Sie spricht jedenfalls für 1994 von einem »lebhaften Geschäft«. Damals konnte man pro Kilogramm *pashmina* 1.300 bis 1.500 Rupien erhandeln, für ein Kilogramm *shahtoosh* aber 22 bis 32 Tausend!

Noch ist Tourismus ganz gewiss keine regelmäßige, wohl eingefahrene Verdienstmöglichkeit für die Nomaden, obwohl einige Changpa damit begonnen haben, Teebuden aufzumachen (allerdings mehr in Indus-Nähe und nicht in der fernen Kälte von Rupshu, Korzok und Kharnak), Unterkünfte zu bauen (in Korzok gibt es ein Touristenzeltlager und ein Gästehaus für indische Beamte) und sich Geld mit der Verleihung von Pferden und als Begleiter von Trekking-Touren zu verdienen. Auch wenn das alles bisher nicht in voller Blüte steht, so hat es sich doch schon stark auf die in Changthang gehandelten Gehälter ausgewirkt. Wenn sich heute ein Changpa für das Hüten von Schafen verdingt, wird er das gewiss nicht mehr für 550 Rupies im Monat (heute ca. 12 Euro) tun, und der Mann, der jedes Jahr bestimmt wird, um die Pferde der ganzen Region zu weiden, wird auch ein Vielfaches seines früheren Lohnes verlangen.

Selbstverständlich ist insgesamt in Changthang auch der Geldbedarf gestiegen. Der Krieg mit China brachte Changthang Straßen und Schotterwege. Auf die-

Abbildung 18: Verlassene Zeltstätte, welche aber zur gegebenen Saison von derselben Familie wieder aufgesucht wird. Deutlich erkennbar: die Schutzmauer ringsherum und der Herd in der Mitte

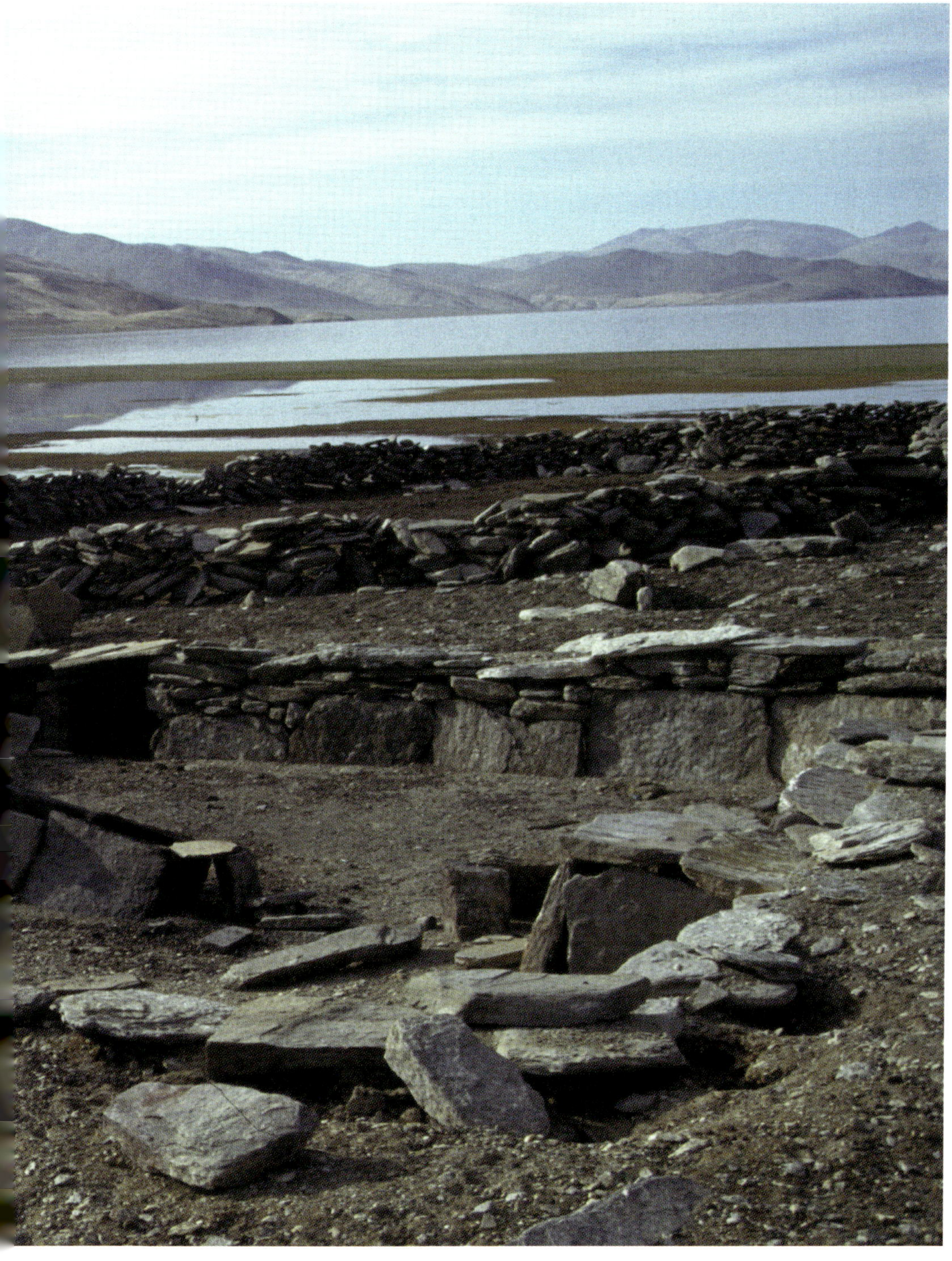

sen verkehren die Militärlaster und inzwischen auch die Lastwagen von Händlern. Auch ein Changpa-Nomade treibt heute nicht mehr seine Schafherde bis nach Leh, um irgend etwas zu tauschen oder zu kaufen. Dafür gibt es Lastwagen. Es gibt im Industal auch Busse. Es kommt auch in Mode, dass sich eine Reihe von Familien zusammentut und ihren Umzug von Zeltplatz zu Zeltplatz mit dem Lastwagen bewältigt. Geld ist da: *Pashmina* ermöglicht es ihnen.

5. SOZIALSTRUKTUR: POLYANDRIE, DIE VIELMÄNNER-EHE

Die Menschen der Erde haben sich in verschiedenen Regionen sehr verschiedene Formen des Ehebündnisses ausgedacht. Es gibt die Monogamie (zwei Partner) und die Polygamie (mehrere Partner). Bei der Polygamie sind Polygynie (mehrere Frauen, ein Mann) und Polyandrie (mehrere Männer und eine Frau)[8] zu unterscheiden – Letzteres kommt unter den Völkern der Welt seltener vor.

Ein Gebiet, in welchem Polyandrie besonders eingehend studiert wurde, ist der Himalaya.[9] Doch ist Polyandrie hier kein Regelfall, keine Norm, wie in westlichen industrialisierten Ländern die Monogamie, sondern eine von verschiedenen *Optionen*. Die hier praktizierte Polyandrie ist in den meisten Fällen die so genannte Bruder-Polyandrie (fraternale Polyandrie), bei welcher eine Frau mehrere Brüder heiratet.

---

8   Die Begriffe sind aus dem griechischen polys = viel, gamia = Heirat. *Gyne* = Frau. *Polygynie* = Vielfrauenehe. *Andro* = Mann. *Polyandrie* = Vielmännerehe.
9   Vgl. AHMED-SHIRALI und SAIN (1994), BEALL und GOLDSTEIN (1981), BERREMAN (1960, 1962, 1968, 1975, 1978, 1980), BHATT (1991, 1997), CASSIDY und LEE (1989), CHANDRA (1972, 1973, 1987), CROOK (1994), CROOK und CROOK (1988), CROOK und SHAKYA (1994), FAHLÉN (2000), FERNANDEZ (1981), GOLDSTEIN (1971, 1976, 1977, 1978, 1981), GOLDSTEIN und KELLY (1987), GOLDSTEIN und TSARONG (1987), GUPTA (1985), HADDIX (1998), HERMANNS (1953), JAHODA (1994), KAWAKITA (1966-1967), LEACH (1955), LE CALLOC'H (1987), LEVINE (1977, 1980, 1988), LEVINE und SANGREE (1980), LEVINE und SILK (1997), MAJUMDAR (1954-1955, 1960-1963), MAJUMDAR und ANAND (1956-1957), MANN (1978a), NANDI (1977), PANT, RAWAT und SAMAL (1997), PARMAR (1975), PETER PRINCE OF GREECE AND DENMARK (1948, 1955a, 1955b, 1963, 1965, 1980), PHYLACTOU (1989), PITTARD (1900), Polyandrie (1980), RAHA (1991), RAHA und COOMAR (1987), RIZVI (1987), SAKSENA (1962), SAMAL, CHAUHAN und FERNANDO (1996), SAMAL, FARBER, FAROOQUEE und RAWAT (1996), SARKAR (1973), SCHULER (1978, 1983, 1987), SHARMA (1987), SISHAUDHIA (1987), SMITH (1998), STULPNAGEL (1955), TREVITHICK (1997), UJFALVY (1884).

Ich brauche nur die Bündnisformen der Familien meiner drei wichtigsten ladakhischen Mitarbeiter, die mir bei meiner Changthang-Forschung geholfen haben, zu betrachten. Einer kommt aus einer polyandrischen Familie – zwei Brüder sind die Väter. Der jüngere, der in einem polyandrischen Bündnis immer den nachgeordneten Stand hat, wird heute – etwas versteckt und defensiv – »Onkel« genannt.

Ein anderer Mitarbeiter hat drei »Väter«, d. h., seine Mutter hat drei Brüder zu Gatten. Der jüngste ist nicht älter als der älteste Sohn der Mutter, so dass für diesen Mitarbeiter ein »Vater« und ein Bruder gleich alt sind. Auch gibt es in dieser großen Familie eine Menge Kleinkinder. Ein dreijähriger Junge ist ebenfalls ein Bruder meines Mitarbeiters (Sohn des jüngsten »Vaters«, d. h. des jüngsten Gatten der Mutter). Ein anderer dreijähriger Junge ist Neffe, Sohn des ältesten Bruders. Der kleine Neffe ist auch »Enkel« des jüngsten Vaters...

Mein dritter Mitarbeiter stammt aus einer polygynen Familie und optierte selbst auch für dieses Modell: Er hat zwei Frauen.

Im tibetischen Kulturraum sind die Regeln der Polyandrie recht einfach. Zwei, drei oder auch mehr Brüder heiraten *eine* Frau. Der älteste Bruder hat ein klares Vorrecht und ist auch der Vorstand der Familie. Außer der Bevorzugung des ältesten Mannes wird von der Frau eine Gleichbehandlung ihrer Gatten erwartet. Welches Kind von welchem Vater ist, spielt keine große Rolle.

In der Regel funktionieren diese Bündnisse ausgezeichnet. Sonst könnten sie sich nicht über Jahrhunderte halten. Aber wie in jeder Bündnisform gibt es natürlich auch hier Probleme. Probleme von Neid und Eifersucht. Auch wenn von der Frau Gleichbehandlung *erwartet* wird (so wie man hier von einer Mutter verlangt, dass sie alle ihre Kinder gleich lieb hat), so kommen natürlich doch auch Präferenzen vor, und das kann selbstverständlich zu Eifersucht und Spannung führen.

Das Problem ist verschärft, wenn der Altersunterschied zwischen den Brüdern groß ist. Angenommen, der älteste Bruder heiratet mit 22 Jahren eine junge Frau von 20 Jahren und hat zwei weitere Brüder von 18 Jahren und 15 Jahren. Die Frau ist dann verheiratet mit einem 22-jährigen, einem 18- und einem 15-jährigen Mann. Und warum sollte nicht auch ein Nachzügler da sein, ein Junge von 4 Jahren? Auch er ist der Mann dieser Frau. Und wenn in der Ehe der Eltern der Brüder weitere Söhne geboren werden, so werden auch sie Männer der Frau (GOLDSTEIN und KELLY 1987).

Welche Lösungen gibt es im Fall von Eifersucht und großen Altersunterschieden? Eine erste Lösung ist das Ausbrechen aus dem polyandrischen Bündnis.

Es ist jedoch für einen Mann nicht leicht, aus dem polyandrischen Bündnis auszubrechen. Auf dem Papier hat im tibetischen Kulturraum zwar jeder Sohn Recht auf den gleichen Anteil des Erbes, aber da das polyandrische Bündnis geschlossen wird, um das Erbe zusammenzuhalten, wird ein ausbrechender Bruder es nicht leicht haben, seinen Anteil einzufordern (GOLDSTEIN 1978). Und ökonomische Alternativen gibt es praktisch nicht. Das bedeutet: Schon aus wirtschaftlichen Gründen müssen die Brüder versuchen, gut miteinander auszukommen – und das ist tatsächlich ein starkes Gegengewicht gegen Eifersucht und sonstige Probleme.

Dass Männer – besonders jüngere Brüder – aus polyandrischen Bündnissen schon ausbrechen *würden,* wenn sie ökonomische Alternativen sähen, das zeigt der Fall der Tibeter im Limi-Tal in Nordwest-Nepal. Nach der Eroberung von Tibet durch China sind viele Tibeter geflüchtet. Sie haben in den neuen Gebieten Handel begonnen und sie haben ihre Tiere mitgebracht, die sie billigst verkauften, um weiterziehen zu können. In dieser Region des Limi-Tals gab es also plötzlich zwei weitere ökonomische Alternativen – den Handel der Exil-Tibeter und den billigen Erwerb von viel eigenem Vieh. Das hat mancher Bruder aus einer polyandrischen Ehe genutzt – und seit der Flucht der Tibeter aus ihrem eigenen Land ist die Zahl der »Ausbrecher« aus polyandrischen Ehen in Limi deutlich gestiegen (GOLDSTEIN 1977, 1978; vgl. auch PARMAR 1975 zu der Wirkung von Erziehung und ökonomischem Wandel auf die Polyandrie).

Aber unter normalen Bedingungen ist Ausbrechen keine leichte Alternative. Es gibt jedoch noch einen anderen Ausweg, und dieser wird in polyandrischen Bündnissen auch beschritten – die Polygyandrie:

Es kommt also vor, dass polyandrische Bündnisse um eine, vielleicht sogar zwei oder drei Frauen erweitert werden, so dass wir dann *keine* polyandrische Konstellation mehr haben, sondern gleichzeitig eine Vielfrauen-Ehe (Polygynie) als auch eine Vielmänner-Ehe (Polyandrie). Diese Form wird Polygyandrie genannt.

Wird die Lösung in Richtung auf Polygyandrie nicht gewählt und bricht tatsächlich einer der Brüder aus, sagen wir einer der Brüder, die auch als Zeuger tätig waren, dann stellt sich doch auch die Frage nach der Zugehörigkeit der Kinder. Wie werden diese Kinder dann verteilt, wem werden sie zugesprochen? In manchen Regionen gehören alle Kinder einfach dem ältesten Bruder. In anderen wird die Frau – welche sonst das Empfängniskalkül nicht einbringt – die Vaterschaft benennen. Oder es wird einfach das älteste Kind dem ältesten Bruder, das zweite dem zweitältesten Bruder usw. zugeteilt. Oder es wird gewürfelt. Auch wird die Frau manchmal ihr Lieblingskind dem Lieblingsmann zuordnen. Alle diese Formen werden praktiziert.

Nun gibt es für die Männer im tibetischen Kulturraum noch weitere Heiratsoptionen:

Es gibt natürlich auch Familien, in denen es nur einen Sohn gibt – oder auch gar keinen. Gibt es nur einen Sohn, so wird dieser meist einfach eine monogame Ehe führen. Es ist aber auch nicht verboten, bei der Heirat einer Frau auch gleich deren Schwester oder Schwestern mitzuheiraten oder sich auch außerhalb der

Abbildung 19: Die weibliche und die männliche Seite des Zeltes, links (vgl. oben) Kochgeschirr und Buttertee-Behälter, rechts (vgl. unten) Satteltasche und Reisetaschen

Schwestern der Frau eine weitere Frau zu nehmen. Wir finden deshalb im tibetischen Kulturraum Monogamie oder auch Polygynie, Vielfrauen-Ehe (vgl. den Fall meines oben erwähnten Mitarbeiters).

Die andere Heiratsmöglichkeit, welche es für Männer gibt, ist die Heirat in einen anderen Haushalt. Wenn eine Familie nur Töchter hat, wird die Tochter einen Mann wählen, der – entgegen der sonstigen Regel, die strikt patrilokal ist (das heißt, die Frau zieht an den Wohnort des Mannes) – in *ihr* Haus zieht (*mag pa*-Heirat im Unterschied zur *bag ma*-Heirat, PETER PRINCE OF GREECE AND DENMARK 1948, 1963). Damit hat der Mann aber kein Anrecht auf ihren Besitz, dieser bleibt in diesem Fall in ihrer Hand. Er muss auch den Familiennamen der neuen Familie annehmen. Sind mehrere Schwestern im Haus, teilen sie sich den Mann, eine polygyne Konstellation, oder sie holen sich noch weitere Männer herein, so dass wieder eine polygyandrische Konstellation entsteht.

Westliche Forscher haben sich heftig den Kopf darüber zerbrochen, warum Menschen polyandrische Bündnisse eingehen. So meinte der psychoanalytisch geschulte Polyandrie-Forscher PETER PRINCE OF GREECE AND DENMARK (1963), dass es sich hier um die Unterdrückung latenter männlicher Homosexualwünsche handle, aufrechterhalten durch einen nationalen, reaktionären, psychischen Verteidigungsmechanismus…

Fragen die Forscher die Mitglieder polyandrischer Bündnisse, statt über Ödipus usw. zu spekulieren, bekommen sie im Allgemeinen eine Antwort, die eindeutig im ökonomischen Bereich liegt: Durch eine Bruder-Polyandrie wird der Besitz zusammengehalten und dadurch ist allen ein besserer Lebensstandard möglich.

Auch die Nomaden von Changthang kennen die Polyandrie – und sie machte früher etwa 40 Prozent der Ehebündnisse aus. Hatte der Vater 100 Schafe und Ziegen und drei Söhne, und jeder will einen gleichen Erbanteil, dann ergibt das drei ökonomisch nicht tragfähige Herdengrößen, und keine der drei Familien könnte vernünftig leben.

Nun musste jeder Nomade zu seinem Lebensunterhalt auch Tauschhandel treiben und dazu mit einem Teil des Viehs außerordentlich lange Reisen unternehmen – vielleicht Monate, so jedenfalls früher. Gibt es nur einen Mann, so ist in diesem Fall die Frau mit Kindern und dem Rest des Viehs und der täglichen Weideaufgabe allein gelassen. Im polyandrischen Bündnis sind noch andere Männer da, um die normalerweise männliche Aufgabe des Weidens zu übernehmen. Auch ist im polyandrischen Bündnis die Arbeitslast, die auf jedem einzelnen Mann liegt, geringer als in einem monogamen Bündnis.

Eine Folge der Polyandrie ist es, dass der Bevölkerungszuwachs relativ konstant bleibt. Es heißt natürlich auch, dass viele Frauen unverheiratet bleiben. Doch können diese durchaus auch Kinder haben, dies ist nicht verpönt und niemand schaut so genau hin, woher diese stammen. Eine relativ konstante Bevölkerungsgröße ist in einer so extrem kargen Umwelt wie Changthang, wo die natürlichen Ressourcen – die Weiden – so knapp sind, geradezu überlebensnotwendig.

So sinnvoll die Polyandrie im Blick auf die Wirtschaftsgrundlage und die Ressourcennutzung einer kargen Umwelt, wie sie etwa Changthang darstellt, auch sein mag, so sicher ist, dass sie vor allem unter dem Einfluss von Außenkontakten zunehmend zurückgeht.

Dass Polyandrie von »modernen« Menschen belächelt wird, ist dabei wohl nicht einmal so wichtig wie die Änderung der Werthaltungen durch den Kontakt mit dem Markt und den kapitalistischen Wirtschaftsstrukturen (vgl. die Untersuchung von FAHLÉN 2000 speziell zu Ladakh). Mit kapitalistischen Wirtschaftsstrukturen geht unweigerlich der Wert der *individuellen* Gewinnmaximierung einher. Das polyandrische Bündnis beruht jedoch auf dem Wert der *kollektiven* Gewinnmaximierung.

Für die Himalaya-Regionen des tibetischen Kulturraumes hat der bereits erwähnte Nomadenforscher M. C. Goldstein einige eindrucksvolle demographische Berechnungen vorgelegt, was der Rückgang der Polyandrie für extreme Umwelten wie die in Changthang bedeutet (GOLDSTEIN 1981, GOLDSTEIN und TSARONG 1987).

Solche Umwelten nennt er eingekapselt. Einkapselung ist nach Goldstein eine Situation, in welcher durch die gegebenen, d. h. extrem begrenzenden Umweltbedingungen die Möglichkeiten einer irgendwie gearteten Einkommenssteigerung gleich Null sind und die bestehende Wirtschaftsform und Sozialstruktur (z.B. Polyandrie) darauf abgestimmt sind. Die Nomaden von Changthang können sich nicht mehr Einkommen dadurch beschaffen, dass sie den Viehbestand erhöhen, die Weiden reichen nicht. Sie können auch nicht zusätzlich Ackerbau betreiben: Ackerbau ist auf solchen extremen Höhen bei der dortigen Kälte, den Winden, der extremen Dürre, der kurzen frostfreien Zeit kaum möglich. Das Tauschgeschäft enorm zu steigern hat auch wenig Sinn, weil der Ertrag (Konsumgüter, Besitz, Reichtum) mit der mobilen Lebensweise einigermaßen unvereinbar ist.

Goldstein nennt es »Entkapselung«, wenn dieses System – z. B. durch starkes Bevölkerungswachstum (statt eine Frau zu teilen und mit ihr sechs Kinder zu haben, heiratet jeder von drei Brüdern eine eigene Frau und jeder von ihnen hat vielleicht sechs Kinder) oder durch Auftauchen ganz neuer Erwerbsquellen wie Tourismus – aufgebrochen wird.

Doch muss ich in diesem Kontext nicht die gesamte Polyandrie-Diskussion nachzeichnen – wichtig für den vorliegenden Band zu Changthang ist nur zweierlei:

1. Was haben Dürre, Wind, Kälte – also Bedingungen der Umwelt – mit Ehebündnissen zu tun? Ich hoffe verdeutlicht zu haben, dass unter extremen Umweltbedingungen, wie sie in Changthang gegeben sind, bestimmte Sozialstruk-

turen – in diesem Fall das polyandrische Ehebündnis – eine besonders sinnvolle Erfindung der Menschen sein können.

2. Damit zeigt sich weiterhin, dass Polyandrie nicht als isoliert zu betrachtendes exotisches Detail dieser Kultur angesehen werden kann, sondern im Kontext nicht nur der Werte der Gesamtkultur, sondern auch der ökologisch bedingten Wirtschaftsstruktur gesehen werden muss.

Doch ist eine solche kulturökologische Perspektive keinesfalls ausreichend, um die Polyandrie zu »erklären«, es müssen auch noch vielfältige andere historische und kulturelle Bedingungen berücksichtigt werden: Die Nomaden von Amdo in Tibet leben nicht unter weniger harten Bedingungen als die Changpa-Nomaden. Und doch fand HERMANNS (1959) bei ihnen keinen einzigen Fall von Polyandrie.

6. DIE RELIGIÖSE TRADITION: BUDDHISTISCH-SCHAMANISCHE MISCHUNGEN

Alle Nomaden des ladakhischen Changthang gehören dem Tibetischen Buddhismus an, speziell der Kargyud-Sekte. Für den Nomadenforscher und Missionar EKVALL (1968/1983) ist der Tibetische Buddhismus eine Mischung aus »abstruser Philosophie, formalisierter Doktrin und einem ausgedehnten Pantheon« von Göttern und Geistern (S. 80). Zu diesem Pantheon führt er aus:

> Das Pantheon scheint buchstäblich grenzenlos zu sein: Buddhas und Bodhisattvas bringen permanent (neue) Emanationen hervor, (es gibt eine große Zahl von:) Leihgaben aus dem Hindu-Pantheon voller zahlloser Götter und Dämonen, und dann gibt es die sogar noch zahlreicheren Geistwesen jeglicher Kategorie, die von der früheren vorbuddhistischen Volksreligion Tibets übernommen wurden. Unter den letzteren ist eine kontinuierliche, beobachtbare Vermehrung zu verzeichnen. In der Gruppe der bösen Geister werden z. B. Geister kürzlich Verstorbener, die sich im Kreislauf der Wiedergeburt verirrt haben, zu Neuerwerbungen dieser fluktuierenden Population. Auch können Götter zwei Aspekte haben, den zornigen (Anlass zu schreckenerregender Ikonographie) und den sanften.

> Diesen Konzepten des Übernatürlichen und ihrer Myriaden von Bewohnern

Abbildung 20: Ein lha tho *auf der Höhe eines Passes*

bringen die Tibeter eine Tiefe der Devotion entgegen – erkenntlich am Einsatz von Mühe, Zeit und Geld –, welche die tibetische Gesellschaft und Kultur zum klassischen Beispiel eines religiös orientierten Lebens machen. (EKVALL 1968/1983, S. 80; Übersetzung von IR)

Ebenso BRAUEN (1982):

Die Zahl der Gottheiten, Götter und Geister ist, berücksichtigt man alle lokalen Abarten, beinahe unendlich… Es handelt sich hier um ein sehr unübersichtliches Pantheon. (S. 247)

Die Nomaden aber scheinen kein Problem mit der »Unübersichtlichkeit« des Pantheon zu haben, und was den Tibetischen Buddhismus betrifft, so kümmern sie gewiss weniger die angeblich »abstruse Philosophie« oder die starren Dogmen. Sie haben ihre eigene Art, den Buddhismus (neben ihrer götter- und geisterreichen Volksreligion) ernst zu nehmen:

Es gibt zwei Klöster in Changthang – das Korzok-Kloster (vgl. Abbildung 21, S. 76/77) und das Thugje-Kloster. An den jährlich stattfindenden fünftägigen Klosterfesten nehmen die Nomaden mit Hingabe teil, sie beteiligen sich auch vielfältig an deren Vorbereitung: Gehilfen werden vom *go ba* bestimmt und für das Klosterfest abgestellt. Beiträge – Butter, Käse, Tee und auch *pashmina*, um sonstigen Bedarf zu kaufen – werden von allen gestiftet, Tiere werden im Kloster geweiht, Butterlampen angesteckt, Niederwerfungen vollzogen und die Mönche werden alle verehrt. Auch hat jeder Nomade in seinem Zelt einen buddhistischen Altar (vgl. Abbildung 22, S. 82/83). Dieser ist gegenüber dem Zelteingang an der hinteren Zeltwand aufgebaut, besteht aus einem Reliquienschrein, Bildnissen von hohen Würdenträgern des Tibetischen Buddhismus – oft des Dalai Lama – und den sieben Opferschalen. Auch tragen die Familien dadurch entscheidend zum Buddhismus bei, als jede (früher in der Regel, und auch heute noch oft) jeweils einen Sohn ins Kloster gibt.

Ein weiterer Bereich, in dem man erkennen kann, dass die Nomaden auch dem Buddhismus ihren Ernst und ihre Achtung zollen, ist beim Töten der Tiere. Nach den Lehren des Buddhismus ist das Töten oder auch nur Verletzen eines jeden Lebewesens – und sei es ein Insekt – möglichst zu vermeiden[10] bzw. hat negative Folgen im Kreislauf der Wiedergeburten. Dies bringt die Nomaden in eine paradoxe Situation. Schließlich *müssen* sie ihre Tiere kastrieren (verletzen), sie *müssen* Tiere töten, um sich zu ernähren und um sich im Winter vor der sagenhaften Kälte zu schützen. Im Winter tragen sie Schaffelle, Wollkleidung würde niemals

---

10 Allerdings hat noch im Jahr 1938 der Ethnologe Peter Prinz von Griechenland und Dänemark – sehr zu seinem Entsetzen – blutige Tieropfer in Korzok/Changthang beobachtet (PETER PRINCE OF GREECE AND DENMARK 1974/1975).

ausreichen. Verletzen und Töten von Tieren ist also unvermeidlich. Die Nomaden haben eine ganze Reihe von »Vorsichtsmaßnahmen«, um diese Notwendigkeit in ihren Folgen abzumildern: Zum Kastrieren der Tiere werden meist Leute von außen geholt, vor dem Töten eines Tieres wird dieses um Vergebung gebeten usw. (AHMED 1996 für mehr Details und Beispiele).

Wichtiger jedoch als der Buddhismus ist den Nomaden ganz gewiss der Anteil ihrer Religion, welcher aus der vorbuddhistischen Zeit stammt – der Glaube an jene schier unüberschaubare Zahl von Göttern und Geistern, die oft ortsgebunden sind und an ihrem jeweiligen Wohnort verehrt werden: Berge, Quellen, Seen, Pässe.[11] Diese Götter und Geister sind für die Nomaden spürbar und konkret: »Die Changpa leben inmitten eines unglaublichen Schwarms von Göttern *(lha)* und Dämonen *(de)*, deren Rascheln sie hören, deren Atem sie spüren, deren schemenhafte Formen sie in der Dunkelheit erspähen...« (BHASIN 1996, S. 80)

Auch ist viel Alltag, Alltagsraum und Alltagshandlung mit diesen überirdischen Wesenheiten verwoben. Dies kann man am besten darstellen, wenn man zunächst das Zeltinnere betrachtet:

In der Mitte des Zeltes – die Frauen- und die Männerseite trennend – ist der Herd. Der Herd ist ein heiliger Ort. Er ist bewohnt von einer Herdgottheit *(thab lha)*. Es muss deshalb am Herd auf besondere Reinheit geachtet werden. Es darf keinerlei Müll in die Asche geworfen werden, auch dürfen keine Speisen überkochen. Geschieht dies, muss der Herdgeist durch kleine Opfergaben beschwichtigt werden. Vor jeder Mahlzeit wird dem Herdgeist ein kleines Opfer gebracht.

Außer der Mitte des Zeltes – Ort des Herdes, Ort des buddhistischen Altars – ist auch der rechte Raum, der männliche Raum im Zelt, mit dem Religiösen assoziiert. Alle religiösen Gegenstände werden, wie erwähnt, auf der rechten Seite aufbewahrt. Ein weiterer heiliger Ort aber ist – ohne dass dies ein Changpa erklären kann – auf der linken Seite des Zeltes: der Sitz des *pha spun*-Gottes *(phug lha)*. *Pha spun* ist eine Verwandtschaftsgruppe (die männliche Herkunftslinie); sie verehren einen gemeinsamen Gott oder Geist und sie helfen sich gegenseitig bei besonderen Gelegenheiten im Lebenszyklus – vor allem im Falle von Tod. Der *phug lha* sitzt ganz oben im Zelt und wird von dem Familienoberhaupt jeden Morgen mit Weihrauch und einem Butterlämpchen geehrt.

Das Innere des Zeltes ist nicht nur in der Horizontalen in sakrale und nicht sakrale Räume geteilt, sondern auch in der Vertikalen:

Die Welt der Changpa-Nomaden ist dreigeteilt. Die »Ober-Welt« wird bewohnt von den Göttern, den *lha*. Sie heißt *lha yul*, Wohnstätte der Götter, und ist mit der Farbe weiß assoziiert. Das Obere des Zeltes mit dem *pha spun*-Gott gehört dieser Welt an.

---

11 Vgl. dazu auch die Darstellung von HERMANNS (1949, S. 47-51), dann vor allem AHMED (1996), S. 93-106. Vgl. auch KAPLANIAN (1995).

Abbildung 21: Innenhof des Klosters Korzok

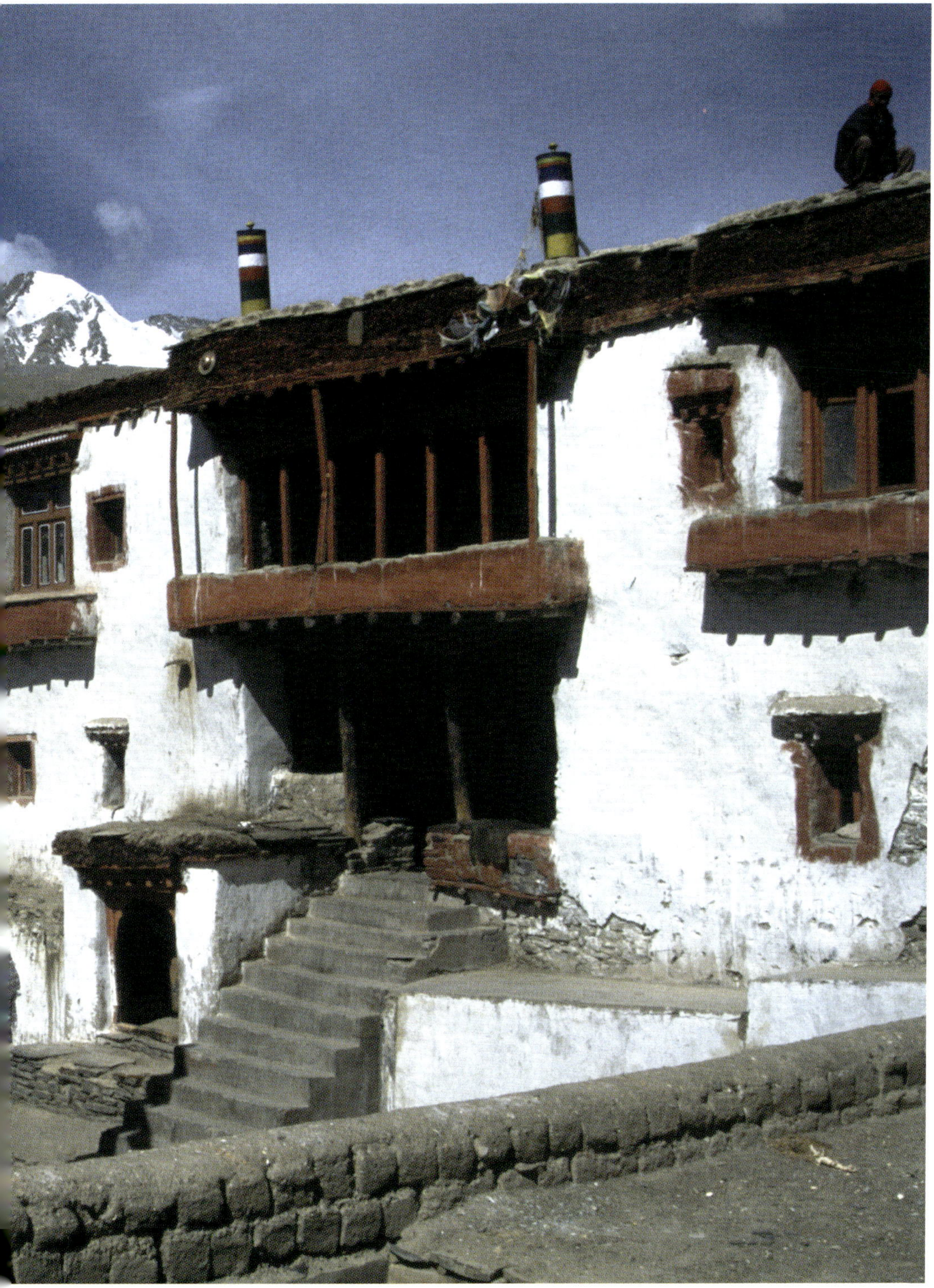

Die »Erd-Welt« *(bar tsan)* ist bewohnt von den Menschen und den Geistwesen der *tsan*. Die *tsan* sind von vorne wunderschöne Frauengestalten, von hinten aber ist ihr Leib offen und man sieht alle Innereien. Die Erd-Welt ist mit der Farbe rot assoziiert. Der mittlere Raum, gewissermaßen die mittlere Schicht des Zeltinneren, ist *tsan*-Raum.

Die »Unten-Welt« *(yog lu)* ist das Reich der *lu*-Geister, die in Gewässern und unter der Erde zu Hause sind, ihre Farbe ist blau. Der Boden des Zeltes und alles, was darunter ist, ist *lu*-Raum.

Die hintere der beiden Innenzeltstangen – diejenige, welche dem Sitz des *pha spun*-Gottes und dem Altar am nächsten ist – wird als Verbindung, als Kommunikationskanal (AHMED 1996) dieser drei Welten angesehen.

Alle diese Geistwesen, Götter und Dämonen haben einen ganz bestimmten Charakter: Sie sind empfindlich, etwas fordernd, leicht irritiert, aber doch im Grunde wohlwollend. Umsonst geben sie nichts. Sie brauchen ständige Ehrerbietung und Opferung und sie werden von den Nomaden auch vielfältig prophylaktisch besänftigt (tägliche Gesten der Ehrerbietung und kleine Opfer) oder aber »nachträglich« – wenn »es schon passiert ist«, Unheil eingetreten ist, Mensch oder Tier erkrankt ist – in großen dramatischen schamanischen Ritualen versöhnt (vgl. Kapitel 4 und 5).

Die wichtigste Gabe der Changpa-Nomaden an die Götter und Geistwesen aller drei Welten sind Schafe. Jede Familie sucht aus ihrer Herde fünf (stets nur männliche) Schafe aus, welche den Gottheiten und Geistwesen zugeeignet oder geweiht werden:

Der den Göttern *(lha)* und ihrer weißen *(kar po)* Welt gewidmete Bock *(lug)* heißt das »weiße Schaf der Götter« *(lha lug kar po)*. Das den *tsan* zugeeignete Schaf ist das »rote *tsan*-Schaf« *(tsan lug kro po)* und das für die Welt der *lu* ist das »blaue *lu*-Schaf« *(lu lug ngon po)*.

Außerdem wird – jedenfalls in Rupshu – ein Schaf der Gottheit Genpo zugeeignet und eines speziell ausgewählt zum Schutz gegen Fluch – Fluch im doppelten Sinn, dem Verfluchen, den bösen Worten und Gedanken anderer Menschen, und dem Fluch, dem Unheil des Lebens. Mit Weihrauch und Gebeten über diesem Schaf wird sichergestellt, dass aller böser Bann dieser Art aufgelöst wird (AHMED 1996).

Auch die anderen, das weiße, rote und blaue Schaf sowie das Genpo-Schaf, werden jeden Morgen mit Weihrauch geweiht. Diese Tiere werden auch niemals geschlachtet oder verkauft. Wenn eines stirbt, wird ein wenig Wolle von seinem Fell dem nachfolgenden »Gott-geweihten« Schaf ins Fell gebunden.

(Männliche) Pferde und Yaks werden ebenfalls den Göttern und Geistern der drei Welten und dem Genpo gewidmet, aber nicht von jeder einzelnen Familie – sie haben oft nicht so viele Pferde und Yaks, um die weiße, rote und blaue Welt zu versorgen –, sondern vom Kloster Korzok. Das Kloster besitzt, wie gesagt, auch seine Herden, welche von den Changpa im Turnus versorgt werden. Auch das Kloster hat sein weißes *lha-*, sein rotes *tsan-* und sein blaues *lu*-Schaf. Beim großen Klosterfestival im Juli werden all diese Tiere in den Hof des Klosters gebracht und vom Rinpoche mit *kha tak* (Zeremonialschals) geschmückt und mit Weihrauch und Gebet geweiht.

Ziegen spielten früher keine religiöse und rituelle Rolle. Ziegen waren eher als negativ angesehen. Hirten insbesondere mögen sie nicht, denn sie sind so viel schneller als Schafe und hetzen den Hirten herum, der sie dann auch freizügigst beschimpft und verflucht. Es ist eine jüngere Entwicklung, dass auch Ziegen den Göttern, Geistern und dem Genpo zugeeignet werden. Früher, als die Ziege viel weniger ökonomischen Wert hatte als heute, wo der *pashmina*-Preis um ein Vielfaches gestiegen ist und Ziegen folglich wertvoller geworden sind als Schafe, gab es keine weißen, roten, blauen und Genpo-Ziegen – aber heute weiht fast jede Familie auf diese Weise auch die Ziegen den Gottheiten. Dass auch die Ziege in das rituell religiöse Leben einbezogen wurde, zeigt, wie die Ökonomie die religiöse Welt mitbestimmt.

Darüber hinaus gibt es noch eine weitere Klasse von den Göttern zugeeigneten Tieren. Sie heißen *tshe thar*, wörtlich: Lebensrettung. *Tshe thar* können alle Tiere sein, Pferde, Yaks, Ziegen, Schafe (Hunde jedoch nicht), und zwar beiderlei Geschlechts. Meist ist ein solches Tier einem bestimmten Menschen in Not zugeordnet. Geschlecht des Menschen und des Tieres müssen übereinstimmen. Angenommen ein Kind wird krank, dann wird für dieses Kind ein *tshe thar* bestimmt. Man wählt es aus, indem man seine Gebetskette hoch in die Luft wirft und sieht, auf welches Tier sie fällt. Diese Wahl muss allerdings durch den Segen eines Rinpoche (eines hohen buddhistischen Würdenträgers) bestätigt werden. Dann hat dieses Tier seine spezielle Macht zum Schutz dieses Menschen. *Tshe thar*-Tiere werden ganz besonders bevorzugt behandelt: *Tshe thar*-Pferde dürfen nicht geritten werden, *tshe thar*-Yaks dürfen nicht beladen werden. Diese Tiere dürfen auch nicht getötet werden. Wenn ein *tshe thar* stirbt und inzwischen das Kind die gesundheitliche Krise längst überwunden hat, dann wird nicht unbedingt ein neues *tshe thar* bestimmt.

Yaks spielen eine besondere Rolle in der Ehrung der Götter. Es wird ein besonders schönes Tier ausgesucht: Es muss eine edle Figur haben, völlig schwarz sein und schön geschwungene Hörner haben. Dieses ausgewählte Yak (männlich oder weiblich) darf zwar beladen werden, aber nur mit »reiner« Last. Unreine Last wäre z. B. die Kleidung der Frau, reine Last wäre der buddhistische Altar des Zeltes. Diese auserwählten Tiere, welche die Götter ehren und besänftigen sollen, werden an Neujahr besonders behandelt: Butter wird auf ihre Hörner und Vorderhufe geschmiert und sie werden mit Gebetsfahnen geschmückt.

Waren wir bisher in der Betrachtung der Nomaden-Religion drinnen im Zelt und dann draußen bei der Herde, so können wir jetzt noch – vor allem DOLLFUS

(1999)[12] folgend – hinaus in die weite Landschaft gehen. War für AHMED (1996) Rupshu die Hauptuntersuchungsregion, so ist es für DOLLFUS (1999) Kharnak, und ein Vergleich zeigt, dass es hier durchaus erhebliche regionale Unterschiede gibt.

Doch haben alle Regionen *(yul)* ihre Gottheiten *(lha)* – die *yul lha*. Die meisten von ihnen wohnen auf Bergen, meist besonders eindrucksvoll oder scharf geschnittene Berge. Dort oben sind ihre Paläste. Unerreichbar thronen diese Paläste über dem Schnee und den Gletschern. Zu Fuß des Berges haben die Berggötter gewissermaßen einen Nebenwohnort, *lha tho* (Sitz des *lha*), einen heiligen Platz, meist aus einer Anhäufung von Steinen zusammengesetzt und reich mit Gebetsfahnen verziert (vgl. Abbildung 20, S. 73). Dort werden sie von den Menschen verehrt.

Die Berggottheiten einer Region sind unterschiedlich wichtig, sie sind hierarchisch geordnet – je nach der ihnen zugeschriebenen Macht. In der Region *(yul)* von Kharnak ist die oberste *(chen po* = groß*)* Gottheit *(lha)*, d. h. der *yul lha chen po*, der Ka la bu skyong, von dem es vor allem heißt, dass er die Macht hat, Söhne zu schenken. Sein Palast ist ein besonders schöner Berg, an dessen Fuß auf 4.150 Metern sein *lha tho*, seine Talwohnung steht.

Dort, an diesem *lha tho* des höchsten Berggottes, findet jedes Jahr ein Ritual statt. In diesem Ritual wird er angebetet, mit Opfergaben verehrt und mit Bitten überschüttet.

Dieses *yul lha chen po*-Ritual findet statt im Kontext des fünftägigen religiösen Klosterfestes und wird von einem Mönch, einem Lama des Klosters, vollzogen. Nicht nur für das Klosterfest, sondern auch für dieses Ritual haben die vom *go ba* berufenen Gehilfen Gaben von allen Bewohnern eingesammelt, die als Opfergaben dienen.

Der *lha tho* des Hauptberggottes ist eine Stunde Weges vom Kloster entfernt. Dort angekommen wird der Lama zuerst einmal den *lha tho* neu schmücken – mit neuen Yak-Hörnern, mit Gebetsfahnen, mit *kha tak* – und dann Libationen mit chang-Bier vollziehen und Opfergaben niederlegen.

Diese Opfergaben sind u. a. für Padmasambhava (eine für den Tibetischen Buddhismus ganz wichtige Gestalt) und für den »Gott dieses Ortes« bestimmt, d.h. für Ka la bu skyong (die Berggottheit wird hier nicht beim Namen genannt, also eine gewiss vorbuddhistische Gottheit), so sind beide friedlich vereint in dem von einem buddhistischen Mönch vollzogenen Ritual.

Ein Höhepunkt des Rituals ist die Verlesung von Gebetstexten. Dazu legt der Mönch seinen Fellmantel ab und wirft die buddhistische rote Stola um. Auch in den Gebeten sind dann buddhistische und nicht buddhistische Inhalte gemischt,

---

12   Vgl. auch MA LIHUA (1993) für das tibetische Changthang.

um sodann diese Berggottheit vor allem um den Schutz vor aller Unbill zu bitten, welche Mensch und Tier begegnen kann:

> ... *Reduce to a speck of dust within a minute*
> *and whatever they are the obstacles*
> *who harm the Buddha's Doctrine and the Community*
> *Raise their conscious mind to the unborn dharmadhātu,*
> *Dismiss on enemies the ma mo and all kind of diseases and epidemics*
> *Dismiss on enemies the 404 kinds of illness*
> *Dismiss on enemies the 360 bdon (gdon) demons*
> *Dismiss on enemies the 80.000 obstacle-creating demons dgegs (bgegs)*
> *Dismiss on enemies the 81 bad omens (ltas ngan)*
> *Dismiss on enemies all the terrible accidents.*
> *May the wishes of the yogi be fulfilled...*
> (DOLLFUS 1999, S. 107)

Wie wir noch sehen werden, könnte dieses Gebet eines buddhistischen Mönchs ebenso gut von einem Schamanen gesprochen sein. Die ladakhischen Schamanen und ihre Heilungstechniken und Rituale stelle ich im folgenden Kapitel vor.

Abbildung 22: Interieur eines schwarzen Zeltes: der buddhistische Altar über dem Herd (u.a. mit einem Bildnis des Dalai Lama)

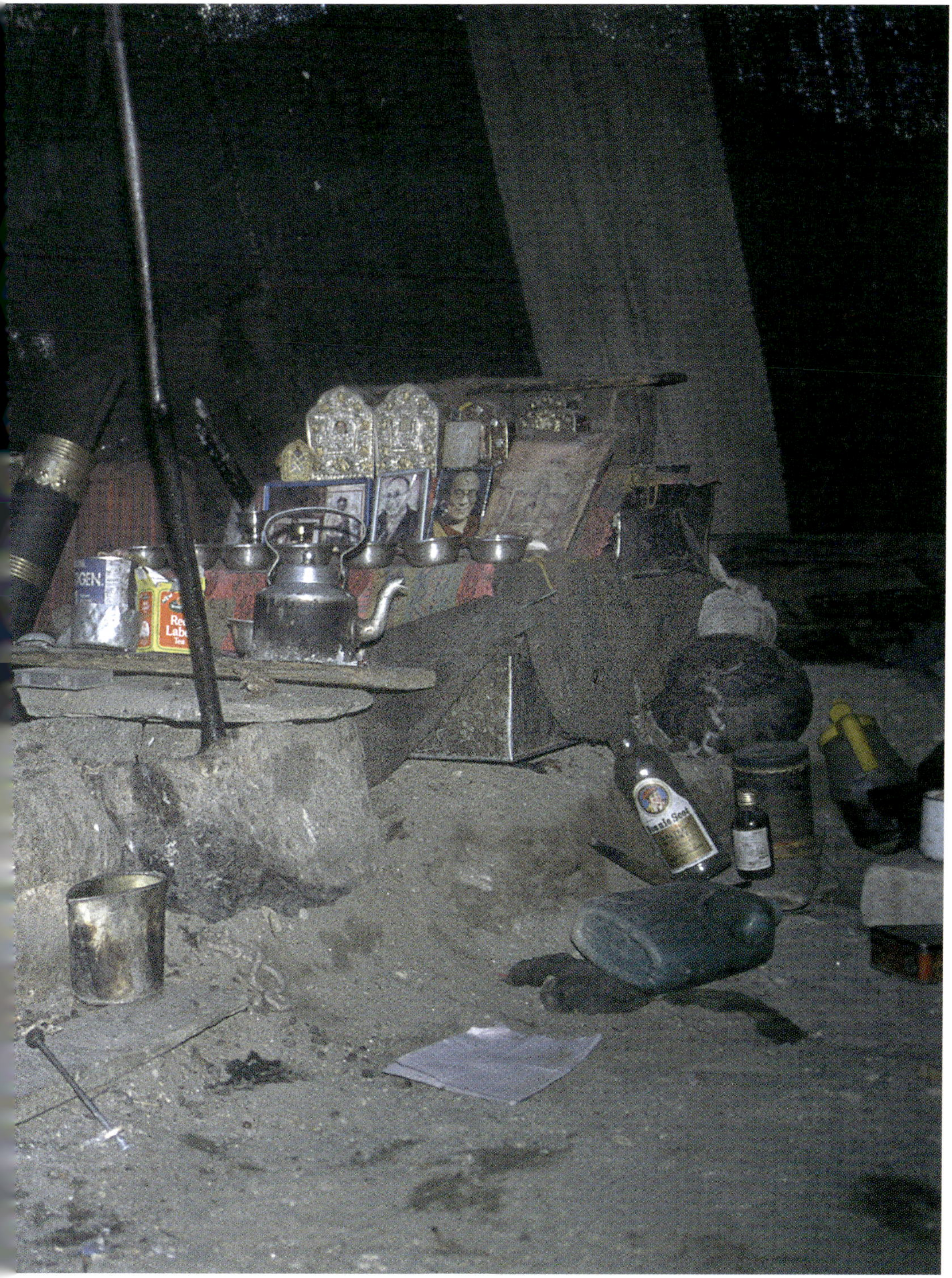

KAPITEL 3

Schamanen in Ladakh

> **Übersicht:**
>
> 1. Schamanen, Medizinmänner, Heiler:
>   Definition und Abgrenzung (86)
> 2. Stand der Forschung (88)
> 3. Kloster- und Dorf-Schamanen oder:
>   Der Tanz über dem Abgrund (89)
> 4. »Wahnsinn« als Berufung zum Schamanen (96)
>   (1) Deldan (96)
>   (2) Sonam Murup (99)
>   (3) Dechen (102)
>   (4) Kunzes (103)
> 5. Die Transformation des »Wahnsinns« zur kontrollierten
>   *lha*-Besessenheit (110)
>   (1) Dechen (112)
>   (2) Palzes (113)
> 6. Die schamanische Séance (117)
> 7. Ruf und Ansehen des Schamanen und die Schlüsselrolle der
>   buddhistischen Rinpoches (121)

1. SCHAMANEN, MEDIZINMÄNNER, HEILER: DEFINITION UND ABGRENZUNG

Schamanen und Medizinmänner sind Heiler. Sie werden von ihrer jeweiligen Kultur als Experten der traditionellen Heilkunst angesehen. Sie haben spezialisiertes Wissen über diejenigen Konzepte von Gesundheit, Krankheit und Heilung, die ihrer jeweiligen Kultur eigen sind.

Verschiedene Kulturen haben sehr unterschiedliche Vorstellungen von Gesundheit, Krankheit und Heilung. Was bei uns vielleicht als Burnout, als Chronic Fatigue Syndrome, als Stressreaktion, doch als »nicht richtig krank« angesehen wird, ist in anderen Kulturen ein wohl umschriebenes Syndrom, genannt »Seelenverlust«, dessen Diagnose zu einer Serie von formalen Heilungsansätzen und Behandlungen führt (RÖSING 2003).

Traditionelle Heiler – ob Schamanen oder Medizinmänner – sind immer legitimiert durch eine Berufungserfahrung, durch Ausbildung, durch Initiation in die Berufsgruppe. Sie unterliegen in allen Kulturen auch einer gewissen »Qualitätskontrolle«, welche ermöglicht, traditionelle Heiler, die Krankheitsexperten sind, von Scharlatanen zu unterscheiden, welche Expertise nur vorgeben.

In ihrer Heilungsweise unterscheiden sich Schamanen und Medizinmänner. Es ist nützlich, diesen Unterschied festzuhalten und nicht, wie es oft im Alltagssprachgebrauch (und in der kommerziell wohl ausgebauten Plastik-Schamanismus-Szene) geschieht, einfach alle traditionellen Heiler »Schamanen« zu nennen. Das erste und wichtigste von insgesamt fünf Merkmalen des Schamanen (TOWNSEND 1997) ist seine Heilungspraxis unter Bedingungen veränderten Bewusstseins.

1. Medizinmänner heilen unter Bedingungen von Alltagsbewusstsein. Schamanen dagegen gehen, um zu heilen, in einen Zustand außergewöhnlichen Bewusstseins. Der Fachterminus ist ASC – *altered state of consciousness* –, ein veränderter Bewusstseinszustand. Dies ist das zentrale Unterscheidungskriterium zwischen den beiden Arten von traditionellen Heilern.

   Es gibt zwei Arten schamanischen veränderten Bewusstseins und damit zwei Arten von Schamanen: einmal die »Flug-Trance«, in welcher ein Schamane in seinem Bewusstsein in die transpersonale Welt von Göttern und Geistwesen fliegt, und die »Besessenheits-Trance« *(possession trance, embodiment trance)*, in welcher die transpersonellen Wesenheiten – Götter oder Geistwesen – zum Schamanen kommen und ihn »besetzen«.

Das veränderte Bewusstsein der Schamanen des tibetischen Kulturkreises, um die es hier geht – ob im ehemaligen Tibet oder in Ladakh –, gehört zum Typus der Besessenheits-Trance. Ich werde im Folgenden abgekürzt jeweils nur von »Trance« sprechen, gemeint ist jedoch stets die Besessenheits-Trance.

Das veränderte Bewusstsein, unter welchem die Schamanen heilen, ist jedoch nicht das einzige Definitionsmerkmal des Schamanen. Man könnte ihn sonst nicht von einem »wahnhaften« Menschen unterscheiden, der die Phantasie hat, von einem außerweltlichen Wesen besetzt zu sein, welches ihm besondere Heilkraft gibt.

Zur minimalen Definition von Schamane müssen folgende vier Merkmale noch dazukommen:

2. Schamanen sind Mittler zwischen zwei Welten, der Welt der Menschen und der Welt des Transzendenten.
3. In ihrer Vermittlung zwischen diesen beiden Welten ist ihr Augenmerk auf die menschliche Welt gerichtet, denn Schamanen gehen in Trance, um den Menschen *dieser* Welt zu helfen und sie zu heilen.
4. Schamanen haben Kontrolle über den außergewöhnlichen Bewusstseinszustand, unter dem sie heilen, d. h. sie können willentlich in diesen Zustand gehen und ihn auch willentlich wieder beenden (was sie von dem oben erwähnten wahnhaften Menschen unterscheidet).
5. Dieser Zustand außergewöhnlichen Bewusstseins wird nur in sanktionierten, institutionalisierten, d. h. kulturell wohldefinierten rituellen Kontexten verwendet.

Nach dieser Minimaldefinition von fünf Merkmalen kann kein Mensch, der unkontrollierten Attacken veränderten Bewusstseins ausgesetzt ist (»psychotische« Menschen) oder auf private »Bewusstseinstrips« geht oder in einem nicht institutionellen Kontext oder unter normaler Bewusstseinsverfassung heilt, als Schamane bezeichnet werden. Fassen wir die fünf Elemente der Definition zusammen:

Schamanen sind traditionelle Heiler, welche unter kontrollierten Bedingungen veränderten Bewusstseins durch Vermittlung zwischen der irdischen und der transpersonalen Welt auf diese Welt orientiert sind und im Kontext sanktionierter und institutionalisierter Rituale helfen, wahrsagen und heilen.

2. STAND DER FORSCHUNG

Schamanen im tibetischen Kulturraum – einschließlich Ladakh – gehören dem Typus des Besessenheitsschamanismus an. Verschiedene Aspekte des Schamanismus in Ladakh sind erforscht worden von AHMED (1990), BRAUEN (1980), DAY (1989, 1990), FRANK (1983), GOLOMB (1995), GUTSCHOW (1997), KALWEIT (1987), KAPLANIAN (1981, 1984, 1985), KAPLANIAN, RAAB und RABOUAN (1992), KRESSING und RÖSING (2001b), KUHN (1988), RÖSING (1999), SCHENK (1990, 1993, 1994, 1996), VOLF (1994) und YAMADA (1991/1993).[1]

Die nomadischen Schamanen von Changthang kommen jedoch in keiner dieser Arbeiten vor – ein ganzes großes ladakhisches Gebiet wurde bisher ausgelassen. Wie ich in Kapitel 1 gezeigt habe, gilt diese Auslassung auch für das tibetische Changthang.

Der vorliegende Band setzt gerade da an, wo diese Lücke klafft: bei den Schamanen in Changthang. Nachdem ich bereits fünfzehn Forschungsreisen nach Indien hinter mich gebracht hatte, davon acht Feldforschungsreisen nach Ladakh und sieben Feldforschungsreisen nach Delhi und Benares, um mit meinen ladakhischen Transkriptionsmitarbeitern über der Übersetzung der schrecklich schwierigen Schamanentexte zu brüten, habe ich in den Jahren 2000 und 2001 Feldforschungsreisen zu den nomadischen Schamanen in Changthang unternommen.

Doch liefert die vorliegende Forschung, fremde und meine eigene, zu den Schamanen in Ladakh – außer Changthang – eine vorzügliche Folie, um einige allgemeine Aspekte der schamanischen Heilung dieser Region darzustellen. Ich möchte dies in fünf Abschnitten tun:

- Kloster- und Dorf-Schamanen
- »Wahnsinn« als Berufung zum Schamanen
- Die Transformation des »Wahnsinns«
- Die schamanische Séance
- Ruf und Ansehen des Schamanen

---

[1] Vgl. auch die Sammelarbeit von Isabella KRAUSE (1991) über »Besessenheitsphänomene in Tibet und Ladakh«, die allerdings für Ladakh Kaplanian, Frank, Kalweit, Kuhn, Day und Schenk nicht aufgreift.

3. KLOSTER- UND DORF-SCHAMANEN ODER: DER TANZ ÜBER DEM ABGRUND

In Ladakh heißen die Schamanen *lha pa* oder *lha mo*. *Lha* heißt Gottheit, *-pa* ist die Endung für einen männlichen, *-mo* für einen weiblichen *lha*. Auf Englisch wird in Ladakh ausschließlich das Wort *oracle* (Orakel) für die Schamanen verwendet. Diese Bezeichnung rührt von einer ihrer Tätigkeiten her: Zukunftsweissagungen zu geben, Geheimnisse zu lösen, Diebe zu identifizieren, verlorenes Gut zu orten.

In Ladakh muss man zwei Arten von *oracles* unterscheiden, die Kloster-Orakel und die dörflichen schamanischen Heiler. Während der jährlichen großen Feste der buddhistischen Klöster in Ladakh treten bei manchen Klöstern traditionellerweise Orakel auf. Durch lange Meditation sind sie in eine tiefe Trance getaucht, treten dann unter Trance auf, pflegen außerordentliches Verhalten zu zeigen und wahrsagen allen, die ihnen nahe kommen können, auf ihre Fragen.

Als Beispiel möchte ich das Orakel des Klosters Thiksey nennen. Ich nahm im November 1995 an den zweitägigen Klosterfestspielen teil. Am ersten Nachmittag trat das Klosterorakel (mit bürgerlichem Namen: Lobsang Chotrak) das erste Mal auf. In seiner dramatischen schamanischen Verkleidung stürmte er, nachdem alle schon gewartet und die Spannung unter den Zuschauern unheimlich gestiegen war, aus dem Inneren des Klosters heraus, oben auf die höchstgelegene Dachterrasse, wo sich unzählige Zuschauer eingefunden hatten. Er raste in wildem Tempo umher und scheuchte mit seinem Schwert bald diese, bald jene Zuschauergruppe in die Flucht. Entsetzt wichen sie vor seiner Waffe zurück. Sein Gesicht war schweißgebadet und verzerrt. Er sprang mit einem federleichten Satz auf die Begrenzungsmauer dieser obersten Klosterterrasse und tanzte dann auf dieser wie gejagt von einem zum anderen Ende hin und her, unter wildester Gestikulierung mit seinen Requisiten (vgl. Abbildung 23, S. 90/91). Diese Mauer ist keine 40 cm breit und sie ist sehr uneben, weil sie an mehreren Stellen stark abgebröckelt ist. Auf der Seite des zentralen Klosterhofes fällt sie 10 oder 20 m senkrecht ab in die Tiefe.

Allen stockte der Atem.

Einige wagten sich ein wenig an ihn heran und riefen ihm Fragen zu. In der großen allgemeinen Aufregung, dem großen Gedränge, den vielen Schreckensschreien der Zuschauer, dem lauten Schnaufen und Stöhnen des Orakels und der schmetternden Musik, welche die Mönche von einer noch höher liegenden Terrasse herunterspielten (HR-1), waren für mich weder Fragen noch Antworten zu verstehen. Nach fünf bis zehn Minuten war dieser Sturm vorbei.

Zwei Tage später hatte ich Gelegenheit, mich mit Lobsang Chotrak in seinem Haus zu unterhalten (HI-20). Natürlich war er trance-frei.

Abbildung 23: Lobsang Chotrak, das Kloster-Orakel von Thiksey, tanzt über dem Abgrund (Cham-Spiele 1995)

91

Als kleiner Junge wurde er von seinen Eltern dem Kloster Thiksey übergeben. Lobsang trug ab seinem fünften Lebensjahr die rote Kutte eines Mönchs.

Aber er behielt sie nicht an. Er legte sie als junger Mann nieder, trat aus dem Kloster aus, lebte zwei Jahre in Leh und heiratete. Doch kehrte er dann als Klosterverwalter *(chag dzod)* wieder zu gewissen klösterlichen Aufgaben zurück.

Das traditionelle Kloster-Orakel – so berichtet Lobsang – war ausgefallen, und vor den großen Festspielen musste ein neues Orakel bestimmt werden. Dies geschieht auf der Basis einer Divinationstechnik, die *tag ril* heißt und meist nur in Klöstern angewandt wird. Lobsang, obwohl ohne Mönchskutte, wurde in diese Divination mit einbezogen. Das aber war kein Zufall. Denn während eines Tages die Klosterspiele in Gang waren und er – ohne Kutte – daran teilnahm, fiel er in eine unkontrollierte Trance – Anzeichen einer möglichen Berufung zur *lha*-Besessenheit (vgl. unten). Und deshalb wurde er auch bei der Orakel-Auswahl einbezogen. Lobsang schildert das *tag ril*-Verfahren folgendermaßen (HI-20):

དེ་ནི་དགོ་འདུན་འདུ་ཁང་དེ་ནང་ང་རྟགས་རིལ་བཏང་གག་ལེ། དེ་ནི་རྟགས་
རིལ་བཏང་སྟེ་ནང་མི་གོ་གསུམ་གྱི་བ་གསུམ་ཡ་ལེ་ཡིང་གག། དེ་ནི་དེ་བྱ་བ་
གསུམ་མའི་ནང་ནེ་ཡང་གཅིག་གཅིག་ག་རྟགས་དཔུད་བཙོས་པ་དེ་ནི་དེ་
གསུམ་བེ་ནང་ན་དེ་ང་ཡིང་གག།

རྟགས་རིལ་བོ་འདུ་ཁང་ང་འཁྱེར་དེ་ནང་ན་ཆོས་སྐྱོང་མདུན་ལ་གསོར་སྐྱེམ་
ཕུལ་དེ་དེ་ནི་རང་རང་དེ་མིང་བྱིས་དེ་ཁོ་ལག་གེ་ནང་ང་བཏང་སྟེ་དེ་ནི་རིལ་
རིལ་བཙོས་དེ་ནང་གར་ཡོལ་ཅིག་གེ་ནང་ང་བཏང་སྟེ་བསྒྱོར་ར་རོག། དེ་བསྒྱོར་
ར་ནང་མཚམས་པོ་དེ་ཚན་མེ་ཁོ་ན་གཅིག་གཅིག་ཤུག་བིངས་སྟེ་ཚ་རོག། དེ་
དེ་ཁོ་ལག་པོ་གསོད་དེ་བཤམས་པ་སྤུའི་མིང་འདུག་ལྷ་རོག། གསུམ་བོ་ལ་
བཏང་པ་སངས་ན་གཅིག་གཅིག་བིང་གག། གཅིག་གཅིག་བོ་དེ་མིང་བོ་ཡོད་
གག།

Übersetzung:

Dann führten die Mönche in der Gebetshalle die *tag ril*-Divination durch. Als diese vollzogen war, kamen drei Mönche als Kandidaten dabei heraus. Und unter den drei Mönchen bestimmten sie dann einen. Unter den dreien kam ich dabei heraus.

Tag ril wird so gemacht: Die Mönche kommen in die Gebetshalle und bereiten den Schutzgottheiten Opfergaben *(ser kyem)*. Die Namen der Kandidaten sind (auf Papierchen) geschrieben und (diese Papierchen) werden in *tsam pa*-Teig gepackt, aus dem werden runde Bälle gemacht und die werden in ein Gefäß gelegt. Das Gefäß wird geschüttelt, und plötzlich rollt ein Ball herunter. Man öffnet den *tsam pa*-Teigball und schaut nach und prüft den Namen. Nach der Divination für die drei Namen war der eine Name, der herauskam, meiner.

Einen Monat und acht Tage lang muss der Gewählte dann in absoluter Abgeschlossenheit in einem Retreat *(tshams)* verweilen und meditieren und tantrische Übungen nach Paldan Lhamo machen *(tene palden lha moe nyan pa tang gos sa nok)*, und am Tag des Festivals wird man dann die Zeichen der Besessenheit durch eine Schutzgottheit erkennen *(tene srung ma skyod shes si rtags po bi nga nok le)*.

»Und was«, so fragte ich Lobsang Chotrak, »fragen denn dann die Leute, wenn das Orakel unter Trance ist?« Lobsangs Antwort ist: »Ich erinnere mich nicht...« (HI-20):

དེ་བོ་མ་ན་ང་ཏ་ཡོང་ང་མ་ནོག་ཡ། ང་གཉིད་ལ་སོང་མཁན་ཚོག་ཡིན་ནོག དེ་ཟན་ལྷ་བོས་གསུང་གཏང་སྟེ་ཡིན་ནོག ལྷ་བོ་ང་དང་དེ་སྙིང་དེ་ནང་ང་འཇིམ་པ་སོང་ན་ང་ཏེ་དེ་བོ་མ་ན་ཞུས་སྟེ་མེད་ཁན་ཞིག་ཚ་ཡོང་ཀག མ་ན་མེད་མཁན་ཚ་ནོག

Übersetzung:

Ich weiß nicht, ich erinnere mich überhaupt nicht. Es ist so, als wenn ich in (tiefem) Schlaf wäre. In der Phase spricht nur die Gottheit, die Gottheit absorbiert unser ganzes Herz, unser Bewusstsein ist nicht da, es ist nicht da, so etwas passiert dann, es verschwindet vollkommen.

Ein Kloster-Orakel geht nur einmal im Jahr – zum Zeitpunkt der Klosterfestspiele – in Trance. Außerhalb dieser Zeit gibt es keine Trance. Kloster-Orakel gibt es auch u. a. in den Klöstern Shey, Mato, Stok, Traktok, Likir, Gya.

Unter den Zuschauern des Kloster-Orakels bei den Klosterfestspielen von Thiksey 1995 war auch Sonam Murup, einer der bekanntesten Schamanen Zentral-Ladakhs. Von ihm habe ich am meisten gelernt, und er war es, der mir am dramatischsten dieses Problem der Amnesie vermittelte (RÖSING 1999), das auch Lobsang Chotrak so klar formulierte. Sonam Murup starb 1999 im Alter von weit über 90 Jahren.

Sonam Murup gehört der zweiten Klasse von Orakeln Ladakhs an, den Dorf-Schamanen – denjenigen, welche *heilen* und für jede Heilungs-Séance in Trance gehen. Diese Schamanen sind für die Kranken, die Fragenden, die Unglücklichen da.

Keiner kann sagen, wie viele Schamanen von der Klasse Sonam Murups es in Ladakh gibt. Die Schätzungen für die Vergangenheit lauten: Vielleicht acht? Vielleicht zehn? Vielleicht zwanzig?

Doch sind sich heute ausnahmslos alle Schamanen (und auch alle Nicht-Schamanen) einig über ein ganz bemerkenswertes Phänomen der »Demographie« der ladakhischen Schamanen: Es hat, so bestätigt ein jeder, in den letzten etwa zehn Jahren eine ganz enorme Proliferation von schamanischen Berufungen gegeben, heute gebe es drei-, vier- oder fünfmal mehr Schamanen als früher. Dabei ist auffällig, dass es vor allem Frauen sind, die als Schamaninnen berufen werden. Böse, knurrig und schlecht gelaunt (was Sonam Murup sehr selten war) sagte Sonam Murup mir, er habe überhaupt keine Lust mehr, Schamanen-Kandidatinnen anzunehmen, er wolle einfach einmal wieder einen *Mann* unterrichten... (HI-24)

Diesem Phänomen der Proliferation des Schamanismus in Ladakh bin ich zusammen mit einem Mitarbeiter in einem Forschungsprojekt nachgegangen (KRESSING und RÖSING 2001b). Vieles deutet darauf hin, dass die Proliferation eine Folge der gesellschaftlichen Spannung ist, welche aufgrund der diversen Modernisierungs- und Fremdheitseinflüsse (KRESSING und RÖSING 2001a) in Ladakh entsteht. Dazu passt es auch, dass im fernen nomadischen Changthang eine Schamanen-Proliferation völlig unbekannt ist (vgl. HI-37, HI-38, HI-43), wie alle drei Schamanen und viele andere Gesprächspartner versichern.

Abbildung 24: Sonam Murup

4. »WAHNSINN« ALS BERUFUNG ZUM SCHAMANEN

Die Berufungsgeschichten ladakhischer Schamanen, so unterschiedlich sie auch im Detail sein mögen, enthalten immer wieder gleiche Elemente. Der Ausgangspunkt ist stets eine Krankheit des Geistes. Das Kranksein besteht vor allem in »Verrücktheit« (*tsha ba tshu ba, nyon pa song* sind die häufigsten dafür verwendeten Ausdrücke), in erratischem Suchen, in diffusen Schmerzen, heftigen Träumen, wirren Visionen und Halluzinationen, in unflätigem oder unsinnigem Verhalten und Flucht. Diese Menschen werden stets erst für »verrückt« gehalten, ehe nach und nach deutlich wird, dass sie nicht an einem beliebigen »normalen Wahnsinn« leiden, sondern an der Schamanen-Krankheit. Die Krankheit besteht in dem dramatischen Kampf zwischen einem *lha*, einer Gottheit, welche den Leib besetzen will, und den *de*, den Dämonen.

Zum »Wahnsinn« als Ausdruck schamanischer Berufung möchte ich vier Beispiele geben. Zunächst möchte ich ihn beschreiben, wie ich ihn bei einem jungen Mann, Deldan, bei dem die Diagnose »Schamanen-Krankheit« bereits gestellt war, selbst zweimal innerhalb von schamanischen Séancen (HH-7 und HH-8) erlebt habe und wie er den Zustand dann selbst beschreibt (HI-18).

Dann möchte ich als zweites Beispiel Sonam Murup, dessen Heilungsweise und Gedankenwelt ich durch viele Heilungs-Séancen, Lehren und Gespräche besonders gut kennen gelernt hatte, mit dem Bericht seines schamanischen Werdeganges zu Worte kommen lassen. Schließlich werden auch noch zwei Schamaninnen von ihrer Berufung erzählen.[2]

(1) Deldan

Ich bin in einer schamanischen Séance (HH-8). Es sind etwa 30 Menschen im Raum – alle sind Patienten, suchen hier Hilfe. Zwei Schamaninnen leiten die Séance (zum Ablauf vgl. unten). Durch Singen, Trommeln, Glockenläuten gehen sie tiefer und tiefer in Trance. Sie haben einen Schamanen-Gehilfen, Deldan. Er hat vor der Sitzung den Altar bereitet und alle sonstigen Vorbereitungen getroffen und war bei dieser Aufgabe sehr konzentriert. Mir fiel er schon auf, weil er ständig vor sich hin sprach und irgendwie atemlos erschien. Während die Schamaninnen singen und trommeln, wiegt er sich im Rhythmus mit und läutet auch eine Glocke.

---

[2] Ich habe – außer für Sonam Murup, da er mir explizit die Erlaubnis gab, seinen Namen zu verwenden – für die Schamanen und Schamaninnen zum Schutz ihrer Personen Pseudonyme eingeführt.

Plötzlich zuckt er mit einem Aufschrei zusammen, krümmt sich, verzerrt das Gesicht wie in extremem Schmerz, schaut dann erstarrt und wie zutiefst entsetzt in Richtung Fenster, krümmt sich von neuem unter extremen »Schmerzen«, reißt sein Kleid auf, schiebt die Ärmel hoch, um sie dann sogleich wieder wie in Panik herunterzureißen, stöhnt laut, fletscht die Zähne, gibt grunzende Laute von sich, beginnt auf den Knien zu tanzen, krümmt sich wieder, schreit... Die ganze Sache war außerordentlich dramatisch.

Absolut fasziniert und gebannt und mit weit aufgerissenen Augen haben alle Anwesenden das Schauspiel verfolgt – und es auch völlig unbefangen beobachtet. Manchmal zuckten alle (ich auch) zusammen, wenn ein gellender Aufschrei kam, oder man rückte weg – aus Angst, sein wildes Gestikulieren gehe einem vielleicht ins Gesicht...

Eine lange Weile lassen die Schamaninnen sich in keiner Weise von ihrem Tun ablenken, sie steigern vielmehr die Intensität des Singens, Trommelns, Läutens. Dann aber – es war der Punkt erreicht, bei dem man Angst bekommen konnte, dass der Schamanen-Gehilfe physisch zusammenbricht (große Hyperventilation) – legt die Hauptschamanin in aller Ruhe Trommel und Glocke weg (singt aber ohne Unterbrechung weiter), begibt sich zu dem Schamanen-Gehilfen, der auf dem Boden kniet, beugt sanft seinen Oberkörper nach vorn, lässt ihre rechte Hand wie beruhigend auf dem Nacken des Mannes liegen und schüttet ihm dann mit der anderen Hand ein wenig Wasser über den Nacken. Lange verweilt sie so. Reglos kauert der Mann mit vornüber gebeugtem Oberkörper auf dem Boden. Schließlich nimmt die Schamanin wieder Trommel und Glocke auf, und das Geschehen geht weiter.

Deldan aber war dann nicht nur vollkommen beruhigt, sondern er stieg auch – das hatte sie ihm vermittelt – vollständig aus seiner Rolle als Schamanen-Gehilfe aus. Er saß dann normal und still da – wie jeder andere Patient auch – und verrichtete später kleine nicht-sakrale Handlangerdienste für die agierenden Schamaninnen.

Ich habe – wie mit anderen Schamanen und Schamanen-Lehrlingen auch – mit Deldan lange Gespräche geführt (HI-18). Seine Geschichte ist dramatisch. Immer wieder sei er »verrückt« geworden. Einmal habe er sich selbst verletzt. Er zeigt die schlimmen Narben:

Deldan:

ང་དམ་ན་སྨྱོན་པ་ཆེག་སོང་སྟེ་རང་ང་མ་ན་སྨྱོན་ལོ་གཅིག་གཉིས།

Eine Schamanin, seine Lehrmeisterin, schaltet sich in das Gespräch ein:

མགོ་ཅང་མ་བ་དག་ཏོག་འེ་ཅང་མ་མེན་བདུག་སེ་ཡིན་ཙོག་ཡ།

Deldan:

ངེ་རང་ང་ནོ་འདི་ལྟ་སྐྱོན་ཡོངས་སེ་ཡོད་ངེ་རང་ང་། པད་འདི་ས་ག་མེ་བདུག་སེ་ངེ་རང་ང་། འདི་ས་ག་མེའི་རྗེས་ཡིན་ངེ་རང་ང་འདི་བོན་གཟིགས་སང་། མེས་བདུག་པའི་རྗེས་ཡིན་ངེ་རང་ང་།

དེ་ནེ་འདི་རུ་ཡོད་ཡིན་ངེ་རང་ང་འདི་ག་ཡང་ང་ཅི་ངེ་ར་ཡོད་པ་ལེ། བོ་འདི་ག་མ་ན་པད་ཞག་གཅིག་མཚན་ལ་མ་ནེ་དུས་ཡིང་འབྱེར་སོག་ངེ་རང་ང་། དུས་

མ་ན་སྐྱོར་ཚོག་ཡ་ལེ། དེ་ནེ་ཡང་ཐོབ་སེ་འབྱོང་སེ་ཡང་རིན་པོ་ཆེན་འབྱེར་སོག་ཡ་ལེ། དེ་ནི་རིན་པོ་ཆེན་འབྱེར་པ་འདི་ནི་ལྟ་སྐྱོན་ཡིན་ཏུག་མོལ་པ་སང་རིན་པོ་ཆེན་ཡང་ཕྱུག་བྱེས་སལ་ལེ་ཡིན་ཏུག། སྐྱོན་པ་ཚོག་ཅེན་བདུག་ཀུག།

Übersetzung:

Deldan:
Ich bin wie verrückt geworden. Für ein, zwei Jahre wurde ich verrückt.

Eine Schamanin, seine Lehrmeisterin schaltet sich in das Gespräch ein:
Er hat sich am Kopf geschnitten und all diese Brandwunden zugefügt!

Deldan:
Es war die *lha*-Krankheit, die über mich kam. Plötzlich habe ich Feuer an diese Stellen (meines Körpers) gelegt. Hier kann man die Feuernarben sehen. Schau, hier! Das sind die Brandmale.

Und dann, wir haben hier in Leh ein Zimmer gemietet. Da hat es mich nachts dann plötzlich rausgetrieben. Ich war vollkommen verschollen. Als man mich wieder fand, wurde ich zum Rinpoche gebracht. Dann hat der Rinpoche gesagt, das liege an der *lha*-Krankheit, und er gab mir einen Brief (für einen gestandenen Schamanen, damit dieser die Trennung von *lha* und *de* übernehme). Aber ich bin bis jetzt verrückt geblieben.

Das heißt, *lha* und *de* sind bei ihm noch nicht getrennt. Und wenn ihn bei einer beginnenden Séance auch nur eine erste Ahnung von Trance überkomme, dann brechen erst noch die *de* aus – so erklärt er es mir –, und das war es, was in der Séance passiert war.

(2) Sonam Murup

Sonam Murup (vgl. Abbildung 24, S. 95) ist Lehrmeister vieler jüngerer Schamanen gewesen, die heute alle eigenständig praktizieren (ich kenne schon allein ein Dutzend seiner einstigen Schüler). Er war auch ein faszinierender Lehrmeister für manchen westlichen Forscher, mich eingeschlossen.

Dieser Mann war unheimlich herzlich und liebevoll, ja zärtlich, aber auch wild und jähzornig und grob. Sein Gesicht lag in tausend Runzeln, er war uralt, spindeldürr und von einer umwerfenden Energie in der Séance – von der donnernden Stimme über eine geradezu Ball-gleich bewegliche Körperlichkeit bis zu den kraftvollen Gesten seiner ungewöhnlich langen schmalen Hände. Aus seinen Schamanensitzungen (HH-3, HH-4, HH-10, HH-12, HH-13) und aus den vielen Gesprächen mit ihm (vgl. vor allem HI-8, HI-11, HI-24 und auch HI-23, HI-27) habe ich am meisten gelernt.

Hören wir uns seine Berufung und Lebensgeschichte an. Ich zitiere sie nach Amélie SCHENK (1994, Seite 39, 50-51). Sonam berichtet:

Als es anfing, kümmerte sich kein Mensch um mich. Ich führte mich wie verrückt (*nyon pa*) auf, und ob es *de*, *shin de*, *son de*, *tsan* oder *lha* waren, dafür interessierte sich niemand...

Ehe ich Lhapa wurde, streifte und huschte ich überall umher. Manchmal trugen mich die *lha* für mehrere Tage fort, sie führten mich zu unbekannten Plätzen und in Gegenden, die ich nicht kannte. Dort konnte mich keiner finden, selbst wenn er nach mir suchte. Oft verschwand ich einfach. Sobald ich irgendwo ein Pferd sah, schnappte ich es mir, sprang auf und galoppierte davon – an all das erinnerte ich mich später nicht mehr, die Leute erzählten es mir anschließend. Ich ritt überall hin. Die Pferde hatte ich im Griff, und ich legte große Strecken in enormem Tempo zurück. Schon damals sagten die Leute über mich: Zu dem kommt der *lha*! Als der *lha* die ersten Male kam, ritt er zu allen möglichen *gon pa* mit mir. Das ging so lange in wildem Galopp, bis ich mein Ziel erreicht hatte. Ich erhielt viele Waschungen *(chab-thus)*, sieben allein von Bakula Rinpoche, aber die meisten von Stakna Rinpoche und von unseren eigenen Mönchen oben im Kloster.

Es kam vor, dass ich ganz plötzlich das, was ich gerade tat, unterbrach und in einen tiefen, tiefen Schlaf verfiel. Mein Bewusstsein war dann wie fortgetragen. Manchmal passierte es auch, dass ich unterwegs war und mich verlief oder nicht mehr wusste, wo ich mich befand. Dann suchten sie nach mir, alle, meine Eltern, die ganze Verwandtschaft. Überall und lange suchten sie nach mir.

Aufgrund meiner eigenen Erfahrungen weiß ich, wie wichtig es ist, dem neuen *lha* sofort zu helfen. Ich bringe die Person, sobald ich erkannt habe, dass ein *lha* zu ihr kommt, möglichst rasch zu einem Rinpoche. Das sind meistens die Rinpoches von Stakna und Spituk. Die geben mir dann, sobald auch sie klar sehen, dass ein *lha* kommt, den Auftrag, die Person als Schüler anzunehmen und ihn so schnell wie möglich auszubilden. Wenn es zu lange dauert, kann es schwierig werden. Jetzt aber, wo ich älter bin, habe ich mehr Kraft für die Ausbildung.

Drei Jahre lang wusste ich nicht, was mit mir los ist, und während dieser Zeit kamen *lha* und *de* durcheinander und plagten mich. Drei Jahre lang war ich ratlos. Es war damals schwierig, einen in diesen Dingen erfahrenen Lama zu finden, denn es gab nur wenige. Alle Rinpoches waren noch sehr jung, auch Stakna Rinpoche. Drei Jahre quälte mich der *lha* und erklärte: Ich bin ein *lha*. Ganz gleich, ob du es hinnimmst oder nicht, ich werde mit diesem *luyar* (Behälter, Körper für einen *lha*) früher oder später tun und lassen, was mir gefällt.

Die Bewohner von Thiksey waren ganz auf meiner Seite. Sie sorgten für mich und behielten mich immer im Auge, gleichgültig, was ich auch anstellte oder wohin ich ging. Wenn ein Gebet am 10. eines Monats in einem Haus aufgesagt wurde, fuhr der *lha* in mich, und ich rannte dorthin, um daran teilzunehmen. Sobald irgendwo andere Feierlichkeiten stattfanden, fuhr der *lha* jedesmal in mich ein, und ich lief schnurstracks zu dem jeweiligen Haus.

Damals packte es mich oft mitten in der Nacht, ich rannte einfach aus dem Haus. Einmal suchte meine Familie die ganze Nacht nach mir, aber sie stöberten mich erst gegen Morgen auf – in einer kleinen Höhle in den Bergen. Es war nicht einfach, mich dort zu finden, denn die Höhle lag sehr versteckt.

Ein anderes Mal, ich war wieder von zu Hause ausgerissen und schon etliche Tage fort gewesen, da fand mich zufällig ein Schäfer aus unserer Nachbarschaft. Es war frühmorgens, und er war mit seiner Ziegenherde ins Arzu-Tal aufgebrochen. Sie waren schon weit, da plötzlich schreckte die Herde auf, geriet in Bewegung und machte Anstalten zu fliehen. Der Schäfer dachte an einen Wolf und fing fürchterlich an zu schreien. Er versuchte, die Herde zusammenzuhalten und lief mal hierhin, mal dorthin. Doch war da kein Wolf. Was er fand, war ich. Ich muss schrecklich ausgesehen haben: verlottert, bleich und schwach. Der Mann packte mich und zog mich aus meinem Versteck hervor. Vermutlich hätte es mich sonst noch weiter fortgetrieben. Wie er mich so fest anpackte, zeterte ich und schrie, was das Zeug hielt. Aber es nützte nichts, er brachte mich nach Hause.

Ehe *lha* und *de* getrennt waren, musste ich viel durchmachen. Im Vergleich zu meinen Schülern heute stand ich eine lange Leidenszeit durch. Ich achte darauf, dass meine Schüler nach vier bis fünf Monaten keine Schmerzen mehr haben.

Damals bekam ich den *lha* meistens vor einem Rinpoche; bei meinen Schülern ist das ebenso. Als ich damals oft Hals über Kopf aus dem Haus jagte, erkannten die Mönche und Dorfbewohner sogleich, dass ich ein *lha* und kein *de* bin.

Es passierte mir wirklich allerhand. Einmal stand ich kurz vor der Verhaftung. Ein Polizist stellte sich mir in den Weg. Glücklicherweise kam ein Tibeter des Weges, der mich mit sich fortzog und mich so rettete.

Anfangs wusste ich nicht, was mit mir geschah. Erst drei Jahre später spürte ich, dass ein *lha* in meinen Körper eindringen wollte. Doch mein Vater Tsering war sich nicht sicher und traute der Angelegenheit nicht. Er zweifelte sehr und brachte mich schließlich zu einem sehr hochstehenden Mönch im Kloster Thiksey. Er sollte mich segnen, sich meiner annehmen und die Ursachen meiner Schwierigkeiten klären. Er erkannte, dass ein *lha* zu mir kam. So segnete er mich nochmals und empfahl mir, einen Lehrer zu nehmen.

Ich hatte den gleichen Lehrer wie mein Bruder. Er kam aus Sakti und lebte auch dort. Er segnete mich zuerst und zeigte mir dann, wie ich mich des Wohls der Menschen annehmen müsste. Dann lehrte er mich, Tiere zu heilen und alles Leben zu erhalten. Seitdem sind ungefähr 30 Jahre vergangen.

Ich fühle mich jetzt sehr leicht. Mein Körper fühlt sich gut. Ich bin zufrieden. Damals, als der *lha* kam, war ich sehr besorgt, ob es auch wirklich ein *lha* sei.

Jedesmal, wenn es mich überkam, ich verrückt wurde, war mir nach Sterben zumute, ich dachte auch, ich müsste sterben. Aber das ist vorbei. Mein Familienleben ist gut, alle sind gesund, meinen Kindern und Enkelkindern geht es gut. Anfangs musste ich sehr streng mit mir selbst sein. Ich durfte nicht einmal aus der Tasse einer anderen Person trinken. Jetzt bin ich alt, jetzt ist vieles anders. Ein alter *lha* darf, was ein junger vielleicht nicht darf. Jetzt trinke ich aus anderer Leute Tasse.

Heute kann ich sagen: Lhapa sein ist keine einfache Aufgabe, es macht das Leben nicht einfacher, im Gegenteil, es macht es schwieriger und schafft auch viele Probleme, bringt viel Unruhe ins Leben. Für mich persönlich gesehen ist es ein anstrengendes Leben, das Leben eines Lhapa.

(3) Dechen

Nicht minder dramatisch ist der Ausgangspunkt der schamanischen Berufung für Dechen (HI-16) gewesen.

Sie spricht mit großem Engagement und großem Nachdruck von jener Zeit, als dieser Zustand über sie kam. Eine ganz große Unruhe sei es gewesen, ein ständiges Unbehaglichsein. *Lha* und *de* waren noch nicht getrennt (*nyis ka lha ang zhuks, de ang zhuks te le*). Sie war unterwegs und sie wollte eine Blume pflücken, und als sie diese pflückte – sei sie in einen ganz merkwürdigen Zustand gefallen. Ihr Geist (*sem ba*) sei mehr und mehr verrückt (*nyon pa*) geworden, und danach könne sie sich an nichts mehr erinnern, sie fühlte sich nicht mehr wie sie selbst. Immerzu habe sie auch unsinnige Handlungen vollzogen, im Bus zum Beispiel habe sie sich einfach falsch herum hingesetzt, oder sie sprang auf einem Bein herum... Oft könne sie sich an gar nichts mehr erinnern, jemand goss ihr Wasser über den Kopf, um sie zurückzuholen, aber sie erinnerte sich nicht, wo sie war... Sie kam einmal zu einem *lha tho* (Sitz eines *lha*), und plötzlich verlor sie alles Bewusstsein, und sie rannte so schnell davon, dass keiner sie einholen konnte. (An dieser Stelle der Transkriptbearbeitung erzählt mein Mitarbeiter Tsultim, dass seine Tochter, auch Schamanin, auch im Angesicht eines *lha tho* regelmäßig in Trance verfallen sei...) Und nachts war etwas im Raum, auch die anderen merkten, dass etwas im Raum war, aber die anderen konnten es nicht sehen, nur sie sah es. Ein andermal sah sie eine Gestalt in der Kleidung eines Schamanen, niemand konnte es sehen, nur sie. Dann sah sie, wie Butterlämpchen entfacht wurden. Sonst sah es niemand. Sie aß tagelang nichts und war sehr unruhig... Sie ging zu Bakula Rinpoche und dann zu Stakna Rinpoche, und diese bestätigten, dass es *lha* sei, und Stakna Rinpoche sagte, sie solle zu der Schamanin Ayu Lhamo oder zu Sonam Murup gehen und *lha* und *de* trennen lassen und in die Lehre gehen.

(4) Kunzes

Nicht ganz so dramatisch verläuft der Werdegang der Schamanin Kunzes (HI-18), möglicherweise auch deshalb, weil ihrer Familie ein *lha* keinesfalls unbekannt war: Ihr Vater war Schamane, ihr Bruder war Schamane. Und dann kam – nachdem sie schon vier Kinder hatte – der *lha* auch zu ihr.

Sie schildert eher kleine Absonderlichkeiten, ihr Gefühl von Unbehaglichkeit und innerer Unruhe (*tsha ba tshu ba*), ihr halb bewusstes Umherlaufen, ihre unsinnigen Handlungen im Alltag, z. B. beim Kochen, und ihre Streitlust vor allem gegenüber den Eltern. (An dieser Stelle unserer Transkriptarbeit erwähnte Tsultim wiederum aus eigener Erfahrung, dass auch bei seiner Tochter, als der *lha* über sie kam, die Streithaftigkeit und Protesthaltung gegen die Eltern besonders auffällig waren.)

Der erste Schritt der Eltern war, sie zu der Schamanin Abi Lhamo (gemeint ist die Schamanin Ayu Lhamo aus Sabu) zur Heilung zu bringen – so als handelte es sich um einen »normalen Wahnsinn«, welcher natürlich dann in die Heilungskompetenz eines Schamanen fällt.

Aber bei der Schamanin erkannte man, dass es ein »richtiger« *lha* war (*lha ngos*), und sie wurde zu Stakna Rinpoche gebracht. Offensichtlich wollten die Eltern, dass Stakna Rinpoche den *lha stoppt*. Der Rinpoche aber sagte: Das würde das Leben ihrer Tochter riskieren, dieser *lha* sei schon viel zu tief drinnen. Und er gab ihr einen Brief für Abi Lhamo mit, damit diese nunmehr die Trennung von *lha* und *de* vollziehe.

In aller Ehrerbietung gingen Eltern und Tochter mit dem Brief des Rinpoche zu der Schamanin Abi Lhamo. Und sie trennte *lha* und *de*. Und doch blieb *de* noch gegenwärtig. Der Leidensweg war noch nicht zu Ende – sie konnte noch nicht ihre Kräfte für das Wohl von Patienten einsetzen. Ein Onkel musste erst viele *thus* (Waschungen mit reinem Wasser und vielen Gebeten) an ihr vollziehen – und das verhalf offensichtlich dem *lha* zum Durchbruch. Und jetzt ist er so tief in ihr verankert, dass es unmöglich wäre, ihn je wieder zu stoppen:

ཕག་ཏུ་བཞི་སྐྱེས་སྟེ་ནེ་ང་ཡོངས་པ། སྔར་ལ་ད་ཨ་བ་ཡོང་གྱུག་ལེ། ཨ་བེ་ག་ན་དམ་བཅན་བཙོམ་གྱུག་སྒྲུག་སྒྲུ་རིན་པོ་ཆེ་སེ། དེ་ག་ནེ་ཨ་བེ་དམ་བཅན་བཙོ་ཡིན་ཞིག་དང་མིང་པོ་ལ་ཡོངས་ལེ། མིང་བོན་ཡོངས་སྟེ་མིང་བོའི་དམ་བཅན་བཙོམ་འཕྲུག་ཆེན་རིན་པོ་ཆེ་སེ་མཛད་གྱུག། དེ་ག་ནེ་ཇེད་བོ་ན་ནེ་ནོ་ཟླག་གི་ང་རང་ང་ཡོངས་སྟེ་ད་མ་ནེ་བད་ཆབ་ཆོབ་བ་ག་ཏོན་སོང་བཏང་ག་ཏོན་སོང་བཏང་ང་མེད།

མར་ནག་བགལ་ལེ་ཡོད་ན་མར་ནག་བགལ་གན་བོ་ཁོ་རང་མ་སྤྲག་ག་ཚོང་མ་ནེ་མ་བཏང་ད་རེས་ག་རིག་ཚོང་མ་ནེ་མ་བཏང་ད་ཁར་ཞི་བཙུས་སྟེ་ཡོང་འདུག རེས་འགན་རིག་མ་ནེ་སྲུགས་པོ་མ་ནེ་པ་ཏུ་མེད་པ་འགལ་བཏང་སྟེ་ཡིན་ནོག་པ་ལེ། མ་ནེ་ང་རང་མ་ནེ་སེམས་པ་བར་ཞིག་ག་མ་ནེ་ཨ་བ་ཨ་མ་གན་ལའང་ལན་མ་ནེ་ཞི་ཞི་ཡར་ཡར་ལོག་འདུག ཡ་པད་འབྲུབ་བྱེས་གཙོག་པོ་ཡོང་ད་རག་པ། ད་པད་འཇིང་མོ་བཏང་བྱེས་སེ་ཅན་ཞིག་མ་ནེ་འི་སྲུག་མ་ནེ་འི་སྲུག་ཅི་ཏོང་ཟེ་རེན་མ་ནེ་བསམ་མ་མེ་རག་ཡ་ལེ། དེ་ག་ནེ་ཨོ་དེ་སྲུག་པད་འབྲུབ་བྱེས་པོ་ཡོང་ད་ཅིག་དུན་དེ་ནེ་མ་ནེ་ཨོ་དེ་གཟུགས་པོ་པ་ད་མེད་གན་ཚོག་ཞིག།

དེ་རྟིང་ནེ་དེ་ནེ་ཨོ་དེ་ཨ་པི་ལྟུ་མོའི་ག་སྟེབས་པ་དེ་ནེ་འོ་སྲུག་གོ་དེ་ནེ་ཁོ་རང་དུས་བཟང་ཞིག་ག་འདུག་ད་ཡོད་པིན་ཡ་ད་ན་རང་ཚང་མ་ནང་ད་ལོ། ཡོད་པ་སང་པད་ཚབ་ཆུབ་ཡོང་བཏང་ཏོག་མ་ནེ། ཚབ་ཆུབ་ཡོང་བཏང་པ་སང་མ་ནེ་ཨོ་སྲུག་གོ་གཅིག་གཅིག་ག་ཆང་བཏང་ཟེན་འདུག་སྟེ་ཡོད་པིན་ཡ་ལོ། དེ་ནེ་ང་ལྟ་ཡིན་ཟེར་རེན་པད་ཆང་བོ་ཁོ་རེ་མགོའི་ག་སྐོན་བཏང་ཏོག།

དེ་ག་ན་ནེ་ལྷ་དངོས་རྟོགས་དེ་དེ་ནེ་རིན་པོ་ཆེ་མཐལ་ལ་སོང་སྟེ་དེ་ནེ་རིན་པོ་ཆེ་སྲུག་སྲུའི་རིན་པོ་ཆེས་ད་མ་ནེ་མགོན་པོ་རང་ཅི་བསམ་ཏེ་ཡིན་ཁྲི་སྲུག་གཉེའི་སློག་ག་བར་ཆད་དགོས་ན་ད། དེ་ནེ་བར་ཆད་དགོས་ཞེས་ཡོད་ནེ་དེ་ནེ་ཡོང་མ་བཤུག ཁོ་ལྟ་སྟེང་ད་འཁྲིལ་ཆར་རེ་ཡིན་ནོག།

སྒུག་སྟེ་ཕྱུག་དམ་བཏང་སྟེ་ལ་བི་ལྷ་མོའི་ཕྱུག་དམ་བཏང་ལོ། དེ་ནི་ལྷ་དང་འདྲེ་པས་མོ་ལེན་ཞིག་དང་། གཏེར་མཆོད་བེར་མཆོད་བསྐྱག་སྟེ་ལ་བི་ལེ་ད་ཕྱུག་མཚལ་དར་ཕྱུལ་ཏེ་ཕྱུག་དམ་པོ་སལ་འཛུ་འཛུ་ང་ཞ་མ་ནེ་ཕྱགས་རྟེ་མཛད་དེ་ང་མིན་འདོད་ཅུག་ཟེར་ཏེ། དེ་ནེ་ཁོང་ལ་འཛུ་ཟེར་ཏེ་དེ་ནེ་ལྷ་སྲུང་ནེ་ཁོ་རང་གུན་ནེ་ཅི་མོལ་དང་མོ་ལད་ཀྱུག།

དེ་ནེ་ཡ་བ་ཡ་མ་གུན་ཚང་མ་བོང་སྟེ་འཛུ་བག་སྱིས་དེ་ཕྱུག་གུན་དེ་ཟུག་མཐོང་དག་ཡིན་མཐོང་འདུག། དེ་ཟུག་བཟུག་མཐོང་འདུག་འཛུ་འཛུ་ཅེ་རང་གུན་ནེ་ཅི་མཛད་ནའང་ཕྱགས་རྟེ་མཛད་དེ་མཛད་ཟེར་ཏེ་ལྷ་དང་ཞེས་ཀྱུག་ཡ་ལོ། མི་འདང་ཞེས་ཀྱུག། དེ་ནེ་ལྷ་དང་འདྲེ་པས་མཛད་དེ་ཡིན་ཀྱུག་དཀོང་དེ།

དེ་ནེ་ནོ་དེ་ཀ་ནེ་ཕ་ལ་ནེ་དེ་ནེ་ལྷ་དངོས་རྟོགས་དེ་བསྐྱོད་ཡིན་ནོག་ཡ་ལོ། སེམས་ཅན་ནེ་འགྲོ་དོན་ཞིག་གང་སྒྲུབ་མ་ཐུབ། ད་ཅབ་ཁྲུས་པོ་ཁོ་རང་ཙམ་ཞིག་སལ་ཡ་ག་ལེ་གུན་ནེ། པད་ཁྲུས་སལ་ལེ་སལ་ལེ་ཁྲོ་རང་དེ་ལྷ་དགུ་གཙང་ཡིན་ནོག་ཟེར་ར་ཡ་ག་ཡེས་མ་ནེ་ཏན་ཏན་མཛད་དེ་དེ་ཟུག་བཙས་སེ་མ་ནེ་དག་ས་འབུག་ཆེན་རིན་པོ་ཆེ་དམ་མ་ད་རིན་པོ་ཆེ་གང་སོང་ཆང་མ་འཁྱེ་རེ་དམ་བཅན་བཙས་མོ་ལ་མ་ནེ་བཙོ་མ་ཉག། དཀོན་མ་ན་སེམས་ཅན་ནེ་འགྲོ་དོན་སྒྲུབ་སེ་ཡིན་ནོག། སྙིང་ང་རྒྱུད་ཆར་པ་ཅང་ནན་བྱེ་མེད།

ལྷ་དང་འདྲེ་ཨ་བི་ལེས་པེན་མཛད། ཨ་ཡུ་ལྷ་མོའི་རིང་ན་ཁབ་ལུང་བོ་དང་འཇིབ་ལུང་བོ་དང་ཅེད་མ་ལྷ་མོ་དང་ཅེད་མ་ལྷ་མོའི་ག་སལ་པིན་ལེ། དེ་རིང་ནི་དེ་ན་འརྟིང་ན་དེན་ན་ལོ་གཉིག་དང་ལྟ་བཞི་རྟིང་ནི་ཞིན་ན་ང་རང་དེ་ཉང་དེང་ཞུས་པིན།

Übersetzung:

Es kam über mich, als mein viertes Kind geboren war. Allerdings kam es (der *lha*) zuerst zu meinem Vater. Und mein Vater gab sein Gelübde (*dam cha*) vor Stakna Rinpoche ab. Als mein Vater dieses Gelübde abgelegt hatte, kam (der *lha*) zu meinem Bruder. Auch er gab das Gelübde ab, vor Dugchen Rinpoche. Und danach kam der *lha* zu mir. Es war eine große Unruhe (großes Unbehagen) *(chhab chhob ba* oder *tshab tshub),* und ich wusste nicht mehr, wo ich eigentlich ging und wo nicht.

Manchmal habe ich Zwiebeln in das Senföl getan, ohne das zu erhitzen, und manchmal habe ich sogar gekocht und habe überhaupt keine Zwiebeln dazugetan. Manchmal bin ich umhergelaufen ohne irgendwelches Bewusstsein für meinen Körper. Und da ich keine Kontrolle über meinen Geist / mein Bewusstsein (*sem pa*) hatte, habe ich mich widerspenstig gegen meine Eltern verhalten. Ich fing plötzlich heftig zu streiten an. Ich fing plötzlich mit Krach an und konnte gar nicht anders. Und dann kam so ein Gefühl über mich und ich wusste überhaupt nicht mehr, was eigentlich vor sich ging.

Und dann sind wir zu der alten Schamanin Abi Lhamo gegangen. Es war ein günstiger Tag. Als wir bei ihr saßen, überkam mich wieder diese große Unruhe (*tshab tshub*). Wir saßen da und jemandem wurde *chang* (lokales Bier) angeboten, als diese Unruhe über mich kam. Und ich sagte plötzlich: Ich bin ein *lha*, und (nahm das Bier und) schüttete es ihm über den Kopf.

Als schließlich deutlich wurde, dass es ein richtiger (*ngos*) *lha* war, ging ich zum Rinpoche. Wir sind zu Stakna Rinpoche gegangen (und mein Vater bat ihn, den *lha* zu stoppen).

Stakna Rinpoche sagte zu meinem Vater – Herr Gonpo, wollen Sie das Leben ihrer Tochter riskieren? Es würde ihr Leben riskieren, den *lha* zu stoppen. Der *lha* ist schon tief in ihrem Herzen (*snying*).

Stakna Rinpoche gab mir dann einen Brief mit für die Schamanin Abi Lhamo, in dem es hieß: Bitte trenne du *lha* und *de* für sie! (Wir gingen also noch mal zu ihr.) Nachdem sie die fünf Opfergaben in einer Reihe bereitet hatte, gaben wir ihr den *kha tak* und machten Niederwerfungen vor ihr und gaben ihr den Brief und baten sie um den Gefallen (*lha* und *de* zu trennen), damit ich wieder ein normaler Mensch werde. Das war meine Bitte an sie. Unter Trance sagte dann der *lha*, was immer ihm zu sagen beliebt.

Mein Vater und meine Mutter wandten sich auch an sie und sagten in allem Respekt: Unsere Tochter hat so viele Schwierigkeiten (*dag lib*) – bitte (versuch das zu lösen). Und sie baten die Schamanin, etwas Gutes zu tun, was immer es wäre – und überhaupt baten sie alle um Hilfe. Und dann wurden *de* und *lha* von der Schamanin getrennt.

Das wurde also vollzogen, und dann kam der wirkliche (*ngos*) *lha* zu mir. Aber ich konnte doch noch nicht heilend Gutes tun für die Menschen. Mein Onkel hat mir dann eine Menge *thus* (Waschungen mit reinem Wasser unter Gebet) bereitet, und er sagte, nachdem er mir so viele *thus* gegeben hatte – jetzt bist du ein reiner *lha*. Er hat also alles mit größter Sorgfalt gemacht und mich auch aufgefordert, Dugchen Rinpoche aufzusuchen und andere Rinpoches, wo immer sie seien, um mein Gelübde (*dam cha*) abzulegen. Nichts war möglich, bis ich all dies getan hatte.

Jetzt aber sind alle Voraussetzungen, allen Menschen zu helfen, gegeben. Der *lha* ist tief in meinem Herzen verankert, und nichts kann ihn mehr stoppen.

Also: *Lha* und *de* wurden von der Schamanin Abi Lhamo getrennt, und dann habe ich die Lehre zum Entfernen von Nadeln aus Körpern (*khab lung*) von der Schamanin aus Tarchid bekommen. Nach einem Jahr und vier Monaten habe ich dann hier in meinem Haus praktiziert.

Überschaut man diese vier Berichte vom »Wahnsinn« als Ausgangspunkt der schamanischen Berufung – nebst dem anderen veröffentlichten (SCHENK 1994) und den weiteren vielen von mir erhobenen Berichten –, so kann man darin zunächst drei sich immer wiederholende Elemente erkennen:

1. In den Lebensgeschichten und dem professionellen Werdegang tibetischer/ladakhischer Schamanen spielt der »Wahnsinn« als Ausgangspunkt des schamanischen Weges eine so durchgängige Rolle, dass man durchaus sagen kann, diese Schamanen seien ausschließlich durch einen *lha*-bedingten »Wahnsinn« berufen (DAY 1990, S. 208).

Wenn sich ein Mensch so verhält wie geschildert, denkt man in Ladakh jedoch keinesfalls automatisch an Berufung. Es werden in der tibetischen Krankheitslehre viele Formen von »Wahnsinn« unterschieden, teils nach Grad des »Wahnsinns«, gewissermaßen ein kleiner und ein großer »Wahnsinn«, teils nach Ursache des »Wahnsinns« – z. B. Art der Besessenheit (Hexen, tote Seelen, *de* ...).

2. Zunächst wird in der Regel Heilung auf vielen verschiedenen Wegen versucht – so auf dem Weg der tibetischen Medizin – Ernährung, Kräuter usw. –, aber auch auf dem religiösen, dem buddhistischen Weg – Pilgerfahrten, Niederwerfungen, Mantra-Rezitationen.

3. Wenn über Monate oder gar Jahre hinweg keine Besserung eintritt, wird auf große, umfassende buddhistische Hausrituale zurückgegriffen. Hilft das auch nicht, dann bleibt nur ein Weg: Es muss ein Rinpoche konsultiert werden. Und spätestens in diesem Stadium der »Erkrankung« denken Familie und Dorf allmählich doch an die Möglichkeit einer *lha-de*-Besessenheit.

Dem Rinpoche obliegt nun die schwierige Aufgabe der Prüfung, ob es sich um einen »normalen Wahnsinn« handelt oder um einen *lha-de*-Kampf im Leibe des betroffenen Menschen.

Der Rinpoche prüft den Fall anhand seiner Bücher: Handelt es sich hier um die Besetzung durch einen *lha*, eine Gottheit (wenn auch noch im Kampfe mit den bösen Geistern), dann ist dieser Mensch zum Schamanen berufen. Oder es handelt sich um *de* – um eine landläufige normale Verrücktheit. Ohne die Bestätigung der *lha*-, d. h. Gott-Besessenheit kann kein Kandidat in ganz Ladakh je die schamanische Ausbildung beginnen oder Schamane werden.

Der Rinpoche, der Würdenträger des Tibetischen Buddhismus, ist also die unumgängliche Schlüsselfigur auf dem Weg zum Schamanen. Er muss sein *ka* geben, seinen Befehl, seine Legitimation. *Ka* wird schriftlich gegeben. Der *lha*-diagnostizierte Kandidat erhält vom Rinpoche einen Brief. Er ist gerichtet an einen meist sogar namentlich genannten, gestandenen Schamanen, in welchem dieser gebeten wird, *lha* und *de* zu trennen und mit der Aufgabe der Ausbildung zu beginnen.

In den Gesprächen haben Schamanen alle stets die unabdingbare Notwendigkeit der Legitimation durch einen Rinpoche hervorgehoben (hier z. B. HI-18):

Deldan:

རིན་པོ་ཆེའི་བཀའ་མེད་པ་ནི་ཅང་ཐབས་མེད་ཀྱག་ཡ།

Kunzes:

རིན་པོ་ཆེའི་བཀའ་མེད་པའི་ཚོན་ལ་ནི་མ་ནི་སུའང་མ་བཅོན་ཡིན་ནོག

Dechen:

མ་ནེ་མ་ཐུན་བ་ཡིན་ནོག

Übersetzung:

Deldan:
Es gibt keinerlei Möglichkeit (Schamane zu werden) ohne den Auftrag des Rinpoche.

Kunzes:
Ohne den Auftrag des Rinpoche kann (ein Schamane) für niemanden etwas tun.

Dechen:
Das ist restlos ausgeschlossen.

5. DIE TRANSFORMATION DES »WAHNSINNS« ZUR KONTROLLIERTEN LHA-BESESSENHEIT

Wenn ein Ladakhi im *tsha ba tshu ba*-Zustand (Verrücktheit) vor den Rinpoche tritt und von diesem dann als ein *lha*-Besessener diagnostiziert wird, liegen noch verschiedene Kräfte – göttliche (*lha*) und böse (*de*) – im Widerstreit. Was dann ansteht, ist die »Trennung von *lha* und *de*«: Das ist die durchgängige Aussage, die man bei allen Schamanen findet.

Was nun als Aufgabe ansteht, kann man vielleicht mit folgender (freilich Schamanen-fremder) Umschreibung verständlich machen. *De* steht für das Negative jenes veränderten Bewusstseinszustandes, welcher den Ausgangspunkt der Schamanenberufung darstellt. Ungerichtetheit und Unkontrolliertheit, das sind die Inbegriffe dieses Negativen, des *de*:

Ein Berufener kann weder entscheiden, wann er in seinen besonderen Bewusstseinszustand verfällt, noch kann er entscheiden, wie er sich dann unter diesem Zustand verhält – weder das Wann noch das Wie sind steuerbar. Die »Verrücktheit« kommt vielmehr über ihn, und sein Verhalten ist getrieben und ziellos.

In wissenschaftlicher Diktion ausgedrückt geht es nun darum, diese Erfahrung, willenlos in einen anderen Bewusstseinszustand geworfen zu werden, so an bestimmte Signale zu binden und mit einem Handlungsplan zu versehen, dass nur und ausschließlich die Konstellation dieser Signale den Zustand auslöst, in welchem dann das gelernte, gezielte Handeln möglich ist. Es ist eine großartige Aufgabe der Transformation! Genau das geschieht in der schamanischen Lehre.

Es ist sehr schwierig, genau nachzuzeichnen, wie diese Lehre aussieht. Weder Meister noch Schüler werden es einem schildern können – denn in der Lehre sind beide unweigerlich unter Trance. Ist der Schüler nicht unter Trance, dann wird nicht gelehrt. Sonam Murup hat seine Schüler erbarmungslos verprügelt und unter einen wahren »Psychoterror« gesetzt, bis sie in der Tat »verrückt« werden (eine Fähigkeit, die sie ja bereits mitbringen), d. h. in einen veränderten Bewusstseinszustand kommen. Ist Trance eingetreten (ist der *lha*-Zustand erreicht), dann allerdings herrscht vollständige Amnesie. Man kann nichts mehr über diesen Prozess erfahren.

Erfreulicherweise wissen aber doch eine ganze Reihe junger Schamanen recht gut Bescheid, wie die Lehre abläuft. Auch hatte ich Gelegenheit, eine Reihe von Lehren zu beobachten. Die Schamanen werden allerdings nicht müde zu versichern, dass sie selbst sich keinesfalls erinnern, dass sie alles erzählt bekommen haben. Und das ist denkbar. Denn oft hat ein Schüler – wie Sonam Murup und andere mir berichteten – einen Helfer dabei, der zwischen dem Trance-Lehrer und dem möglicherweise noch nicht unter Trance befindlichen Schüler vermittelt –

der zum Beispiel dem Schüler »übersetzt«, was der Lehrer, der unter Trance steht, von ihm verlangt.

Die Lehre umfasst eine Reihe von durchaus abgrenzbaren Teilen. Natürlich lernt der Kandidat die Reinigungsregeln, die einer Séance als vorbereitende Handlungen vorausgehen müssen: sich die Hände waschen, vielleicht auch Gesicht und Hals, sich den Mund ausspülen.

Auch gehört unweigerlich zu jeder schamanischen Séance dazu, dass buddhistische Opfergaben (*nyer shod*) bereitet werden. Das muss der Schüler als Allererstes lernen. Es muss gebetet und gesungen werden, es müssen Mantras gesprochen werden. Es muss die *da ma ru*-Trommel geschlagen, die Glocke geläutet werden. Der Meister tut es unablässig, der Schüler muss sich nur mit hinein begeben in diesen Prozess. Auch muss gelernt werden, Weihrauch zu entfachen und sich die Schamanen-Kleider anzulegen.

Das alles muss erst auf eine ganz selbstverständliche Weise gekonnt sein. Es muss gekonnt sein unter einem erkennbaren Zustand der Trance. Damit aber ist der Zustand der Trance – ein verändertes Bewusstsein, die *lha*-Besessenheit – an eine Fülle von sensorischen, haptischen, optischen und akustischen Signalen gebunden. Es ist wie ein Konditionierungsprozess. Es werden diese sensorischen Erfahrungen sein – wie einem die Schamanen berichten (vgl. Kapitel 4) –, welche den Schamanen in die Trance gleiten lassen.

Erst dann werden spezifische Heilungshandlungen gelernt. Eine der wichtigsten Heilungshandlungen der Schamanen von Zentral-Ladakh ist das Aussaugen von *dib* – flüssiger Verunreinigung, Schmutz, Verhexung, *jadu* (Schadenszauber) – oder auch von festen Gegenständen gleichen Ursprungs. Das sind stets die ersten Kapitel der inhaltlichen Lehre der zu lernenden gezielten Heilungshandlungen. Wahrsagung und der Umgang mit solchen schwierigen Geistwesen wie *ti mo, ti po, shin de, son de,* sind späteren Lernphasen vorbehalten.

Alle Berichte von schamanischen Lehren – ob von den schamanischen Lehrmeistern über ihre Lehrinhalte oder von jungen Schamanen über ihre erhaltene Lehre – widmen sich besonders gerne und ausführlich einem merkwürdigen und aufwendigen Verfahren einer Prüfung der vollzogenen *lha-de*-Trennung. Es ist ein dramatisches Examen, für westliches Denken zunächst voller extremer »Irrationalität«. Der Kandidat wird von einer unkalkulierbaren Ratesituation in die nächste geworfen, und nur wenn er alles richtig rät und richtig findet, ist er ein wirklicher *lha*. Um die Schamanen-Lehre und diese schwierige Prüfung zu verdeutlichen, möchte ich zwei junge Schamaninnen selbst zu Wort kommen lassen. Zunächst fasse ich kurz zusammen, was mir Dechen (HI-16) lang und ausführlich geschildert hat. Sie ging bei Sonam Murup in die Lehre. Wir erfahren, wie Sonam Murup lehrt und prüft. Dann zitiere ich die junge Schamanin Palzes mit ihrem Bericht. Ihre Lehre fand statt bei der Schamanin Kunzes.

(1) Dechen

Zuerst werde der Lehrmeister vier Wochen lang *ser kyem* lehren, die Bereitung von Opfergaben und das Sprechen von Gebeten – so werde der *lha* gerufen. Dann komme eine große Testsituation, bei der es um die Prüfung der Echtheit und Stärke des *lha* gehe. Das sei eine große Versammlung, die Familie müsse dabei sein, auch ein Mönch, auch Nachbarn und natürlich der prüfende Schamane. Es werde durch Gebete und Gesang der *lha* eingeladen: Sonam Murup gehe in Trance, sie sei auch in Trance gefallen. Sie erinnere sich aber nicht, alles wurde ihr erzählt:

Sonam Murup versteckte Senfkörner irgendwo unter dem Teppich, und sie sollte über den Teppich gehen (ein *lha* geht nicht über Senfkörner), und sie wählte den richtigen Weg.

Dann wurden ein weißer und ein schwarzer Stein in eine undurchsichtige Flüssigkeit gelegt, sie holte den richtigen Stein heraus – das habe man ihr erzählt, sie selbst erinnere sich an nichts. Der *de* hätte den falschen Stein herausgeholt.

Auch wurde sie in einen anderen Raum gebracht, erzählte man ihr danach, man hatte Sachen versteckt, ihr *lha* müsse die versteckten Gegenstände auf Anhieb finden. Ihr *lha* habe alles sofort gefunden. So gebe es immer richtige und falsche Gegenstände. Ein *de* würde die falschen wählen. Aber sie habe keinen einzigen Fehler gemacht, sagten ihr die Leute.

Und wenn dieser große Test bestanden sei, dann gehe die Lehre, *la pok*, weiter. Lehren tun nur die *lha* (Sonam Murup lehrt nur unter Trance). Zuerst komme *dip lung* (*dip* = Verunreinigung, *lung* = Lehre), dann *khab lung* (*khab* = Nadel).

Das heißt: Erst werde einem beigebracht, wie man flüssiges Giftiges aussaugt, dann wie man feste Gegenstände aus dem Leib des Patienten entfernt. Sie habe alles, was sie entfernte, immer geschluckt, ihr *lha* sei sehr stark gewesen. Heute spucke sie es aus.

Und *khab lung* sehe folgendermaßen aus: Sonam Murup unter Trance werde ein Glas Milch gegeben mit einer Nadel darin und einem fünffarbigen Faden daran. Er trinke das Glas Milch zusammen mit der Nadel aus. Sie sei in tiefer Trance gewesen (*lha zhug ste nanga*), und Sonam habe gefragt: »Wo habe ich in meinem Körper die Nadel versteckt, sauge sie heraus!« Und sie habe sie herausgesaugt. Vorher habe er jemandem etwas herausgesaugt. Aber sie selbst erinnere sich an nichts. Es sei ihr alles berichtet worden.

Sie habe eine Menge *la pok*, Lehre, bekommen – aber noch lange nicht alles. Sie könne *jadu* und *dib* heraussaugen aus dem Leib des Patienten, aber mit *ti mo*, *ti po*, *shin de*, *son de* könne sie noch nicht umgehen.

(2) Palzes

Die Darstellung der Schamanin Palzes möchte ich doch wörtlich zitieren (HI-18/4), zumal an dieser die schamanisch-buddhistische Verquickung der schamanischen Ausbildung und des schamanischen »Examens« sehr schön deutlich wird:

དེ་བོ་ད་རྟེན་དགར་ནག་ཕྱུངས་ཏེ་ཁོ་གུན་མ་ནི་མདུན་ལ་འདུག་མ་བཞག་པ། དེ་ནི་ཆུའི་ནང་ད་རྡིག་ལིག་གི་ནང་ད་རྒྱ་བཏང་སྟེ། དེ་ནི་ཡང་འོན་པོ་འབྱུང་ནནང་ཡ་ལྷ་མ་འབྱུང་ནནང་ཡང་ཁོང་གུན་ལ་སྐྱུན་འདྲེན་ཚོག་ཞིག་ཕུལ་ལེ་ནོག། དེ་ནི་འོ་དེ་ཟན་ད་ཅི་ཏོང་བི་ཏོང་རིག་སྲུས་པ། ལྷ་ཡིན་ན་དེ་གན་ཡན་བྱེས་འབྲེན་བྱེས་ཅབ་ཅབ་འབྱུང་བྱེས་ལེ། འར་རྡོ་རྗེ་སེམས་པ། སྒྲོལ་ཆེན་འབྱུང་གནས། བྱུང་དོན་ཡོད་ཀྱུབ། ནབ་སྲུང་བ་མཐར་ཡས། དབྱུས་རྡུམ་པར་སྲུང་མཛད་པོ་ཚང་ག་མ་ན་ད་རིག་ཅེ་ག་བཙུན་ནོག་པ་ལ་ཡ། དེ་ནི་དེ་ལྷ་རྗེ་ཡིན་བྱེས་ལེ། དེ་ནི་དེ་ད་དེའི་ཟུག་གི་ཁོན་ཁོ་རང་རྟེན་འབྱེལ་ཞིག་ཡོང་དང་གྲུག་པ།

ད་འོ་ཟུག་གི་ལྷ་སྐྱིན་བརྩོ་རྒུས་པ་མེ་མེ་ལེ་གན་ནེ། མ་ན་འི་ཟུག་གི་ཁོ་རང་དང་པོན་འཁོར་འདུག་ཡ་ལེ་ཡོས་པ་ན་འཁོར་བྱེས། ཡང་མགོ་ལོག་ཅིག་མ་ནི་ལྷ་འི་ཟུག་གི་ཅི་ག་འཁྱང་ད་རིག་ཡོད་གན་བོ་ལ། དེ་ཟུག་གི་མ་ན་ཅི་ག་ཁོ་རང་དདུལ་ལེ་ཀོ་རེ་རང་ན་ཆུའི་ནང་ན་འབོ་མགོ་ལོག་ག་འཁོར་འདུག་པ་ལེ། དེ་ནི་འོ་ཟུག་བཙོམས་སེ་འོ་དེ་ཚང་མ་བཙོམས་སེ་ཁྲིག་བཙོམས་སེ། ནང་ནི་དེ་ནི་དགོན་མཚོག་གི་མཆུན་ཀ་ཟུག་གི་ཕེནད། འར་རྡོ་རྗེ་སེམས་པའི་ག་ཡིན་ནོག། སྒྲོལ་ཆེན་འབྱུང་གནས་ག་ཡིན་ནོག། བྱུང་དོན་ཡོད་སྒྲུབ་པའི་ག་ཡིན་ནོག། ནབ་སྲུང་བ་མཐར་ཡས་ག་ཡིན་ནོག། དབྱུས་རྡུམ་པར་སྲུང་མཛད་གན་ནེ་ག་ཡིན་ནོག།

ཟེར་རེད་ཞིག་དང་རེ་རེ་དང་རེ་རེ་ཡག་པའི་ག་ལེན་བཏུག་སྟེ་དེ་ནི་སྨྲ་ལ་ཞིན་ན་ཏྱུངས་གར་གཏང་འདུག་པ་ལེ་ཡོག་ག། དེ་ནི་འདེ་ཕང་ང་འཁྲི་རེན་ཞིག་དང་དེ་ནི་བོ་དེ་ད་དར་ཚང་མ་པོ་སེ་དེ་ནི་མི་གུན་ལ་བདུག་རྩེས་བུ་མོ་གུན་ལ་ཁ་བཏག་བགལ་ལེ་དེ་ནེ།

དེ་བོ་བཚལ་བཏུག་བྱེས། དེ་ནི་ལག་པའི་ཕྱྲེང་བ་ཚང་མ་དེ་བོ་རིག་ག་སྩུས་དེ། དེ་ནི་བོ་དེ་ཚང་མ་ཕྱིང་བཏུག་འདུག་པ་ལེ། དེ་དུས་པའི་ག་ནེ་ང་དང་ང་རྒྱས་མེད་ཀུག་ང་ང་དང་ཡང་ཞིག་པེན་མཐོང་བཏང་སྟྲེ་ཡེན་ངོག་པ་ལེ།

དེ་སའི་ག་བསྐྱེབས་ཏེ་ན་ནི་ཁོ་མ་བདེ་མོ་མཐོང་བྱེན་ག་ག་ལེ། བག་དོན་ཞིག་ཚོག་ཞིག་ཡོང་བྱེས།

དེ་ནི་མ་ནེ་ད་ང་དང་ད་མ་ནེ་གནེ་ག་རུ་དགོན་པ་མཐལ་ལ་ཆ་དགོས་ཤེན་ཡ་ལེ། དེ་ནི་ཕུག་གསག་བྱེས་མ་ནི་གསག་བྱེས། ད་མ་ནི་རིན་པོ་ཆེས་ཅི་ཟེར་གན་ཚང་མ་ད་རིན་པོ་ཆེ་རེ་རེན་ལུང་རེ་རེ་གཟུང་བྱེས། ད་མ་ནི་སེ་ལུང་ཞིག་

སལ་ན་ཡ་མ་ནི་བ་རྫ་ག་རུའི་ལུང་སལ་ནའང་ཡ་ཕུག་གེ་ལུང་སལ་ནའང་། ད་རིན་པོ་ཆེ་རེ་རེན་རེ་རེ་མཐལ་ཡེན་ཞིག་དེ་ནི་ཆ་བུས་ཆང་མའང་སལ་ན་དེ་ནེ་ང་དང་ང་བསྟེང་ན་བྱིན་རླབས་འཇུག་སེན་འཇུག་སེན་ཞིག་དང་ང་དང་ང་ཚོས་བསག་གེན་སག་གེན་ཞིག་དང་བྱིན་རླབས་འཇུག་སེན་འཇུག་སེན་ཞིག་དང་།

Übersetzung:

Es werden weiße und schwarze Kieselsteine gebracht, (die Kandidaten) dürfen nicht nah dabei sitzen (um nichts zu sehen), und es wird Wasser in einen Topf gefüllt. Ein *on po* oder ein Lama spricht (spezielle) Gebete (genannt *spyan den*) darüber, und dann werden (die Steine) (im Wasser) versenkt (versteckt), und wenn es sich um einen *lha* handelt, dann holt (der *lha*) ohne jedes Zögern (den richtigen Stein) heraus. Gebete werden gesprochen zum Dorje Sempa des Ostens, dem Rinchen Jungnas des Südens, dem Donyotdup des Nordens, dem Snangwa Thayas des Westens und dem Nampar Snangzad der Mitte, alle werden angebetet. Dann wird der *lha* den (richtigen) Stein (aus dem Wasser) holen. Und damit wird die Wahrhaftigkeit enthüllt.

Dann stellen die Mönche einen *lha*-ibex (ein Steinbock, aus *tsam pa*-Teig) her. Wenn der Steinbock sich rechts herum dreht (ist es gut), wenn es kein *lha* ist, dreht er sich links herum, also wenn es sich um *de* handelt, dreht er sich links herum. (Wenn es *de* ist), dreht er sich in seiner Silberschale links herum im Wasser. Und wenn das alles richtig gelaufen ist, dann wissen die Götter, wie *lha* und *de* zu unterscheiden (trennen) sind. Das ist dann das Urteil (*ka*) des Vajrapani des Ostens, des Ratnasambhava des Südens, des Amogasiddhides des Nordens, des Nangwa Thayas des Westens und des Vasocana der Mitte.

Alle bekommen dann Senfkörner in die Hand und werfen damit, und damit wird *de* weggeworfen und unterschieden, und dann sollten die Männer Weihrauch nehmen und die Frauen *kha taks*... (unverständlich)...

(Sodann heißt es:) Nun soll er/sie etwas herausfinden. Die Gebetsketten aller Anwesenden werden irgendwo versteckt. Nun soll er/sie die wieder finden! Wir (Kandidaten) erinnern gar nichts in dieser Phase. Aber ich habe gesehen, wie eine solche Unterscheidung von *lha* und *de* vollzogen wird.

Wenn dieses (ganze Unternehmen) bis zu diesem Punkt gekommen ist – dann sieht das alles sehr schön aus, es sieht aus wie ein Hochzeitsfest.

Dann gehen wir (Schamanen-Kandidaten) zu vielen Klöstern und machen viele Niederwerfungen und beten Mantras. Und jetzt müssen wir von allen Rinpoches die mündlichen Unterweisungen der Lehre Buddhas erhalten, die Mantra-Lehren, die Lehren des Vajra Guru, die Lehren der Niederwerfung. Wir gehen von Rinpoche zu Rinpoche, fahren fort zu beten und bekommen ihre Segnungen (*chin lab*).

Der Weg des Schamanen vom *tsha ba tshu ba*-Zustand (Verrücktheit) zur kontrollierten *lha*-Besessenheit wird aus dieser Darstellung ebenso wie aus all den anderen Berichten, die mir Jung- und Alt-Schamanen gegeben haben, sehr schön deutlich:

1. *Tsha ba tshu ba* (*nyos po song*) ist auf jeden Fall die erste notwendige Voraussetzung einer schamanischen Laufbahn.
2. Es folgt die Prüfung durch einen Rinpoche und sein unverzichtbarer *ka* (seine Diagnose und sein schriftlicher Befehl oder Auftrag an einen Schamanen-Meister: die Legitimation als echter *lha*) sowie die Erfüllung seiner Auflagen zu buddhistischen Andachtsübungen.
3. Es beginnt die Lehre bei einem Schamanen-Meister. Gelernt und gelehrt wird unter Trance. Gelehrt wird zunächst die Fähigkeit zur kontrollierten Trance (Eintritt in den *lha*-Zustand) sowie alle unverzichtbaren vorbereitenden Handlungen einer schamanischen Séance – vor allem auch die Bereitung der *nyer shod*, der buddhistischen Opfergaben.
4. Ein dramatisches Ereignis für alle Schamanen-Kandidaten ist dann das »Examen« oder »Zwischenexamen«, die Unterscheidung von *lha* und *de* in einer großen Gruppensitzung unter Beteiligung von Familie, Nachbarn, schamanischem Lehrmeister und buddhistischen Mönchen.
5. Nach diesem großen Test geht die schamanische Lehre ebenso weiter wie die intensive buddhistische Frömmigkeitspraxis (Pilgerreisen, Niederwerfungen, Mantra-Gebete, Meditationen, Schriftenlesungen usw.).
6. Der Jung-Schamane wird mit seiner eigenen Praxis beginnen, sobald er seinen *lha*-Zustand steuern, die Séance bereiten und die zentralen schamanischen Behandlungsweisen, *dib phin ches* und *khab phin ches,* beherrscht (*dib* = flüssiges Gift, *khab* = feste Gegenstände/Nadeln, *phin ches* = heraussaugen).

Dies ist der »normale« Weg, aber wie aus den Schicksalen der Schamanen-Kandidaten hervorgeht – vgl. z. B. Deldans anhaltenden »Wahnsinn« – läuft das nicht immer »normal«.

Manche Kandidaten wollen die *lha*-Berufung nicht annehmen, der Beruf des Schamanen ist schließlich sehr schwer. Dann werden Schamanen und Lamas beauftragt, die *lha*-Besetzung zu beenden. Es wird allgemein angenommen – jedenfalls von allen Schamanen und auch von den Rinpoches so vertreten –, dass man einen *lha* nicht stoppen kann. *Tsha ba tshu ba* wird wiederkommen. Und der Kandidat wird schließlich seine Berufung annehmen.

Auch werden nicht alle Kandidaten gleich den großen Test bestehen (was aber stets sehr zurückhaltend angedeutet wird). Natürlich ist damit nicht die Authentizität des *lha*-Zustandes grundsätzlich in Frage gestellt. Denn ein Rinpoche hat ja bereits sein *ka* gegeben, dass es sich ganz sicher um einen *lha* handelt. Dann ist der *de* einfach noch zu stark. Es muss weiter gelehrt und weiter gelernt werden – bis dann ein neues Examen oder Zwischenexamen anzusetzen ist.

6. DIE SCHAMANISCHE SÉANCE

Welche Aufgaben erwarten den Schamanen? Die Menschen kommen mit allen erdenklichen Problemen zu ihm: physische Schmerzen, Sorgen, Schlaflosigkeit, Suche nach einem verlorenen Gegenstand, Bitte um Wahrsagung, interpersonelle Konflikte. Sie kommen selbst, und sie kommen auch mit ihren kranken Tieren.

Ein Schamane heilt, wie ich dargestellt habe, ausschließlich unter Bedingungen veränderten Bewusstseins, er heilt nur unter Trance. Unter Trance ist er *lus gyar*, ein geliehener Leib. Er hat seinen Leib an eine Gottheit ausgeliehen, welche ihn besetzt. Er *ist* diese Gottheit. Er singt, betet, spricht, weissagt und heilt als diese Gottheit.

Die Trance kündigt sich an in heftigen Körperreaktionen wie Zittern, Niesen, Hyperventilation usw., und die volle Trance ist daran erkennbar, dass jetzt nicht mehr der Schamane als Person spricht, sondern die Gottheit. Diese spricht mit völlig anderer Stimme, oft auch unverständlich, oft auch in anderer Sprache (eine Mischung aus Tibetisch und Ladakhi). In diesem Zustand können dann die Heilungen stattfinden. Der unter Trance befindliche Schamane ist jetzt die Gottheit, die ihn besetzt hat. Viele Schamanen können von mehreren Gottheiten hintereinander besetzt werden.

Die häufigste Heilungshandlung, welche die Schamanen Zentral-Ladakhs vollziehen, ist das Absaugen des »Schlechten« aus dem Leib des Patienten. Dafür setzt er ein Saugröhrchen (*pu ri*) an die Stelle des entblößten Leibes des Patienten (vgl. Abbildung 25, S. 118), wo das Schlechte sitzt, saugt es durch die Haut ab und spuckt das schwarze Eklige, das er herausgeholt hat, in eine Schale. Manchmal saugt der Schamane auch mit dem bloßen Mund (vgl. Abbildung 26, S. 119).

Aus dem Leib der Tiere – dies geschieht immer mit bloßem Mund – (ich habe es selbst erlebt, wie der Schamane seinen Mund tief in das Fell des Yaks presste) saugt er ganze Nägel heraus.

Oder er heilt mit dem Feuerschwert (vgl. Abbildung 27, S. 123): Ein Messer wird über einer Flamme erhitzt. Die glühende Klinge zieht der Schamane erst über seine Zunge, dann bringt er sie in die Nähe der kranken Stelle des Patienten und bläst darüber – so, als ob die Hitze des Schwertes die innere oder äußere Wunde heilen solle.

Abbildung 25: Absaugen mit dem pu ri *vom Scheitel der Patientin, die das Gesicht schmerzhaft verzieht*

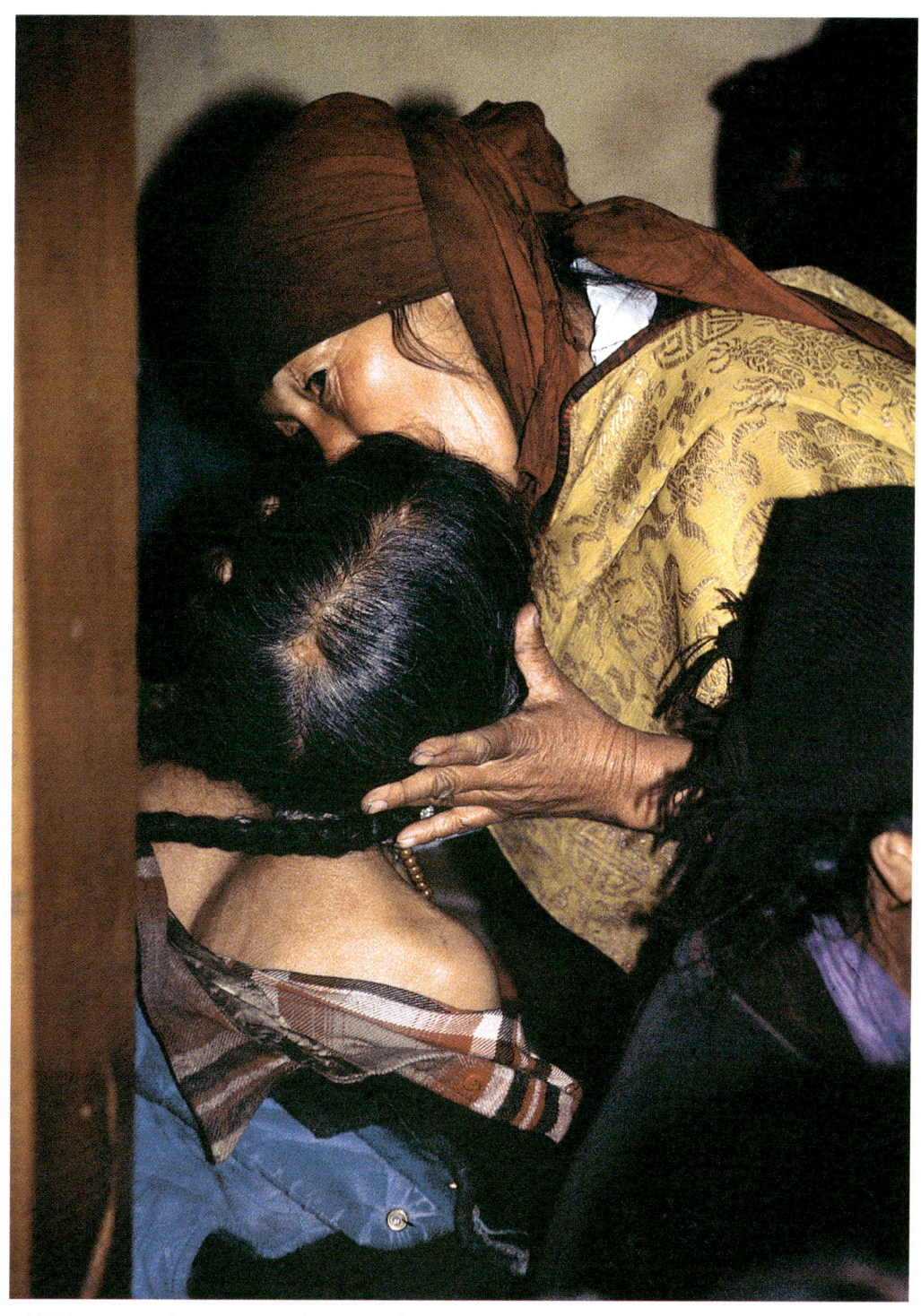

Abbildung 26: Absaugen mit dem Mund vom Auge der Patientin

Der Schamane weiht auch Patienten und gibt Aufträge zu buddhistisch-religiösen Handlungen. Dies alles geschieht ziemlich hektisch und die Handlungen des Schamanen am Leib des Patienten sind oft recht grob. Man kann sicher sein, dass man blaue Flecken hat, wenn ein Schamane einem irgendwelche dunklen Kräfte aus dem Leib gesaugt hat.

Das eigentlich Dramatische der schamanischen Séance ist die Trance-Induktion. Der Wirkung dieses Geschehens kann man sich auch dann nicht entziehen, wenn man schon viele Schamanenheilungen hinter sich gebracht hat. Auch jeder Patient ist, wie die Gesichter zeigen (vgl. unten, Abbildung 32, S. 167), zutiefst involviert. Der Raum ist erfüllt von Weihrauch. Der Schamane ist mit seinen sakralen Requisiten umgeben und in seiner Berufskleidung – die Krone, das Schultertuch und das Tuch um den Mund.

Mit monotoner heller Stimme singt der Schamane endlose Mantras. Mantras sind heilige Silbenfolgen. Er betätigt unablässig die kleine *da ru*-Trommel (umgangssprachlich *da ru*, in Sanskrit *da ma ru* genannt) in einem hypnotisierenden, wahnsinnigen Rhythmus und die ebenfalls ständig geschüttelte Glocke. Dazwischen vielleicht ein Schrei, ein wildes Schnappen nach Luft, ein dramatisches Stöhnen – ehe sofort das Bombardement der Sinne mit *da ma ru*, *tilu* und Mantras weitergeht. Es ist keine Frage: Die Stimmung heizt sich auf. Die Patienten sind gebannt. Man kann es wirklich an den Gesichtern sehen: Sie schauen und hören mit allerhöchster Anspannung zu, viele halten die Hände gefaltet. Wenn man in dem dicht gedrängten Raum ein unbeteiligtes Gesicht sieht – dann kann es nur ein Westler sein, der sich hierher verirrt hat und nichts versteht und sich vor allem auf keinen Fall berühren lassen will oder einfach nicht glauben will, ein Schamane könne ohne Trick schwarze Brühe absaugen aus einem Leib…

Es bleibt noch ganz kurz zu erwähnen, wie eine schamanische Sitzung endet. Der Schamane zieht sich vom Handeln zurück, singt Mantras, wiegt seinen Leib, fällt dann plötzlich vornüber (er handelt immer im Sitzen oder Knien auf dem Boden oder auf einem Podest), er wirft seine Schamanen-Kleidung ab, man hört einen lang gezogenen Pfeifton (Ton des entweichenden *lha*), der Leib erzittert und krampft, der Schamane bleibt dann einen Augenblick unbewegt liegen, richtet sich schließlich auf und schaut sich wie abwesend im Raum um, sagt vielleicht, wie überrascht »Ach…!«, so, als hätte er vorher keine Patienten wahrgenommen… Er ist zurückgekehrt in das Alltagsbewusstsein.

Ich habe eine solche Séance geschildert, damit deutlich wird, wie der »Wahnsinn«, der am Ausgangspunkt des Schamanenweges stand, in der späteren Praxis des Schamanen aussieht: Es ist eine sorgfältige, präzise kontrollierte, bewusst eingeleitete Trance und ein sorgfältig rituell ausgestalteter Ausstieg aus der Trance – das ist es, wozu der so genannte »Wahnsinn« transformiert wurde. Krankheit (im westlichen Sinn) wird transformiert zum gezielten Medium der Heilung.

7. RUF UND ANSEHEN DES SCHAMANEN UND DIE SCHLÜSSELROLLE DER BUDDHISTISCHEN RINPOCHES

Das Ansehen des Schamanen in Ladakh (stets unter Ausschluss von Changthang, wozu bisher keine Untersuchungen vorliegen) kann nur als ambivalent beschrieben werden. Wer sich als »moderner« Ladakhi versteht, würde niemals zugeben, dass er je einen Schamanen aufgesucht hat oder auch nur ein ganz klein wenig von ihm hält. Daneben aber findet man auch allenthalben tiefe Achtung und großen Respekt.

Ich kann meine ladakhischen Mitarbeiter wieder als Beispiel anführen – sowohl für das Spektrum von fester Verachtung bis zu Bewunderung, als auch für die ungemeine Ambivalenz:

Sonam Wangchok hat ein abgeschlossenes Studium. Er promoviert über die Tradition des Mato-Klosters in Ladakh. Er ist ein sehr gebildeter, kluger, höflicher, zuverlässiger und ein wenig verschlossener junger Mann. Er hilft mir bei der Transkription der Tonbandaufnahmen von schamanischen Séancen, Informationsgesprächen und Lehren. Er verzieht keine Miene, wenn er mit mir an einer Schamanen-Séance teilnimmt. Er lässt kein kritisches Wort fallen. Aber er gestand mir, dass er lieber nicht gesehen werden möchte, wenn er mit mir zu einem Schamanen geht.

Thinley Gyurmet ist Mönch und ganz sicher auch ein hoch gebildeter und hoch begabter junger Mann. Er hat alle Hürden überwunden, um an der Universität von Benares seine Doktorarbeit über Philosophie des Buddhismus zu schreiben. Keiner ist so sorgfältig in der Wort-für-Wort-Transkription der schwierigen Texte wie er. Aber er hält das, was Schamanen an buddhistischen Gebeten beten, sowie ihre Anrufungen, Mantras und Beschwörungen für einen »sagenhaft verschlampten« und »ungebildeten« Buddhismus. Was er, der Schamane, mache, sei alles Zauber und Humbug. Ja, alle Mönche und Lamas dächten so. (Was nicht stimmt, denn ich habe nicht selten Mönche in schamanischen Séancen sitzen gesehen, die sich »Böses« absaugen ließen oder den Schamanen um Rat fragten; vgl. auch Kapitel 6).

Sonam Norboo ist einer der angesehensten Ladakhi, er ist auf dem internationalen Pflaster zu Hause, er arbeitet im Bereich des Dokumentationsfilms vor allem mit Japanern zusammen. In diesen Projekten ist er Manager und Kontaktmann. Er ebnet allenthalben Hürden, öffnet Türen, umgeht, besiegt oder becirct die Bürokraten und macht möglich, was gewünscht wird. Dies ist auch seine wahrlich eindrucksvolle Rolle in meiner Forschung. Mit Schamanen, Schamanen-

Lehrlingen und Schamanen-Gehilfen muss immer erst ein Kontakt aufgebaut werden; bei einem Rinpoche muss man erst lange antichambrieren; um nach Changthang zu fahren, braucht man eine Genehmigung, welche viele Behördengänge erfordert. Das alles macht Sonam Norboo mit seinem großen Charme und seinem gewinnenden Wesen, und er schafft es fast immer. Sonam Norboo glaubt nicht an Schamanen. Sagt er jedenfalls. Im Verhalten aber bezeugt er ihnen einen tiefen Respekt. Und er wird nicht müde, mit glänzenden Augen die unglaublichsten Heilungsgeschichten zu erzählen, die er selbst erlebt oder gehört hat: Er glaubt alle!

Am längsten arbeite ich mit Tsultim Kubet zusammen: Schon bei meiner ersten Feldforschungsreise nach Ladakh im September 1994 taten wir uns zusammen. Tsultim war von seinem sechsten bis zu seinem 16. Lebensjahr Mönch und hat als Mönch und dann an der Universität eine sehr eingehende buddhistische Ausbildung erfahren (HI-33). Er ist in buddhistischen Dingen also sehr bewandert. Für ihn stehen Buddhismus und Schamanismus in keiner Weise im Widerspruch. Er hat einen tiefen Glauben an Schamanen, er hat, wenn wir zusammen zu schamanischen Sitzungen gingen, immer auch ein eigenes Anliegen vorgebracht und den Rat der Schamanen mit gefalteten Händen entgegengenommen. Er hat auch eine Schamanin in der Familie: Seine Tochter wurde durch »Wahnsinn« berufen. Erst im Jahr 2000 durchlitt er eine Krise im Glauben an die Schamanen. Im bewaffneten Kashmir-Konflikt von 1999 war sein 19-jähriger Sohn im Krieg, und er war monatelang vermisst. »Lebt er?«, wollte Tsultim wissen, »lebt er, lebt er?« Die befragten Schamanen sagten: »Er lebt!« Aber er wurde tot aufgefunden. Tsultim hat den Tod seines Sohnes bis zu seinem eigenen Tod im Februar 2001 nicht verwunden. »Die Schamanen sind doch Lügner«, sagte er noch im Dezember 2000 zu mir, während wir zusammen über den schamanischen Gebeten arbeiteten. »Meinst du – alle sind Lügner?«, fragte ich sacht. »Ja«, sagte er grimmig. »Meinst du, Sonam Murup (bei dem wir oft zusammen waren) ist ein Lügner gewesen?« »Nein«, antwortete Tsultim, »er nicht.« »Und Lhapa Thundup aus Sumdo in Changthang, der vom letzten Juni?« »Nein, der auch nicht.«

Die Rinpoches, die höchsten Würdenträger des Tibetischen Buddhismus, sind die angesehensten und einflussreichsten Persönlichkeiten der ladakhischen Gesellschaft. Deshalb ist ihre Rolle und ihre Meinung zu den Schamanen auch von besonderem Gewicht. In einem Forschungsprojekt zusammen mit einem Mitarbeiter haben wir die Schlüsselrolle der ladakhischen Rinpoches im Bereich von Religion und Politik zu eruieren versucht (RÄTHER und RÖSING 2001). Ich zitiere einige Aussagen über die Schamanen aus den Gesprächen mit den Rinpoches und zeige dann noch einmal auf, welche Schlüsselrolle gerade ihnen in deren Berufung zukommt.

Bakula Rinpoche ist der mit Abstand angesehenste Rinpoche Ladakhs. Auch Thiksey Rinpoche hat ein hohes Ansehen. Beide sind auch sehr aktiv in die Politik

Abbildung 27: Schamanin bei der Feuerbehandlung: Die Messerklinge wird über dem Feuer erhitzt und über die Zunge gezogen (Bild links), um dann die schmerzhafte Stelle zu behauchen (Bild unten)

involviert. Es ist enorm schwierig, sie zu treffen und Zeit für Gespräche zugestanden zu bekommen.

Doch bei Bakula Rinpoche (vgl. Abbildung 28, S. 126) hatte ich großes Glück. Er weilte gerade in seinem Wohnsitz in Sankar, direkt hinter dem Sankar-Kloster. Sankar ist ein Dorf vor den Toren von Leh. Für mich ist es das schönste Dorf, das ich in ganz Ladakh kenne. Jeden Morgen, wenn ich in Leh wohne, gehe ich nach Sankar und statte dem Kloster einen kurzen Besuch ab. So erfuhr ich eines Morgens rein zufällig, dass Bakula Rinpoche da sei – und er hatte sogar Zeit für mich. Ich konnte ein langes Gespräch führen (HI-36).

Bakula Rinpoche meint, dass die Schamanen durchaus Sinnvolles tun. Dies beschränke sich jedoch auf weltliche, nicht spirituelle Belange. Früher habe er sich selbstverständlich um sie gekümmert und sich an ihrer Auswahl beteiligt und entschieden, ob es sich um eine *lha*-Besessenheit handle oder nicht. (Sonam Murup berief sich auch in dieser Funktion auf Bakula Rinpoche.) Aber jetzt sei er so lange aus Ladakh weg gewesen (Bakula Rinpoche war Botschafter Indiens in der Mongolei), und deshalb beteilige er sich nicht mehr an ihrer Auswahl. Er lehne es keinesfalls ab, sie zu empfangen und sich um sie zu kümmern, aber sie kommen einfach nicht mehr zu ihm.

Auch Thiksey Rinpoche ist keinesfalls negativ gegenüber Schamanen eingestellt, verweist aber auf den speziellen eingegrenzten Bereich, für den sie zuständig seien (HI-40).[3] Natürlich ständen sie weit unter einem Rinpoche, bei ihnen könne ein Buddhist schließlich keine Zuflucht nehmen. Sie beschäftigten sich nur mit Saugen (Absaugen von Schädlichem, Bösem). »*They are of benefit for temporary aims only in this life, like taking out needles and sucking. They cannot do anything for the next life. They go for temporary (gnas skabs) aims.*« (Sie haben nur für vorübergehende Anliegen im irdischen Leben einen Gewinn, z. B. Nadeln herausholen und -saugen. Für das Leben nach dem Tod können sie überhaupt nichts tun. Sie handeln bei Alltagsproblemen.)

Thiksey Rinpoche bestätigt, dass es heute sehr viel mehr Schamanen-Berufungen gebe als früher. Und was ist der Grund? Thiksey Rinpoche teilt die Meinung vieler anderer Ladakhis (vgl. dazu KRESSING und RÖSING 2001b), die unter anderem das Schicksal Tibets als Grund für die Schamanen-Proliferation anführen. Thiksey Rinpoche sagt: »*Mostly they (the lhas) have come from Tibet because they could not rely on the Chinese.*« (Die meisten *lha* sind aus Tibet gekommen, weil sie sich nicht auf die Chinesen verlassen konnten.)

Ganz ähnlich äußert sich auch Togdan Rinpoche (HI-2):[4] »*One reason (for the increase of oracles in Ladakh) is Tibet, there was the spread of communism, that is why many lha come to us. The communists don't believe in lha.*« (Ein Grund [für den

---

3   Zitiert aus einem Gespräch von H. Räther mit Thiksey Rinpoche am 29. 9. 2000.
4   Zitiert aus einem Gespräch, das H. Räther am 12. 8. 1999 mit Togdan Rinpoche geführt hat.

Zuwachs an Schamanen in Ladakh] ist Tibet, dort fand die Ausbreitung des Kommunismus statt, und deshalb kommen viele *lha* zu uns. Die Kommunisten glauben nicht an die *lha*.)

Was Thiksey und Togdan Rinpoche meinen, ist dies: Im vom kommunistischen China eingenommenen Tibet, in welchem die Ausübung der Religion der Tibeter – Buddhismus und Schamanismus – zunächst unter hoher Strafe stand, fanden die *lha* keinen Leib mehr, den sie hätten in Besitz nehmen können, um aus ihm als *lha* zu sprechen und zu heilen. Also gibt es in Tibet viele frei flottierende *lha*. Ihren *lus gyar* – geliehenen Leib – finden sie nun in Ladakh. Und Chogon Rinpoche fügt hinzu: Ein Zeichen dafür, dass diese *lha* aus Tibet kommen, sei es, dass die Schamanen unter Trance Tibetisch sprächen… (was einige in der Tat tun, vgl. z. B. HH-10, HH-11).

Recht offen zeigt sich Chogon Rinpoche.[5] Zunächst differenziert er und grenzt den Zuständigkeitsbereich der Schamanen ebenso ein wie Thiksey Rinpoche. Um *gnod pa*, Verunreinigung und Unheil, abzusaugen, z. B. solche, welche aus schwarzer Magie resultieren (das könne man nicht mit Medikamenten heilen), und dafür seien sie gut. »*For this if you consult an oracle, it is more useful.*« Auch er selbst habe schon Schamanen konsultiert – ein-, zweimal, sagt er. Einmal sei sein Lehrmeister, sein Rinpoche, sehr krank gewesen, und außerdem seien die *lha* der Schamanen Schutzgottheiten der buddhistischen Doktrin und die Schutzgottheiten seien nützlich (*beneficial*), um die Lehre Buddhas zu praktizieren:

Ein- oder zweimal bin ich hingegangen. Denn diese Orakel sind heilig (…). Für mich selbst, denke ich, brauche ich die Hilfe eines *lha* nicht, wenn ich z. B. auf Reisen gehe. Wenn wir beim Praktizieren der buddhistischen Lehre einen *lha* konsultieren, ist das gut. Das ist von Wert für diese Praxis. Wir hören auf die *lha*, weil sie die Schutzgottheiten der buddhistischen Lehre sind. Diese Orakel sind Beschützer der Lehre, so wie ein Leibwächter. Für die buddhistische Praxis sind sie nützlich. (Übersetzung IR)

Schas Rinpoche[6] ist weniger großzügig in der Anerkennung einer positiven, wenn auch begrenzten Rolle der Schamanen. Es gäbe überhaupt nur ein oder zwei Schamanen, die »echt« seien, die meisten aber schwindelten nur. Und für Schas Rinpoche ist eines der Hauptkriterien für Echtheit offensichtlich die Fähigkeit eines Schamanen, einem Patienten eine Nadel aus dem Leibe abzusaugen (was ich übrigens in mehreren Heilungen beobachtet habe, eine von Sonam Murup HH-10 und eine von Dechen HH-11 – beide Male wurde die Nadel aus dem Leib eines Yak gesaugt).

---

5   Zitiert aus einem Gespräch, das H. Räther am 12. 12. 1999 in Bodh Gaya mit Chogon Rinpoche geführt hat.
6   Zitiert aus einem Gespräch, das H. Räther am 14. 8. 1999 mit Schas Rinpoche geführt hat.

Abbildung 28: Bakula Rinpoche

Abbildung 29: Stakna Rinpoche

Schas Rinpoche meint:

Da gibt es vielleicht einen oder zwei (Schamanen), die echt sind, aber überwiegend glaube ich nicht an deren Tun. Vielleicht sind einer oder zwei gut, aber was den Rest betrifft, denen traue ich überwiegend nicht... Die meisten können ihr Bewusstsein nicht kontrollieren... Viele sind auch Lügner. Selbst wenn etwas nicht existiert oder gar nicht geschieht, werden sie sagen, dass es geschieht... Es gibt heute mehr Schamanen (als früher), weil viele lügen, und die Leute glauben an sie... In Wirklichkeit aber ist es schwirig, Gewinn (aus einer schamanischen Heilung) zu ziehen. Aber manchmal, ihres Glaubens wegen, fühlen sich die Leute, wenn der Schamane was sagt, wie geheilt. Das passiert manchmal ganz unmittelbar. Aber in Wirklichkeit sind da wohl nur ein oder zwei gute Schamanen. Und *sie* sind nützlich. Wenn es solche gibt, dann ist es auch in Ordnung hinzugehen. Es gibt in unserer Zeit Schamanen, die Nadeln herausholen. Das finde ich sehr überraschend. Ob sie das wirklich tun oder ob einige von ihnen falsch sind – jedenfalls wenn sie es wirklich tun, dann finde ich, ist das eindrucksvoll. Das sind wirkliche Schamanen, ein oder zwei von ihnen. (Übersetzung von IR)

Am ausführlichsten konnte ich mich mit Stakna Rinpoche (vgl. Abbildung 29, S. 127) über Schamanen unterhalten (HI-21). Er ist von allen ladakhischen Rinpoches auch der wichtigste für die Schamanen. Er ist der einzige Rinpoche Ladakhs, der wirklich vor Ort wohnt und kontinuierlich für die Belange der Bevölkerung da ist. Und zu diesen Belangen gehört es auch, sich um die Menschen zu kümmern, die zu ihm gebracht werden, weil sie »verrückt« sind und weil der Verdacht besteht, ihre »Verrücktheit« könne Ausdruck eines *lha/de*-Kampfes sein, der Berufenheit zum Schamanen.

Aus allen Gegenden Ladakhs kommen diese »Fälle« zu ihm – und Stakna Rinpoche schätzt (allerdings mit erheblicher Unsicherheit), dass es in zwei bis drei Jahren etwa 60 Schamanen-Kandidaten gewesen sein könnten, von denen er doch immerhin etwa 40 als »echt« anerkannt habe. Die echten wie die »normal verrückten« (*just a madman*) werden dann von ihm zu den gestandenen Schamanen geschickt, die Ersteren zur Ausbildung und zwecks Trennung von *lha* und *de*, und die Letzteren als Patienten, damit die Schamanen das »Verrücktsein« heilen.

Wie findet Stakna Rinpoche heraus, ob jemand ein *lha*-Besessener ist oder ein *simple madman,* wie er sich ausdrückt? Dafür konsultiert er spezielle Bücher mit Sutras: Aus diesen Büchern erfahre er dies (in einer Art Divination). Handelt es sich um einen *lha*, dann gebe er die schriftliche Bestätigung, und von da an übernimmt ein ausgewiesener Schamane die Ausbildung.

Doch entlässt der Rinpoche diese Kandidaten nicht ganz. Immer wieder müssen sie auch zu ihm kommen, denn als Schamanen müssen sie viele buddhistische Übungen machen und reinen Geistes werden. Wenn sie diese Art Geistestraining nicht auch auf sich nehmen, würden sie nur zurückfallen zu *de*, zum *simple madman*.

Auch Stakna Rinpoche bestätigt, dass es eine eindrucksvolle Proliferation der Schamanenberufung gebe. Und seine Erklärung ist an erster Stelle eine gesellschaftskritische Diagnose: Es gebe heute eine Menge Fortschritt, das Leben werde komplizierter, es gebe mehr Wohlstand, mehr Reichtum. Das mache die Menschen in ihrem Inneren unruhig, und es schüre Begierde und Neid. Früher seien die Menschen eher »unschuldig« gewesen, einfach und hilfsbereit. Heute sei man nicht mehr hilfsbereit, heute schaue jeder auf sich selbst, heute gebe es eine Menge Konkurrenz. *»The devil is coming more and more«*. Und deshalb seien die Menschen heute auch so krank. Und genau dafür brauche man die Schamanen – entfernen sie doch das Gift aus den Menschen.

Daneben spiele, so meint Stakna Rinpoche, auch die öffentliche Meinung, die Publizität, eine ganz erhebliche Rolle bei der Proliferation von Schamanismus. Eines Tages, so erzählt er, sei ein berühmter Yogi nach Ladakh gekommen und habe öffentlich erklärt, dass alle Schamanen Scharlatane seien und man keine Scharlatane brauche. Daraufhin sei die Zahl der Jung-Schamanen zunächst einmal zurückgegangen... (und die Schamanen gingen auf die Straße und demonstrierten; HI-24).

Nein, er selbst gehe gewiss nicht zu einem Schamanen, jedenfalls zu keinem Dorf-Schamanen, das sei nicht nötig. Er konsultiere aber ganz gewiss den Kloster-Schamanen, das Orakel des Mato-Klosters, und frage diesen, ob dieses oder jenes Projekt gut sei. Da gehe es nicht um das Aussaugen (Kloster-Orakel saugen nie aus, sie weissagen nur), sondern es gehe darum, etwas zu *wissen*. Er habe nichts dagegen, fügt Stakna Rinpoche hinzu, wenn ein Mönch auch zu einem Dorf-Schamanen gehe, wenn alle anderen ärztlichen Möglichkeiten nicht geholfen haben und erschöpft sind.

Es ist keine Frage, dass für Stakna Rinpoche der Schamanismus ein ganz reales und genuines Phänomen ist. Für ihn ist die Trance die Präsenz eines *lha*, die Übernahme eines menschlichen Leibes durch eine Gottheit. Unter Trance spricht ein *lha* aus dem Schamanen. Wenn ein *lha* spricht, erinnert es der Leib nicht. Tiefe Trance gehe mit Amnesie unweigerlich einher, versichert Stakna Rinpoche.

Fasst man diese Hinweise, Aussagen und Meinungen zur Einschätzung der Schamanen zusammen, so bemerkt man eine Menge Ambivalenz. Auf der einen Seite hört man unter den städtischen und mehr gebildeten, in die Verdienstmöglichkeiten von Tourismus, indischer Armee und *pashmina*-Handel einbezogenen Ladakhis meist die Meinung, dass Schamanismus unmodern und irrational sei, man bekennt sich laut zum Nicht-Glauben (KRESSING und RÖSING 2001b). Dass gerade auch diese Nicht-Gläubigen im Notfall einen Schamanen konsultieren, dafür allerdings gibt es auch eine Vielzahl von Belegen.

Festzuhalten ist, dass der buddhistische Klerus nicht etwa einen Widerspruch sieht zwischen schamanischer Praxis und buddhistischem Glauben, sondern dem Schamanismus durchaus seinen Ort und seine Berechtigung zuweist, auch wenn viele den Bereich der Zuständigkeit sehr eng ziehen und den Kreis der »echten« Schamanen erst recht. Festzuhalten bleibt auch, dass derjenige buddhistische Würdenträger Ladakhs, welcher heute die wichtigste Rolle als Schlüsselfigur der Berufung spielt – Stakna Rinpoche – insgesamt naheliegenderweise sehr positiv urteilt.

Was aber weder er noch irgendein anderer Rinpoche noch irgendeiner all der sich zutiefst zum Buddhismus bekennenden Ladakhis je ausgesprochen hat, ist eine ganz andere Tatsache: dass die Schamanen sehr wesentlich zur *Stärkung* des Buddhismus beitragen. Ich habe dies an ihrer Heilungspraxis für die »Frakturen der Liebe« aufgezeigt (RÖSING 2002), und wir werden es auch feststellen, wenn wir in den nächsten Kapiteln die Schamanen im fernen Changthang besuchen.

KAPITEL 4

Das Rätsel von Trance und Amnesie

> **Übersicht:**
>
> 1. Die Schamanen-Trance: Die eigene und die fremde Sicht (132)
> 2. Innensicht I: *Lha*-Zustand und Amnesie   (134)
> 3. Innensicht II: *Spar kha*, die spirituelle Kraft (140)
> 4. Außensicht I: Trance als Theater (142)
> 5. Außensicht II: Amnesie als Abwehrstrategie (145)
> 6. Das Paradox der Amnesie und der Weg nach Changthang (151)

1. DIE SCHAMANEN-TRANCE: DIE EIGENE UND DIE FREMDE SICHT

Im September 1994 nahm ich zum ersten Mal an der Heilungs-Séance eines ladakhischen Schamanen teil – mit Tonband, Fotoapparat und Notizblock, wie es sich für einen ethnologischen Forscher gehört. Ich war von dieser ersten Erfahrung mit Schamanen aus dem tibetischen Kulturkreis tief beeindruckt. Ich war vor allem beeindruckt von der Dramatik der Trance. Welches unglaubliche Schauspiel, dachte ich, und dabei war mir natürlich des Doppelsinnes des Wortes »Schauspiel« bewusst.

Die Trance der Schamanen ist – so haben wir definiert – ein veränderter Bewusstseinszustand, in welchen der Schamane durch stetiges Trommeln, Rasseln und Singen eintaucht, um dann mit veränderter Eingebung, Handlung und Stimme zu heilen. Doch Trance als Zustand veränderten Bewusstseins zu bezeichnen, ist »westliche« Diktion. Es ist Sprache, Deutung und Verständnis der Wissenschaft. Es ist vom Standpunkt des Schamanen aus die *fremde* Sicht. Es ist ein Konzept, mit welchem wir aus unserem eigenkulturellen Denken heraus jenes uns fremde Bewusstsein und Handeln belegen.

Für die Schamanen des tibetischen Kulturkreises ist Trance, wie dargelegt, nicht nur etwas ganz anderes, sondern auch etwas viel umfassenderes. Nach ihrer *eigenen* Sicht ist Trance nicht einfach verändertes Bewusstsein. Es ist vielmehr zunächst einmal der vollständige Verlust des vertrauten alltäglichen Bewusstseins. Zurück bleibt nur der Körper, eine Hülle. Und Trance ist zweitens das Besetztwerden von einer Gottheit. Die Gottheit dringt in diesen »geräumten« Leib ein.

Es leiht also der Schamane der Gottheit seinen Leib, damit wird er zu dieser Gottheit, er heilt als diese Gottheit, er spricht mit der Eingebung und Weisheit und dem Wissen dieser Gottheit, er handelt mit der Macht der Gottheit und spricht mit ihrer Stimme.

Entsprechend sind auch die Ausdrücke, mit denen in Ladakhi dieses »veränderte Bewusstsein«, die »Trance«, umschrieben wird:

TRANCE IN DER SPRACHE DER SCHAMANEN

ལྷ་སྣང་ང་

lha nang nga
innerhalb *lha* (sein)

ལྷ་སྐྱོད་དེ

lha skyod de
das *lha*-Gekommensein

ལྷ་སྐྱོད་ཚར་འདུག

lha skyod tshar duk
das abgeschlossene, sichtbare *lha*-Gekommensein

ལྷ་གནུག་ཆེས

lha zhuk ches
lha-Verweilung, *lha*-Verfassung

Wenn der Schamane aus diesem *lha*-Zustand wieder auftaucht, wenn die *lha*-Gottheit wieder aus seinem Leibe weicht und er wieder sein eigenes Bewusstsein beherbergt, dann liegt – so jedenfalls versichern es ausnahmslos alle Schamanen – eine dichte, ja hermetische Schicht der Amnesie über all diesem *lha*-Geschehen. Der Schamane erinnert sich nicht mehr an die Handlungen, an die Worte – und ich kann nicht sagen, »seine« Handlungen, »seine« Worte, denn es sind nicht *seine*, sondern die des *lha*. Er erinnert sich auch nicht an die Patienten, nicht an den Heilungskontext, nicht an Störungen, Unterbrechungen oder sonstige Parallelereignisse. Mit dem Entweichen des *lha* (mit der Rückkehr in das Alltagsbewusstsein) verlöscht alle Erinnerung.

Ich möchte im Folgenden zunächst die Schamanen selbst zu Wort kommen lassen, d. h. ihre *Innensicht* dokumentieren: Was *sie* unter Trance verstehen, wie sie in die Trance eintauchen, wie man sich unter Trance fühlt, was nach der Trance ist und wie sie die Amnesie erklären. Ich werde dabei »Trance« weiter als Kurzbegriff verwenden, gemeint ist stets die »*lha*-Verfassung«.

2. INNENSICHT I: LHA-ZUSTAND UND AMNESIE

Es ist für einen Schamanen nicht leicht, den Eintritt in die Trance zu beschreiben oder das Trance-Bewusstsein zu schildern. Eine Schamanin versuchte es so zu umschreiben (HI-10):

དགའ་ས་དཔེ་ཞིག་གོ་ནང་ནེ་ང་ན་ཡིན་ནོག་ཡ། ད་ང་ན་ཚོག་པོ་ང་མ་ནེ་
སྒོག་པོ་སྒོག་པོ་ཡོད་དེ་ཡིན་ནོག་པ་ཡ། ད་མདང་ནེ་ལྷ་སྒྱུང་དེ་དུས་པའི་ག

སྒོག་པོ་སྒོག་པོ་འཁྱེར་བྱེས་པོ། ག་ཙོན་ཆེད་ང་ན་པ་ཏ་མེད་ཀྱུག་པ་ཅེ་པ་ད།
དེ་ནེ་ཡང་ན་བོ་གཞུག་མེ་ཡོང་ང་ཚོག་པོ་གཞུགས་པ་སང་ཁོང་ག་ནེ་ཅེ་ཟེར་
རང་ང་དང་ང་ཅེ་པ་ད། དེ་ནེ་རང་དང་གཞན་ཤེས་ས་མ་ནོག ལྷ་སྒྱུད་ཟ་ནེ་ཅེ་
ཟེར་རང་དགོན་མཚོག་འེ་བོ་མོལ་བཞིན་ཡོད་པིན།

དགའ་ས་ང་ལག་པ་བྱུབ་འཁྲུབ་ཅེག་ན་ང་དང་ང་ཅེ་པ་ཏ་པ་ཏ་ཡོད་མེད་པ་
ཡིན་ནོག་ཡ། ཁ་བ་ཨལ་ལ་བ་ཨལ་དེ་ནེ་ཅེ་བཙོས་ཅེ་མ་བཙོས་མི་སྱུ་ཡོངས་
སྱུ་མ་ཡོངས་ཅང་པ་ཏ་མེད་ཀྱུག ཁོ་ཁོ་རང་ང་ཅེ་ཕིན་ཁོན་ཅེ་མ་ཕིན་ང་
རང་དང་ང་རང་ང་ཅེ་ཟེར་དེ་ནེ་པ་ཏ་ཡོང་ང་མེ་རག་ལེ།

ཅེ་སླབས་ཁོང་གན་ན་དེ་ཅེ་བདངས་ཡང་ཞིག་ག་ཅེ་སླབས་གན་བོ་ང་པ་ཏ་
མེད་ཀྱུག དེ་བོ་ཁོ་རང་ལྷ་ནང་ཅེ་ཟེར་ནའང་།

སྱུན་འདྲེན་བས་འདྲེན་མི་བཙོག་བཙོ་བཙོས་དེ་མ་ནེ་སྒྱོང་ད་མ་ནོག མ་ནེ་
སྱུང་ང་ཕྱིང་དེ་ཡང་སེམས་པ་བོ་གཞན་མི་སེམས་པ་ཚོག ཞིག་ལུས་ས་ནོག

དེ་ཆེན་མོ་གན་ཡོངས་མེ་ཞེན་འདུག་ཅེན་ད་ཡིག་ཡིག་བཙོན་ལ་མ་ནེ་ང་རང་
དང་ང་རང་གདོང་ཆེན་མོ་མིག་རིག་རིག་བཙོ་གན་ཞིག་ཡང་སེམས་པ་བོ་
གནན་མའི་སེམས་པ་ཚིག་ཞིག་ལུས་ས་རག

དེ་ནེ་ཡང་ལྟུ་ཆབ་ལྟུ་ཀྱུལ་ལ་ཅིག་དང་ནེ་ང་དང་དེ་གཟུགས་པོ་ངལ་གན་ཞིག་
ཚིག་ཞིག་བཞིད་གསད་གན་ཞིག་ཚིག་ཞིག་ནི།

Übersetzung:

Im Augenblick sitzen wir hier zusammen, nicht wahr – und während wir hier so zusammensitzen, haben wir alle die gleiche »Seele« (srok po). Die Seele ist in uns, nicht wahr? Aber gestern, als ich im lha-Zustand (lha skyod de) war, da wird (mir) die Seele rausgenommen. Ich habe keine Ahnung, wo die hingeht. Und dann kommt (etwas anderes, der lha) rein, irgendwas dringt ein, wir wissen nicht, was (der lha) sagt, wir wissen es nicht. Im lha-Zustand können wir bekannte und unbekannte Leute nicht voneinander unterscheiden. Was sagen wir unter lha-Verfassung? (Wir sagen gar nichts), es ist die Gottheit, die (aus uns) spricht.

Wenn ich (in Vorbereitung der Séance) meine Hände wasche – weiß ich nichts mehr. Ich weiß gar nichts. So ist das. Wenn ich den Mund ausgespült habe, dann weiß ich nicht mehr, was ich tue und was ich nicht tue, welche Leute kommen, wer nicht, das weiß ich nicht. Was er (der lha) herausholt (heraussaugt) und nicht heraussaugt, was gesagt wird, das kann ich nicht sagen.

Auch was ich lehre, was ich in der Ausbildung vermittle, das weiß ich dann danach nicht mehr. Was immer der lha sagt, wenn er in mir ist, das weiß ich nicht.

(Es ist nicht leicht, in den lha-Zustand zu gehen). Man muss viele Einladungsgebete sprechen, ohne das kommt es nicht. Ohne das gibt es keinen stabilen (lha-Zustand) und das Bewusstsein (sem pa) bleibt wie das Bewusstsein anderer (normaler) Menschen.

Wenn ich sitze und (lha) kommt groß und mächtig über mich, dann beginnt man zu zittern, und das Gesichtsfeld wird riesengroß, und die Augen rollen nach oben, so ist das Gefühl. Und mein Bewusstsein ist so wie das eines anderen (Geschöpfes) in meinem Leib.

Und wenn wir aus der lha-Verfassung herauskommen, dann fühlt sich der Körper ganz erschöpft an, es fühlt sich an, als wenn wir aus einem tiefen Schlaf kommen.

Eine andere Schamanin versucht, den lha-Zustand vom Traum zu unterscheiden (HI-18):

ང་ཅི་ལུས་པོ་ཡང་ཞིག་ག་བཏང་དང་སེ་ཡིན་ནོག་པ། ད་ཁོ་བཏང་དང་པ་ཡང་ཞིག་གོ་སེམས་པོ་གཞནས་ཏེ་ང་ཅི་སེམས་པོའི་ག་དོ་ཞིག་ག་འདུག་གད་ཡིན་འདུག་གད་ཀུག་ལ་ཨོ། ད་འོན་རྟོན་ཞིག་གོ་གཏིད་ལམ་ཞིག་ཚོག་ཞིག་མཐོང་བྱེས། མཐོང་ན་ཡིན་དུ་ཡོད་དེ་ཡིན་ནོག་པ། ད་ན་ལྷ་སྐྱོད་དེ་དུས་རིག་

ག་དེ་བོནང་ཡིད་དུ་མེད་པ་ཡིན་ནོག པད་སེམས་ཉིད་པོནང་ག་ཏུ་འཁོར་རང་འཁོར་ས་མ་ནི་མེད་ཀུག་པ་ཁོ་པ་ད་མེད་མ་ནི་མ་ཚ་ཡིན་ནོག་སྲང་། སེམས་ཉིད་པོ་ད་རང་དེ་སེམས་པ་ཡིན་ནོག་པ་ཡ། ལྷ་སྐྱོད་པའི་དུས་ལ་རང་དེ་སེམས་པའང་པ་ཏུ་མེད་པ་ཡིན་ནོག་པ་ད། རང་དེ་སེམས་པ་རང་དེ་བསྒྲུ་མ་ཐུབ་བ་ཡིན་ནོག

Übersetzung:

Unser Körper wird an jemand anderen gegeben. Ein anderes Bewusstsein (sem pa) dringt in uns ein und unser Bewusstsein ist irgendwo anders. Wir sehen (z.B.) einen Stein im Traum, und wenn man einen Traum hat, erinnert man sich. Aber wenn man im lha-Zustand (lha skyod de) ist, dann gibt es kein Erinnern. Keiner weiß, wo der eigene Geist (sem nyid) umherspaziert. Der Geist (sem nyid) ist, was wir auch Bewusstsein (sem pa) nennen. Unter dem lha-Zustand kennen wir unser (Alltags-) Bewusstsein (sem pa) nicht. Wir haben keine Macht über unser Bewusstsein.

Auch eine andere Schamanin (H-14) erläutert den *lha*-Zustand mit dem Vergleich von Traum – und zwar auch, um gerade den Unterschied hervorzuheben. Sie nennt ebenfalls »Signale«, welche bei ihr den *lha*-Zustand auslösen: die vorbereitenden Handlungen, welche ein jeder ladakhische Schamane vor der Séance vollzieht (Händewaschen, Opfergaben bereiten usw.), sowie den Duft des Weihrauchs:

Es beginne normalerweise, so sagt sie, wenn sie sich vor der Séance die Hände wasche. Dann fange »es« an zu kommen. Sie gehe dann rein in den Raum und fange an, die Opfergaben (*nyer chot*) zu bereiten, die sieben Schälchen mit Tee und mit Wasser, mit Gerstenkörnern und mit *tsam pa*-Mehl. Und dann komme »es«, und dann sei da der Weihrauch (*shuk pa*), und danach könne sie sich an nichts mehr erinnern. Dann gibt es kein Bewusstsein mehr (*sem nyid*) und keine Erinnerung. Sie wisse nicht, wo sie sei und was sie sei und wie sie sei. Wenn man schlafe, habe man auch kein Bewusstsein, das sei weggegangen. Träume kommen auf einen zu. Man wisse nicht, ob sie wahr oder nicht wahr seien. Wenn man in den *lha*-Zustand (*lha zhuks*) komme, sei auch kein Bewusstsein da. Der Körper sei da, das Bewusstsein aber sei weggegangen. *Lha* ist da. Was *lha* sehe, sei wahr. *Lha* sehe keine Träume. *Lha* »sehe« die Probleme der Patienten. *Lha* handle an ihrer Stelle. Sie wisse nichts. Es gebe keine Erinnerung (*yid du lus sa ma nok*).

Ähnlich die Schamanin Dechen, deren Werdegang wir schon kennen gelernt haben (HI-16): Schon wenn sie sich zu Beginn die Hände wasche, dann sei es so, als sei alles nicht ganz normal, manchmal auch etwas später, beim Bereiten der Opfergaben. In der Verfassung sehe sie keine Menschen mehr, sie wisse nicht, was um sie vor sich gehe, wer rein- und rausgehe, wer da sei, was gesagt werde. Sie sei ohne Bewusstsein (*sem nyid*). Der Körper werde unheimlich schwer, der Körper weite sich aus und immer weiter aus. Sie leihe ihren Körper aus. *Lha* sei wie Luft und könne überall eindringen. Sie habe ihren Körper dem *lha* zur Verfügung gestellt, und der *lha* dringe ein in sie wie Luft.

Wie es bei anderen Schamanen das Händewaschen ist oder die Bereitung der Opferschalen, so ist es bei Sonam Murup (HI-11) das Entzünden der Butterlämpchen, was ihn in die Trance, den *lha*-Zustand, katapultiert. Dabei entweiche etwas aus seinem Leib, es gehe etwas verloren. Er nennt es bald »Herz« (*snying*) und bald »Bewusstsein« (*sem pa*). Und dann ist nur noch der *lha* da (einer seiner wichtigsten *lha* heißt Nezar Gyalpo). Und von dem Augenblick an spreche und handle nicht *er*, Sonam Murup, mit seinem Alltagsherzen und seinem Alltagsbewusstsein – das sei verloren –, sondern es handle und spreche nur noch Nezar Gyalpo.

Fragen der Art: »Du hast doch der Patientin in der Heilungs-Séance ein Bündel gegeben?« oder: »Du hast ihr doch die schwarze Magie (*jadu*) vom Leibe abgesaugt?«, werden dann sinnlos. Sonam Murup kann nur immer wieder sagen: »Ich habe keine Bündel gegeben. Ich habe nichts abgesaugt. Es ist der *lha*. Alles, was getan und gesagt wird, sagt und tut der *lha*«:

མཆོད་མེ་ཕུལ་ལ་ཅིག་པད་ལྷ་སྐྱོད་གག། དེ་ནི་ང་དང་དེ་སྙིང་དེ་སྟོར་ར་ནོག
མི་སེམས་པོ་......དེ་ནི་སེམས་པོ་སྟོར་ར་ནོག མ་ནེ་དེ་ཚུག་པ་ཁོ་ཚོས་སྐྱོད་
ཡིན་ནོག དེ་ནི་སྙིང་ཡོད་པ་ཡང་ལྷ་ཅབ་ག་ཡོལ་ལ་ཅིག་ཡང་ཁོང་རང་དེ་
སྙིང་ཅབ་དེ་ནང་ང་ཡོང་ང་ནོག དེ་ནི་ཁོ་རང་སུང་མ་དེ་ཁོ་རང་གཞུགས་སྐྱད་
གག་པ་སྙིང་དེ་ནང་ང་ཅབ་ཁོག ངའི་སུང་མ་རྒྱལ་པོ་པེ་གར་ནེ་ཇེར་རྒྱལ་པོ།
དེ་ལུ་མེ་གཏང་ག་ནག ངའི་མ་གཏང་ག་ནག་ཇ་དུ་ཕིན་གག། ང་ག་ནི་ཤན་ནེན་
ལུ་མེ་བཅའ་ནོག ཅི་ཆང་མ།

Übersetzung:

Wenn ich die Butterlämpchen anzünde, dann kommt *lha*. Mein Herz (*snying*), mein Bewusstsein (*sem*) geht verloren. Das Bewusstsein geht uns vollständig verloren. Und dann wird man von einem *lha* besetzt. Wenn auf diese Weise das Herz weicht, dann ist nur noch der *lha* da, dann haust nur noch der *sung ma* (*lha*) in einem. Mein *sung ma* heißt Gyalpo Pegar und Nezar Gyalpo. (Ich habe ein Bündel gegeben? Nein.) Das wurde vom *lha* gegeben. Ich gebe nichts. Jadu ist herausgeholt worden? Aber ich kann das nicht tun. Was immer es ist, es ist der *lha*, der das tut.

Sonam Murup erklärt auch die von allen Schamanen behauptete tiefe Amnesie nach der Trance. Auch er greift dabei als Vergleich auf das Traumbewusstsein zurück, hier, um die *Gleichheit* zu verdeutlichen. Das Schlafbewusstsein, welches einen dann erinnerten Traum produziert (vgl. die beiden Zitate oben), dient nicht zum Verständnis des *lha*-Zustandes – wohl aber das Schlafbewusstsein, das einen nicht erinnerten Traum hervorbrachte:

མཚན་ལ་སེམས་ཉིད་པོ་སྟོར་ར་རོག། ང་དང་དེ་མཚན་ལ་གཉིད་ལམ་མཐོང་
ང་ཙོག་ལ་འི་མཚན་ལ་གཉིད་ཡོང་ང་མེ་རག་ག། དེ་གཉིད་དེ་ང་དང་དེ་གཉིད་
དེ་པད་གསད་མེད་སྟོར་སོང་སྟེ་ཡིན་རག་པ་ང་དང་དེ་ཡང་གཉིད་སད་ད་ཚིག
གཉིད་སད་ད་ཚིག་སེམས་ཉིད་དེ་ཡང་ལོག་སྟེ་ཡོང་ང་རོག།

Übersetzung:

In der Nacht ist das Bewusstsein verloren. Wenn wir nachts im Schlaf einen Traum haben, zum Beispiel, man schläft in der Nacht und wenn der Schlaf sehr tief ist und man wacht daraus auf, dann ist (der Traum) definitiv für uns verloren. Und nach dem Schlaf, wenn man aus dem Schlaf aufwacht, dann kommt das Bewusstsein wieder zurück (ohne Erinnerung an den Traum).

Und so sei es eben auch in der Trance. Wenn man aus der Trance aufwache – ergänzend kann man in Analogie zur obigen Passage sagen – und wenn die Trance tief war, dann gibt es kein Erinnern (*yid du ma nok*). Dies »es gibt kein Erinnern« ist wie ein *Refrain* in den Berichten aller Schamanen:

དེ་སེམས་གཉིད་སད་དེ་མེད་ག་ནོག་ཡིད་དུ་ཡོང་ང་མ་རོག། དེ་ཡིད་དུ་ཡོང་
བྱེ་མེན། ཡོང་བྱེན་དེ་ནེ་འཚོག ཡིད་དུ་ཡོང་བྱེ་མེ་རག། དེ་བོ་ཡིད་དུ་ཡོང་
ང་མ་རོག།

Übersetzung:

Wenn das Bewusstsein abgeschnitten ist, gibt es kein Erinnern.
Es gibt dann keinerlei Erinnerung. Wenn ich Erinnerung hätte, wie könnte ich (dann geheilt haben)?
Erinnerung kommt einem nicht.
Es gibt dann kein Erinnern.

3. INNENSICHT II: SPAR KHA, DIE SPIRITUELLE KRAFT

Eines Tages spreche ich mit Sonam Murup (HI-8) von der Rolle des Weihrauchs in der schamanischen Séance. Für ihn ist der Weihrauch (*shuk pa*) auch ein ganz wesentlicher Auslöser des *lha*-Zustandes. Sobald er den Weihrauch einatme, komme der *lha*. Ohne Weihrauch sei *lha* unvorstellbar. An dieser Stelle frage ich nach: »Wir alle, die wir an einer Séance teilnehmen, atmen doch den Weihrauch auch ein. Warum fallen wir dann nicht auch alle in Trance?«

Dies führt Sonam Murup zu einem ganz wichtigen Thema. Der *lha*-Zustand hat mehr Voraussetzungen als Händewaschen, Opfergaben bereiten, Butterlämpchen anzünden, Weihrauch einatmen – oder was immer als Auslöser dieses Zustandes sonst erwähnt wird.[1]

Was auch dazu gehöre, sei *spar kha*, die spirituelle Kraft. »Ah ja, der Schamane muss ein hohes *spar kha* haben, nicht wahr?«, meinte ich sofort antizipieren zu können. »Nein«, sagt Sonam Murup, »sein *spar kha* muss niedrig sein – und das ist sogar eine Voraussetzung für *lha*":

གཞུག་བྱེ་དེ་སྤར་ཁ་མེད་མཁན་ལ་གཞུགས་ས་ཐོག

Der *lha*-Zustand ist nur möglich bei niedrigem *spar kha*.

Dies ist nun ein Punkt, den wirklich jeder Schamane, jeder Nicht-Schamane und jeder Rinpoche in Ladakh bestätigt: Schamanen haben ein chronisch niedriges *spar kha*. Das zeige schon das »Verrücktsein«, das am Ausgangspunkt stehe, so erklärt Sonam Murup, er habe doch geschildert, wie verrückt er sich aufgeführt habe (vgl. seinen Bericht in Kapitel 3). Nur wenn das *spar kha* niedrig sei, könne eine andere Wesenheit, ein *lha*, den Schamanen besetzen.

Manche Menschen, besonders die Rinpoches, haben ein sehr hohes *spar kha*. *Spar kha* kann auch schwanken – in Abhängigkeit von Sorge und Kummer, von Krankheit und schwarzer Magie, von Gebet, religiöser Praxis und rituellem Tun (vor allem vom Anbringen von *lung sta*, Gebetsfahnen).

Am besten kann man *spar kha* verstehen, wenn man es sich in Analogie zu einer psycho-immunologischen Verfassung vorstellt. Einem psychisch starken Menschen, dessen psycho-immunologische Verfassung gut ist, kann Unbill und Krankheit weniger anhaben. Diese psycho-somatischen Konzepte sind uns längst

---

[1] Es ist bemerkenswert, dass diejenigen Momente, welche die Wissenschaftler als Auslöser der Trance zu definieren sich bemühen – Hyperventilation, Trance durch die Monotonie von Trommel und Gesang usw. – niemals von den Schamanen erwähnt werden.

vertraut. In analogem Sinne ist *spar kha* als psycho-immunologisches Konzept zu verstehen:

Wenn man Probleme hat, so lehrt Sonam Murup, wenn man Sorgen wälzt, grübelt und zweifelt, dann sinkt das *spar kha* ab. Man wird leichter krank. Auch kann man leichter verhext und leichter von fremden Geistern besetzt werden; wenn einer mit schwarzer Magie gegen einen Menschen mit niedrigem *spar kha* arbeite, werde die schwarze Magie besser greifen, dieser geschwächte Mensch sei leichter zu »vergiften«.

Auch *ti mo* und *ti po* können nur über ihn kommen, wenn *spar kha* niedrig ist. *Ti mo* ist der böse Geist einer eifersüchtigen Frau, *ti po* der böse Geist eines eifersüchtigen Mannes. Diese Geistwesen werden ausgesandt von Menschen, die ein ganz hohes *spar kha* haben. Die Geistwesen dringen in das Opfer ein, geben ihnen fremde Motivationen ein und reden ihnen dann mit deren Stimme etwas vor – z.B.: »Spring jetzt vom Dach, du sollst jetzt vom Dach springen!« Und das Opfer der Eifersucht sagt in eigener Stimme: »Ich springe jetzt vom Dach!« (Und das Opfer tue es auch, wenn man es nicht hindere.) – Dies ist ein Beispiel, das mein Mitarbeiter Sonam Norboo nicht müde wird zu erzählen: Er hat es selbst erlebt, und fast wäre die Frau vom Dach gesprungen… Einem *spar kha*-starken Menschen könnten *ti mo* und *ti po* dagegen nichts anhaben.

Es ist ladakhisches Alltags- und Allgemeinwissen, dass Schamanen ein chronisch niedriges *spar kha* haben. Aber bringt das (so frage ich Sonam Murup) den Schamanen nicht in eine ganz paradoxe und gefährliche Situation, wenn er einen Fall von *ti mo/ti po* zu heilen hat? Schließlich sind *ti mo/ti po*-Erkrankungen sehr häufig und die Leute kommen zum Schamanen, um davon geheilt zu werden. Wie ringt dann der Schamane mit seinem schwachen *spar kha* mit dem starken *spar kha* des *ti mo*-Geistes? Diese Frage an Sonam Murup zeigte nur, dass ich seine Erläuterungen zur Trance noch immer nicht verstanden hatte. Aber Sonam Murup war geduldig und erklärte zum wiederholten Mal: »Nicht *ich* bin es, der mit *ti mo* ringt, es ist der *lha*!«

Aber auch für den *lha*, so versichert Sonam Murup, sei dieser Kampf nicht leicht. *Ti mo/ti po* seien sehr stark. Das Opfer müsse gepeitscht werden, man müsse es am Mittelfinger und an den Haaren zerren, damit *ti mo* den Namen des »Senders« preisgibt. Erst wenn man den Namen kenne, könne man auch heilen. Der Name müsse mit Blut auf ein Papier geschrieben werden, das Papier müsse man in eine kleine anthropomorphe Figur (aus Lehm oder Teig) einkneten, und diese Figur müsse dann verbrannt werden. Und wenn sie verbrannt werde, dann werde jenes Papier zu Fleisch… So lehrt es Sonam Murup. Eine *ti mo*-Heilung ist eine ziemlich gewalttätige Heilung, wie ich selbst erleben konnte (HH-13); es war qualvoll anzusehen, wie die Patientin von Sonam Murup geprügelt und gepeitscht und hin- und hergezerrt wurde, bis sich aus der Tiefe ihrer Gequältheit der Name eines »Schuldigen« löste… In dem Augenblick ließ er von ihr ab.

Das *spar kha* des Schamanen ist also niedrig. Aber noch in einer zweiten Hinsicht hat *spar kha* viel mit dem tibetisch-ladakhischen Schamanismus zu tun. *Spar kha* ist der eigentliche Fokus der Heilung: Es wird immer auch oder ganz wesentlich darum gehen, die spirituelle Kraft des Patienten zu stärken (die psycho-immunologische Schwelle zu heben) – und die spirituelle Macht der Feinde und Feindeskräfte zu senken (RÖSING 2002).

Weihrauch- und Diamantzepter-Weihungen des Patienten, Gebete und Mantras, die Verordnung religiöser Übungen und das Aufstellen von *lung sta* (Gebetsfahnen) auf dem Dach des Hauses oder höher auf einem Berg – all dies dient dem Schamanen (ebenso übrigens wie dem Rinpoche) als Mittel der Stärkung von *spar kha* des Patienten.

Ein hohes *spar kha* zu haben, ist also eine unbedingt wünschenswerte Verfassung. Und das chronisch niedrige *spar kha* der Schamanen ist nicht einfach ein »Merkmal«, welches sie auszeichnet, es ist die unweigerliche Bedingung und Voraussetzung des Schamanenseins. Dies ist auch einer der Gründe für den durchaus ambivalenten Status, den Schamanen haben. Wer sie herabsetzen möchte, verweist als Erstes auf ihr schwaches *spar kha*.

Die andere Seite dieses ambivalenten Status ist jedoch das ladakhische Allgemeinwissen, dass jeder Schamane unweigerlich von einem Rinpoche bestätigt sein muss und dessen Auflagen einer intensiven buddhistischen religiösen Praxis zu folgen hat. Schamanen sind immer ganz besonders »fromme«, d. h. fleißig praktizierende Buddhisten. Sonam Murup, der anerkannteste Schamane Zentral-Ladakhs, nennt deshalb neben dem niedrigen *spar kha* noch eine weitere Voraussetzung des Schamanenseins: Man müsse ein Mensch reinen Herzens sein; er spreche von jener Art der Reinheit des Herzens, welche man durch Gebete, Niederwerfungen und Pilgerfahrten gewinne. Wenn man das alles getan habe, werde man ein guter Mensch. Dann kommen auch die *lha*. Wenn man ein schlechter Mensch sei – wie sollte da ein *lha* zu einem kommen? (*Mi sok po cho at te zhuk cho na – ka ne yong ngen ko?* HI-23, S. 42). Nur wenn Menschen rein seien (*gtsang ma*), dann könnten sie auch in tiefe Trance gehen (*ur po skyod ches*).

4. AUSSENSICHT I: TRANCE ALS THEATER

Viele Schamanen haben mich von ihrer Persönlichkeit her beeindruckt – allen voran Sonam Murup, dessen Herzlichkeit, Offenheit und Humor mir unübertrefflich schienen. Auch haben mich ihre Séancen oft tief beeindruckt. Aber das hinderte mich nicht daran, sehr genau zu beobachten – und skeptisch zu bleiben.

Und nicht selten hatte ich während einer Séance, in welcher der Schamane in seiner tiefen *lha*-Besessenheit (angeblich) gar nicht mehr weiß, was vor sich geht, den Eindruck, dass der Schamane oder die Schamanin sehr wohl einen durchaus guten Überblick über die Situation hat und recht genau wahrnimmt, wer da sitzt und was man dem zu bieten hat.

Als Beispiel sei Ayu Lhamo erwähnt. Diese Schamanin benennt Sonam Murup als seine erfolgreichste Schülerin. Heute ist sie über 60 Jahre alt. In der Tat floriert ihre Praxis ganz vorzüglich. Nicht zuletzt deshalb, weil sie sich zunehmend und allzu bereitwillig dem touristischen Geschäft zur Verfügung stellt. Zu ihr organisieren die ladakhischen Fremdenführer Busfahrten!

Als ich sie besuchte, Heilungs-Séancen bei ihr dokumentierte und lange Gespräche mit ihr führte, war dieser Rummel zwar noch nicht ausgebrochen, aber voraussehbar: Ayu Lhamo erschien mir ungemein geltungsbedürftig. Ich stelle ihre Bedeutung nicht in Frage, nicht ihre Heilungserfolge, aber ich konnte im Vergleich mit den anderen Schamanen schon feststellen, dass sie ihre Erfolge sehr herausstrich: Zu diesem Zweck half ihr, so schien mir, dann doch auch immer wieder die Erinnerung, die sie vorgab, nicht zu haben.

Auch war es offensichtlich, dass sie versuchte, Sonam Norboo, meinen ladakhischen Mitarbeiter, zu beeindrucken. Sonam Norboo ist, wie gesagt, in der ladakhischen Gesellschaft ein ganz außerordentlich angesehener Mann. Sie hatte also allen Grund, ihn beeindrucken zu wollen. Die Patienten waren schon alle aus der Séance weggegangen, sie aber agierte weiter, sprach weiterhin in der veränderten Stimme des *lha*, hielt aber – wie auf dem Band unschwer nachzuhören – eher eine zusammenhängende Vorlesung über die Bedeutung all derjenigen *lha*, welche sie besetzt halten. Dabei wandte sie immer wieder den Blick zu Sonam Norboo, so als ob sie sich versichern wollte, dass er zuhöre. Und wenn er gefällig nickte, bekam ihre Rede neuen Aufschwung. So ein Theater!, dachte ich.

Selbst Sonam Murup geriet – neben aufrichtiger Hochachtung – immer wieder einmal in den Horizont meines Zweifels.

Für mich war es unerklärlich, wie er einen ganzen rostigen Nagel aus dem Leib eines Yaks absaugte. Vorher durften alle seinen Mund, seine Ärmel, seine leeren Hände prüfen. Nach all diesen Prüfungen krallte er sich mit weit gespreizten Armen in das Fell des Tieres, setzte den Mund an dessen Leib und saugte ohne abzusetzen, um dann völlig erschöpft und schwindlig rückwärts in die Arme seines Helfers zu sinken und ihm in schwacher Geste den Nagel in die Hand zu spucken. Eindrucksvoll, dachte ich.

Eindrucksvoll fand ich auch immer wieder seine ganz ungeheure Kraft unter der Trance. Er war schließlich sehr alt, über 90 Jahre. Vor einer Séance war er manchmal sehr müde, sprach langsam, bewegte sich langsam. Und unter Trance fing er dann einen Ringkampf mit *ti mo* an, welcher an Ausdauer und Gewalt seinesgleichen suchte.

Aber – und nun die Zweifel – wie war das mit dem Schwert? Ich hatte wieder einmal viele Fragen gehabt, die alle an der Amnesie scheiterten. Er konnte mir nicht sagen, wie er diese oder jene Krankheit heile, das wisse nur der *lha*. Aber er war bereit, in Trance zu gehen und sich als *lha* allen meinen Fragen zu stellen. Diese Séance (HH-10) fand statt im Haus seines Enkels Ngawang Chimba. Kaum geht ein Schamane mit Trommel, Glocke und Gesang in Trance, kommen auch Patienten vom nahen Feld oder aus den Nachbarhäusern. Auch meine Mitarbeiter – besonders der den Schamanen besonders respektvoll zugetane Tsultim – nutzten die Chance der Weissagung durch den Schamanen.

Nachdem dies alles schon gelaufen war, verlangte Sonam Murup, noch mit Trance-Stimme, nach seinem Schwert. Es wurde ein Drama. Es war nahezu unerträglich, wie gefährlich er mit dieser Waffe hantierte und sich und uns bedrohte. Sicher, Ngawang Chimba passte ein wenig auf – aber blitzschnell waren die Bewegungen von Sonam Murup, wenn er das Schwert hart an unseren Gesichtern vorbei durch die Luft sausen ließ. Und wir zuckten zusammen. Sonam aber hielt inne und lachte herzhaft – mir schien es auch hämisch. Ich fragte später in einem meiner langen Gespräche mit Ngawang Chimba (HI-27), was es mit dem Schwert auf sich gehabt habe. Chimba antwortete: Ausländer seien doch immer recht ungläubig. Und deshalb habe der *lha* sie beeindrucken wollen. Mit anderen Worten: Der *lha* hat also ganz weltliche Urteile gefällt...

Auch war es Sonam Murup offensichtlich möglich, meinem Wunsch gemäß (!), einen ganz bestimmten *lha* zu rufen.

Dieser *lha* von Sonam Murup heißt Shang kong ka (VOLF 1994, S. 192), ist weiblich, hat ein kaputtes Knie und ständige Knieschmerzen (Sonam Murup wand sich in Schmerzen und stöhnte) und ist hemmungslos unflätig. Die Shang kong ka erzählte dem Sonam Norboo, wie er es im Bett treibe, hielt Tsultim eine Affäre vor und breitete mir meine angeblich schmutzigsten Phantasien aus. Wir alle, auch Ngawang Chimba und der *lha* selbst, lachten uns tot. Ich fand, es war eine ganz köstliche Komödie und einfach schönstes Theater.

Diesen Erfahrungen lassen sich durchaus eine Menge weniger dramatische Beobachtungen anfügen. Angeblich spricht der *lha* mit veränderter Stimme. Gewiss, das tut er meist. Aber manchmal fällt der Schamane (aus Versehen?) in seine ganz normale Alltagsstimme. Viele *lha*, heißt es, kommen aus Tibet,[2] vertrieben von den Chinesen, weshalb ladakhische Schamanen unter Trance oft Tibetisch sprechen, wovon sie im Alltagsbewusstsein kein einziges Wort verstünden (so ihre Selbstdarstellung). Was aber ist mit dem *Lehrbuch des modernen Tibetisch*,

---

2   Vgl. die vielfältigen Belege für diese Ansicht in KRESSING und RÖSING (2001b).

das da in der Wohnstube der Schamanin lag und das, als mein Blick darauf fiel, schnell beiseite geräumt wurde?

Mit anderen Worten: Ich zweifelte an der Trance. Ist Trance nicht Theater, einfach ein gekonntes Spiel?

Ich fand, dieser Zweifel und diese Frage trat den Schamanen keinesfalls zu nahe, und es minderte auch nicht meine Achtung vor ihrer Leistung. Denn ob »echte« Trance oder »echtes« Theater, das macht in Bezug auf die Heilwirksamkeit ihres Auftrittes nicht unbedingt einen Unterschied.

Heilwirksamkeit habe ich selbst mehrfach erfahren (nach einer schamanischen Absaugung waren die Schmerzen definitiv weg), und die allermeisten Patienten, danach befragt, bestätigen es. Man kann es auch beobachten. Wenn eine bitterlich weinende, verzweifelte Frau nach der Séance mit ruhiger und gelassener Miene die »Praxis« der Schamanin verlässt und erklärt, sie wisse jetzt, wo es lang gehe, dann kann man das als einen Heilungserfolg bezeichnen.

Auch ist es nicht schwierig, die Gesamtkonstellation einer schamanischen Heilungs-Séance unter »westlichen« und wissenschaftlichen Konzepten gemäß der Theorie Symbolischer Heilung (RÖSING 1988/1995) nach seinen einzelnen heilwirksamen Faktoren zu analysieren (RÖSING 1997).

5. AUSSENSICHT II: AMNESIE ALS ABWEHRSTRATEGIE

Hatte ich schon leise Zweifel an der Trance, so waren meine Zweifel an der durchgängig »behaupteten« Amnesie der Schamanen doch eher laut, d. h. unübergehbar. Zwar ist das Amnesie-*narrative* eindrucksvoll geschlossen und wird von Schamanen wie Schamanengehilfen und Schamanenangehörigen – alle habe ich ausführlich gesprochen – ausnahmslos bestätigt. Aber das kann ja auch Gründe haben, die außerhalb des Trance-Geschehens liegen. Diesen Gründen ging ich mit einiger Geduld nach.

Zu einem systematischen Zweifel fühlte ich mich auch auf dem Hintergrund der vergleichenden Schamanenforschung berechtigt.

Schamanen gibt es schließlich auch noch in anderen Teilen der Welt (außer bei uns; was sich hier Schamane nennt, ist mit relativ hoher Sicherheit ein kommerzieller Plastikschamane). Wir können uns im Schamanentum der Welt umschauen und nach jenem für das tibetische Schamanentum so konstitutiv erscheinenden Element der Amnesie suchen.

Und wir stellen fest: Die Amnesie ist ganz und gar nicht universell. Ganz im

Gegenteil. Sekundäranalysen der Schamanenforschung, wie z. B. die von PETERS und PRICE-WILLIAMS (1980), zeigen, dass unter 42 Kulturen, welche Schamanismus kennen, nur bei 20 Prozent von Amnesie die Rede ist. Spätere Ergebnisse von KRESSING (1997) bestätigen diese Zahlen (14%).

Aber das wirft einen nur umso nachdrücklicher auf die Frage nach dem Wie und Warum der schamanischen Amnesie im tibetischen Kulturraum zurück. Meine Hypothese war: Die Amnesie gibt es nicht, und die Amnesiebehauptung ist eine Abwehrstrategie. Damit ist die Berechtigung einer solchen möglichen Abwehr keinesfalls in Frage gestellt, es gilt die Notwendigkeit und damit Berechtigung vielmehr zu studieren und zu verstehen.

Warum sollte ich diese Frage nicht auch mit den Schamanen selbst besprechen? Ich tat es dort, wo die Beziehung vertrauensvoll genug war, um auch solche eher »heiklen« Fragen anzusprechen.

Ein solches vertrauensvolles Verhältnis schien mir bei der Schamanin Dechen gegeben. Also unterhielt ich mich ausführlich mit ihr über die Frage nach Schwankungen in der Tiefe der Trance, nach Teilerinnerung und nach Amnesie als Abwehr (HI-25).

Es seien drei verschiedene *lha*, die sie besetzt hielten – sie hätten jeweils im Heilungsprozess eine andere Funktion. Der eine sei der wahrsagende *lha* (wenn Patienten eine Zukunftsvoraussage wünschen), der zweite der saugende *lha*, der dritte der Feuer-lha (Behandlung durch Blasen über ein glühend erhitztes Messer). Und, so sagte sie, wenn diese *lha* wechselten, dann sei sie manchmal einen Augenblick »unbesetzt«, es tauche ein Hauch von eigenem (alltäglichen) Bewusstsein auf. Schematisch und vage und flüchtig, wie in einem Traum, sehe sie dann ein paar »reale« Gesichter an sich vorbeischwimmen – aber dann sei schon der nächste *lha* da, und sie erinnere sich an nichts mehr.

»Und«, so wollte ich dann wissen, »sind solche Fragen wie meine lästig? Sind nicht auch schon andere Forscher hierher zu dir gekommen, um solche und andere lästige Fragen zu stellen?« »Gewiss«, sagte sie schlicht.

»Und ist dann« – jetzt wurde ich direkt – »die Behauptung der Amnesie nicht auch eine ABWEHR vor solchen fremden Fragern?« »Aber nein«, sagte Dechen, wirklich ganz schlicht: »Was sollte ich abwehren? Wir erinnern uns nicht. Warum sollten wir lügen?« Und als ich sie fragte, ob ich nachher gleich im Anschluss an unser Gespräch ihren Schamanengehilfen, ihren Bruder, sprechen darf, stimmte sie sofort und unbefangen zu.

Das Gespräch mit dem Schamanenbruder folgte (HI-26) – wir waren allein, ohne die Schamanin. Was immer und wo immer ich nachfragte – er sagte stets: »Nein, sie erinnert sich nicht. Nein, sie erzählt nie etwas von einer Séance, denn sie weiß einfach nichts...«

Ein weiteres Gespräch dieser Art (HI-22) führte ich mit Tsering, auch einer Schülerin von Sonam Murup, die ich in einigen Heilungs-Seáncen kennen gelernt habe. Sonam Norboo war bei diesen Gesprächen dabei, und wie immer nahmen wir alles auf Tonband auf – natürlich mit der Erlaubnis der Schamanin.

Ich fragte diese scheue, aber sehr zugewandte junge Frau, ob es so etwas wie Trance-Schwankungen gebe. Sie sagte erst einmal: »Ich weiß das nicht.« Und ergänzte dann aber: »Bevor *lha* voll da ist, erinnert man jedenfalls etwas (*go ma yid du yong nga rak le*). Dann aber, wenn der *lha* da ist, gibt es kein Erinnern mehr (*te ne yid du yong nga mi rak*).«

Eine schamanische Lehre findet unter doppelter Trance statt – der Lehrer ist unter Trance, der Schüler ebenfalls. Ob sie vom Anfang der Lehre von Sonam Murup nicht etwas erinnere? Ja, am Anfang schon (*O, go ma yid du yong nga rak le*). Und wie Sonam ihr beibrachte, in Trance zu gehen, erinnert sie sich daran? Das erinnere sie nicht. Aber sie erinnere sich recht gut, dass er sie häufig bitterlich geschlagen habe, z. B. wenn die Opfergaben nicht richtig bereitet waren oder sie nur in halber Trance war. Und bei voller Trance? »Dann«, so antwortet sie, »gibt es kein Erinnern.«

Nun, ich konfrontiere sie ein wenig. Ich berichte, dass es in anderen Teilen der Welt auch Schamanen gibt. Sie gehen auch in Trance. Und sie erinnern sich sehr wohl! Wieso nicht hier? Sie sagt ganz schlicht: »Ich weiß es nicht, wir jedenfalls erinnern nichts, nichts ist da an Erinnerung.« (*Yid du yong nga mi rak le, chang yid du lus a mi rak le.*)

Schließlich frage ich auch sie einmal ganz frontal nach Amnesie als Abwehrstrategie. Immerhin kommen eine Menge Fremde zu dieser jungen Schamanin, denn ein naher Verwandter von ihr ist Fremdenführer. Und er weiß die Schamanin als Programmpunkt anzubieten. »Stellen sie nicht alle Fragen? Ist das nicht lästig? Sind die Fragen nicht auch skeptisch, voller Unglauben? Sagt ihr vielleicht deshalb, ihr erinnert euch nicht?«

Wieder kommt eine so ganz einfache und völlig unschuldige Antwort: »Warum sollten wir sagen, wir erinnern nicht? Was hätte ich von einer Lüge, was bringt das? Warum sollten wir lügen?«, sagt sie schlicht. (*Koa rdzun tang ste nga a chi top pen le?*)

Nun gab es aber auch ein Gespräch (HI-8), das mich in Bezug auf die Funktion der Amnesie besonders hellhörig gemacht hatte. Es war ein Gespräch mit meinem wichtigsten schamanischen Lehrmeister – Sonam Murup.

Es war jener Tag, an dem er mich ganz »offiziell« als seine »Studentin« annahm und mir zum Zeichen dieser Annahme eine *pu ri*, ein schamanisches Saugrohr, schenkte: Er erklärte sich bereit, mich zu allen seinen Heilungs-Séancen zuzulassen. Er machte sogar eine Menge konkreter und konstruktiver Vorschläge, wie wir das hinbekommen – er in Thiksey, ich in Leh wohnend – angesichts der Tatsache, dass die Leute ihn – schließlich meist unvorhersehbar – in ihr Haus rufen. Sonam heilt nicht in Gruppen und er heilt meistens nicht zu Hause wie z. B. viele Schamanen in Leh, sondern im Kontext der Patientenfamilie in deren Haus.

Aber Sonam Murup hatte gute Ideen, wie ich schnell benachrichtigt werden könnte, damit ich rechtzeitig in Thiksey wäre und mit ihm zu den Séancen gehen könnte... Sonam Murup war ganz ohne Zweifel voller Offenheit, Freundlichkeit, Zugewandtheit.

Aber es war noch jemand bei dem Gespräch dabei: Dolgar, die Frau von Ngawang Chimba. Ngawang Chimba ist, wie erwähnt, der Enkel von Sonam Murup und ganz oft ist er auch der schamanische Gehilfe von Sonam (vgl. HI-23 und HI-27) und weiß deshalb viel von seiner Heilungspraxis. Wenn Chimba hilft, finden die Heilungen in seinem Hause statt. Und das bedeutet, seine Frau Dolgar ist auch dabei. Auch versorgt die Tochter der beiden, Dechen, den *meme*, den Großvater, seit dem Tod seiner Frau in dessen Haus. Deshalb ist Dolgar nicht selten im Hause Sonams, und wenn dort eine Heilung stattfindet, nimmt sie auch teil.

Meine Mitarbeiter Sonam Norboo und Tsultim Kubet und ich haben Ende September 1998 einige Tage über dem von Thinley Gyurmet verfassten 300 Seiten langen Transkriptionstext eben dieses Gespräches gesessen und versucht, es zu übersetzen.

Oft hat man uns schallend lachen hören – und zwar gerade über die »Psycho-Dynamik« dieses Gespräches, die Art und Weise, wie Dolgar konsequent in das Gespräch eingriff und versuchte, dieses zu kontrollieren und zu steuern. Sie unterbrach Sonam Murup auch ganz frech und unbefangen, wenn er etwas ihr nicht Genehmes zu sagen drohte. Meine Mitarbeiter hatten (genauso wie ich) das Gefühl, dass Sonam Murup ganz offen, unbefangen, ja unschuldig war und bereit war, alles zu erzählen – aber immer wieder ausgebremst wurde von Dolgar. Wir mussten einfach lachen, wenn manchmal ihre Strategie gar zu plump wurde...

Und was war ihr Anliegen? Ihr Anliegen war ganz eindeutig: Sie wollte vermitteln, dass *memele*, der Großvater, nach einer Heilung absolut nichts mehr erinnert, dass die schamanische Amnesie hermetisch ist.

Heute vormittag hatte Sonam Murup eine Heilungs-Séance gehabt. Was wollten die Leute? Welche Probleme brachten sie vor? Sonam Murup wollte gerade Atem holen, um zu einer Antwort anzuheben, da sagt Dolgar: »Er weiß nichts, rein gar nichts. Die Leute kommen und setzen sich. Und sie stellen ihre Fragen erst, wenn er unter Trance ist. Und wenn er unter Trance ist, ist es nicht er, der spricht. Es ist der *lha*. Und nach der Trance weiß er nichts mehr, gar nichts. Nie weiß er etwas! Wenn wir es ihm nicht erzählen, was war, weiß er es nie.«

Also frage ich Sonam Murup: »Sicher hat man dir nach der Séance erzählt, was war?« Wieder springt Dolgar ein: »Wir haben ihm nichts erzählt.« Und Sonam Murup im Echo: »Man hat mir nichts erzählt.« Dolgar: »*Memele* weiß nichts. *Memele* ist ungebildet« (kann nicht schreiben). (Als wenn das etwas mit seiner Erinnerung zu tun hätte.)

Und Sonam Murup schlägt ihr ein Schnippchen und sagt zu mir:

»Woran ich mich erinnere, ist die Séance, die wir letztes Jahr zusammen hatten, damals hat eine Patientin …« (Und Sonam Norboo, Tsultim und ich lachten laut an dieser Stelle des Transkriptionstextes.) Aber Dolgar unterbricht: »Damals waren wir alle dabei. Und da haben wir es ihm auch mal erzählt, und deshalb weiß er es – aber sonst weiß er nichts! Wenn wir ihm nichts erzählen, weiß er auch nichts, er kann sich nicht erinnern.«

Müde sagt Sonam Murup: »Naja, meistens (!) kann ich mich nicht erinnern…«

Warum war es Dolgar so wichtig, das Bild der hermetischen Amnesie aufrechtzuerhalten? Sonam Norboo und Tsultim meinten Folgendes: Die Bereitschaft des Schamanen Sonam Murup, ganz offen mit mir zu sein, sei in dem Gespräch sehr deutlich nachzuvollziehen. Aber wenn er offen ist und etwas von anderen Patienten berichtet und diese erfahren das, könnte das nicht Probleme geben? Wahrscheinlich habe Dolgar davor Angst. Sie will gewiss keine Probleme bekommen mit anderen Leuten…

Ich denke ebenso wie Sonam Norboo und Tsultim, dass Dolgar aus Gründen des Schutzes – allerdings eines anderen Schutzes – versuchte, die Amnesiebehauptung aufrechtzuerhalten, ebenso wie die Behauptung, dass sie und ihre Familie meist nach einer Heilung, deren Zeugen sie sind, dem Schamanen gegenüber *nichts* verlautbaren lassen. Ngawang Chimba, der Mann von Dolgar und häufige Schamanengehilfe von Sonam Murup, mit dem man gute und offene Gespräche führen kann (HI-23, HI-27), hat mich darin ebenso bestärkt wie meine eigene Erfahrung mit Sonam Murup:

Chimba sagt (HI-23): Memele könne unter Trance ungemein ausfällig, unflätig, unanständig und grob sein. Er mache dann sexuelle Anspielungen und dreckige Witze. Ich kann es bestätigen – vgl. die erwähnte Begegnung mit Shang kong ka.

Es ist klar – sofern man die Amnesiebehauptung aufrecht erhält –, dass man Sonam Murup nicht zur Rechenschaft ziehen kann. Es ist der *lha*, der handelt. Es ist der *lha*, der redet. Es ist der *lha*, der sich ggf. danebenbenimmt – nicht Sonam Murup. Wenn *er*, Sonam Murup, sich erinnern würde, dann war er kein *lha*, sondern dann war er *er*, denn dann war er nicht in echter Trance. Es ist nicht nur schamanische, sondern allgemeine Überzeugung, dass authentische Trance (*lha*-Besessenheit) mit vollständiger Amnesie des *lus gyar*, des Inhabers des ausgeliehenen Leibes, einhergeht. Sogar Rinpoches teilen diese Ansicht. So sagt z. B. Stakna Rinpoche (HI-21):

ལྷ་བ་ཁོ་རང་བསྟན་པོ་ཁྲིག་མ་ཡོང་ན་ཡིན་དུ་ཡོང་ང་ནོག། ཡིན་དུ་ཕྱུས་ས་ནོག། ལྷ་ཁོ་རང་ཕྱུ་ར་ཁོ་རང་ཨ་སི་ཨི་ལྷ་ཡོང་ང་ཅིག་བིལ་གུལ་ཡིན་དུ་མེད་མཁན་ཚ་ནོག།

Übersetzung:

Wenn der Schamane nicht richtig im *lha*-Zustand ist, erinnert er sich. Wenn er in tiefer *lha*-Verfassung ist, dann kann er ganz gewiss nichts erinnern.

Die Amnesie-Aussage, so kann man auf dem Hintergrund der dargelegten Abläufe und Informationen vermuten, hat im schamanischen Komplex eine durchaus wichtige Berufsfunktion: Sie schützt den Schamanen.

In den Gesprächen mit Ngawang Chimba kommt auch noch die andere, bereits verdächtige Schutzfunktion zur Sprache – Schutz vor diesen ständig bohrend fragenden ausländischen Forschern, von denen Sonam Murup in der Tat mehr als jeder andere Schamane Ladakhs geradezu heimgesucht wurde.

Diese Mehrfachbelagerung der Schamanen durch westliche Forscher ist dabei recht eindrucksvoll. So haben z. B. die Forscher AHMED (1990), BRAUEN (1980), DAY (1989, 1990), FRANK (1983), KALWEIT (1987), KAPLANIAN (1981, 1984, 1985), KAPLANIAN, RAAB und RABOUAN (1992), KUHN (1988), SCHENK (1994) und VOLF (1994) allesamt die Schamanin Ayu Lha-mo beforscht ebenso wie ihren um vieles eindrucksvolleren Schamanenlehrer Sonam Murup aus Thiksey, über den es auch drei Filme gibt, in welchen man wiederum Ayu Lhamo sehen kann (SCHLENKER 1975/1983).[3]

Nun ist Sonam Murup nur ein Beispiel der Mehrfachbelagerung ladakhischer Schamanen durch westliche Forscher.

Auch andere Schamanen sind vielfach aufgesucht, beobachtet und befragt worden, so die inzwischen verstorbene Lhamo von Skara von Brauen, Day und Kaplanian; der Lhapa von Phyang von Day und Kuhn; der Lhapa Largyal von Ahmed, Day, Kaplanian und Schenk; der Lhapa von She von Day, Kalweit und Kuhn; der Lhapa von Agling von Brauen, Day und Kalweit..., um nur einige Beispiele zu nennen.

Auf diesem Hintergrund erscheint die Frage, ob die »angebliche« Amnesie der ladakhischen Schamanen nicht evtl. auch ein Artefakt der westlichen Forschung sein könnte, durchaus berechtigt. Zumal unübersehbar ist, dass diese rätselhafte Amnesie ein vielfältiges Paradox zur Folge hat.

---

3 Es spricht für seine große Menschlichkeit, dass er mir – der letzten in dieser Reihe vor seinem Tod – dennoch so offen und warmherzig und bereitwillig begegnete.

6. DAS PARADOX DER AMNESIE UND DER WEG NACH CHANGTHANG

Das Paradox der Amnesie besteht aus mehreren Teilen. Es wird am deutlichsten, wenn man seinen Blick transkulturell öffnet und vergleicht, wie in verschiedenen Kulturen – unsere eingeschlossen – der Arzt und Heiler in seiner Kompetenz und in seinen Grenzen definiert ist. Wir gehen davon aus, dass der Arzt mehr weiß als die Mehrheit der Laien, dass er ein Experte des Heilens ist, dass er seine Expertise jederzeit zu lehren in der Lage ist, dass er verantwortlich zeichnet für sein Handeln, dass er sich auf den Patienten einlässt, dass seine Qualität stabil ist und – *last, not least* – dass man als Forscher sein Tun untersuchen und verständlich machen kann.

Diese Annahmen müssen allesamt im Fall der ladakhischen Schamanen über Bord geworfen werden. Ich erwähne einmal nur sechs Aspekte am Paradox der Amnesie – und ich werde sie zur Verdeutlichung ein wenig zugespitzt formulieren:

(1) Der ladakhische Schamane ist ein Heilungsexperte ohne Heilungswissen

Das erste Paradox besteht darin, dass wir im Fall der ladakhischen Schamanen einen professionellen Heiler vor uns haben ohne „persönliches" spezialisiertes Krankheitswissen und ohne spezialisiertes Heilungswissen – ein Arzt also, der persönlich nicht mehr von Krankheit und Therapie weiß als der Patient!

Der Schamane in Ladakh teilt natürlich das in jener Kultur gültige Krankheitswissen – er kennt die Krankheitskonzepte und er weiß, welche Krankheit woher kommt, das weiß jeder Ladakhi, das ist Alltagswissen. So kann mir ein Schamane auch ohne weiteres erklären, was *jadu* (Schadenszauber) ist, was das Besetztsein von *ti mo/ti po*, was eine *lu*-Krankheit ist usw.

Krankheitswissen ist von Heilungswissen und Heilungshandeln zu unterscheiden. Normalerweise sind Heiler Experten von Heilungswissen und Heilungshandeln. In Ladakh aber haben die Schamanen – die Person Sonam Murup z. B. – ein solches spezialisiertes Heilungswissen *nicht,* d. h. es ist ihnen nicht zugänglich. Wie jedermann wissen sie, dass *jadu* abgesaugt werden muss. Und was kann man im Fall einer *jadu*-Krankheit noch tun? Sie wissen es nicht. Und *wie* saugt man ab (Frage nach Heilungshandlung)? Sie wissen es nicht. Sie sind amnestisch. Jemand anderes weiß es: der *lha*.

(2) Der ladakhische Heiler kann nicht lehren

Wenn dem Schamanen sein Wissen nicht zugänglich ist, kann der Schamane auch nicht lehren, jedenfalls nicht er selbst – lehren kann nur ein äußerst flüchtiger, temporärer »Fremdling«, der *lha*, welcher gelegentlich den Schamanen besetzt.

(3) Der ladakhische Heiler handelt ohne Verantwortung

Normalerweise ist der Beruf des Heilers in nahezu allen Kulturen eingebettet in eine Ethik des ärztlichen Handelns. Der Heiler ist verantwortlich für sein Tun. Der ladakhische Schamane aber ist für sein Tun als Heiler *nicht* verantwortlich. Das ist schon eine außergewöhnliche Situation.

(4) Der Arzt-Patientenkontakt beschränkt sich unvermeidlicherweise auf Eine-Minute-pro-Patient

Trance ist zweifellos eine äußerst anstrengende Angelegenheit, und es ist ein fragiler Prozess. Schamanen geben an, lieber morgens zu heilen, dann seien sie besser bei Kräften. Aber sie können nicht beliebig lange unter Trance bleiben – das kann einem jeder Schamane sagen. Man muss sich folglich sputen mit den Patienten. Damit ist der Eine-Minute-pro-Patient-Kontakt vorprogrammiert. In der Tat sind die Heiler-Patienten-Kontakte im Fall der schamanischen Séance außerordentlich hektisch, manchmal recht oberflächlich und oft hastig. Kein Patient kann je eine lange Krankengeschichte loswerden – das ist unmöglich. Die Eile ist einprogrammiert. Denn die Trance ist fragil.

(5) Das höchste Qualitätsmerkmal des Heilers ist instabil

Auch ist eine gewisse Diskrepanz zwischen Realität und Darstellung einprogrammiert. Alle Ladakhis – einschließlich der Rinpoches – partizipieren an der Überzeugung, dass authentische Trance mit Amnesie einhergehe. Damit wird Amnesie zum Qualitäts- und Markenzeichen des *guten* Schamanen. Und wenn in der Realität die Trance im Prozess der Séance ein wenig schwankt – dann muss man das *leugnen,* sonst war man kein guter Heiler.

(6) Das Wissen des Heilers ist unerforschbar

Das Wissen des ladakhischen Schamanen ist transkulturell nur in kleinsten Ausschnitten vermittelbar, Schamanismus in Ladakh ist nahezu unerforschbar. Dieses Paradox habe ich an anderer Stelle ausführlicher behandelt (RÖSING

1999). Natürlich ist die Amnesie des Schamanen ein grandioses Forschungshindernis.

Amnesie ist nicht nur ein Forschungshindernis, weil man den Schamanen nach seiner Heilungs-Séance nichts fragen kann (bzw. unter Verweis auf den alleinwissenden *lha* keine Antworten bekommt), sondern weil es auch so schwierig ist, mit dem Schamanen irgendwelche Forschungsbedingungen auszuhandeln. Es ist selbstverständlich, dass ich kein Tonband ohne die Erlaubnis des Heilers aufstelle. Ich mache auch keine Bildaufnahmen ohne sein explizites Ja. Es hilft mir jedoch nichts, wenn ich dies *vor* einer Séance abgeklärt habe. Der Schamane hatte »ja« gesagt. Aber der *lha* drohte, mich zu verprügeln (HH-5), weil ich ein Tonband dabei hatte!

Dieser letzte Punkt – das grandiose Forschungshindernis – war für mich, die ich angetreten war, Krankheitskonzepte, Heilungswissen und Heilungshandeln der Schamanen zu erforschen, natürlich der dramatischste Aspekt des Paradoxes. Und ich dachte mir viele Wege aus, um es zu umgehen oder zu überwinden. Ich entwickelte eine Strategie, das Sickergut der Amnesie zu heben, diesen kleinen »Abfall« der Amnesie zu sichten, welcher bei leisen Trance-Schwankungen entsteht, und mich auf eine behutsame »Müllverwertung« einzustellen – *recycling the waste,* nannte ich diesen Ansatz (RÖSING 1999).

Aber einer der direktesten Wege, die Hypothese von der Amnesie als Abwehrstrategie gegenüber fremden Forschern, d. h. die schamanische Amnesie als Artefakt der westlichen Forschung, anzugehen, wäre es, einen Schamanen zu suchen, der mit Fremden noch gar keinen oder kaum Kontakt hatte. Und das brachte mich in die unwirtlichen Gegenden der Changpa-Nomaden in Changthang an der Grenze zu China. Jenes ferne Changthang, das wusste ich, war von westlichen Forschern noch kaum besucht worden.

KAPITEL 5

Ein Schlüsselerlebnis, eine leibliche Erfahrung und die Verlagerung der Frage

> **Übersicht:**
>
> 1. Die Suche nach den Schamanen in der unendlich weiten Landschaft von Changthang (156)
> 2. Die erste Heilungs-Séance bei Lhapa Thundup (158)
> 3. Der Werdegang des Schamanen Thundup (168)
> 4. Der Weg in die Trance (172)
> 5. Zweite Séance: Das Schlüsselerlebnis (173)
> 6. Die brennende neue Frage: Was hat er gesagt? (183)

1. DIE SUCHE NACH DEN SCHAMANEN IN DER UNENDLICH WEITEN LANDSCHAFT VON CHANGTHANG

In Changthang hatte ich jedes Mal ein unglaubliches Glück.

Als ich im Juni 2000 ein erstes Mal diesen großen Aufwand einer Expedition[1] nach Changthang unternahm, war es mein explizites und ausschließliches Ziel, einen Schamanen zu treffen, der noch möglichst wenig Kontakt zu westlichen Forschern (oder Beobachtern, Besuchern) hatte.

Einer der wichtigsten Schamanen von Changthang hieß Lhapa Thundup – das wusste ich schon. Er ist Nomade wie alle Bewohner des Changthang, und er zieht mit seiner Herde von Ort zu Ort.

Wir machten uns also auf den Weg, um in der großen weiten Landschaft des Changthang den Nomaden-Schamanen Thundup zu suchen.

Wenn man die Indus-Brücke von Mahé, wo man vom indischen Militär genauestens kontrolliert wird, überfahren hat, erreicht man nach etwa eineinhalb bis zwei Stunden die kleine Siedlung Sumdo. Hier würde ich, so hatte ich mir vorgenommen, ein erstes Mal nach Lhapa Thundup fragen. Kennt man ihn? Weiß man eventuell, wo seine Herde weidet? Wo er wohl diese Tage steckt?

Die Antwort war: »Er ist soeben hier in Sumdo eingetroffen. Ja, wir haben ihn gerufen. Ein Mädchen ist krank.« Fünf Minuten später stand ich vor Lhapa Thundup (vgl. Abbildung 30, S. 163). Ich hatte sehr schnell einen guten Kontakt zu ihm. Seine Heilungs-Séance für das Mädchen würde heute Abend sein. Ob ich wohl teilnehmen darf? »Aber gerne«, sagte er schlicht.

Was ich damals noch nicht wusste, ist, dass es in Changthang noch zwei weitere Schamanen gibt, welche die nomadische Region versorgen. Der zweite, Lhapa Ngawang, ist ein Onkel des Lhapa Thundup. Ihn lernte ich bei meiner Forschungsexpedition 2000 nicht kennen – er weilt meist in der weit entfernt liegenden Region von Terasong, die man nur in mehreren Tagen Fuß- und Reitweg erreichen kann. Immerhin lernte ich bei dieser Forschungsreise Ngawangs Sohn, Lhapa Sonam Lathar kennen, einen aufgeschlossenen jungen Mann, der seinem Vater als Schamane folgte, also selbst auch als Schamane heilt. Dieser junge

---

[1] Der Aufwand ist in der Tat erheblich. Man muss alles Essen, allen Brennstoff, die eigenen Unterkünfte (Zelte), das eigene Wasser mitbringen. Auch muss man wissen, dass in der ladakhischen Gesellschaft ein Fahrer nicht kocht, ein Koch keine Teller wäscht und Zelte aufbaut, ein Übersetzer nicht kocht und nicht fährt – also waren es neben meinen drei Mitarbeitern noch vier Männer, die gebraucht wurden, folglich auch vier Zelte, zwei Geländewagen etc.

Mann war Fremden schon öfters begegnet, auch wenn keiner je in einer seiner Séancen war oder ihn befragt hat. Sein Vater aber, so meinte er, habe bisher noch gar keinen Kontakt zu Fremden gehabt.

Doch seinen Vater kennen zu lernen – den langen mühsamen Weg über die windgepeitschte Hochebene von Changthang zu reiten und zu laufen (so dachte ich) – das blieb der Expedition 2001 vorbehalten.

Die zweite Expedition hatte nun zwei Ziele. Erstens wollte ich aus ganz bestimmten Gründen (vgl. unten) unbedingt Sonam Tashi, den Schamanengehilfen von Lhapa Thundup ausfindig machen – auch ein Nomade, auch nicht eben leicht zu finden in der Weite von Changthang. Und zweitens wollte ich auf jeden Fall jenen zweiten Schamanen, Lhapa Ngawang kennen lernen.

Mit diesen zwei Zielen kam ich im Juni 2001 wieder nach Sumdo und fing mit dem Fragen an: Wo ist Sonam Tashi, wo ist der Schamanengehilfe von Lhapa Thundup? Wieder dieses sagenhafte Glück: Der Schamanengehilfe weidete seine Herde nicht weit oberhalb von Sumdo. Die Arbeit begann am gleichen Tag.

Nach einigen Tagen ging es weiter Richtung Tsomoriri-See, in dessen Nähe, in Thugu, Lhapa Sonam Lathar, der Schamane und Schamanensohn sein Zelt hatte, wie ich wusste. Ich hoffte, dass er mir sagen würde, wo ich im fernen Terasong seinen Vater finde, ich hoffte, mir bei ihm Pferde leihen zu können und einen Führer nach Terasong.

Das war alles nicht nötig. Ich traf in Thugu ein. Ich besuchte Lhapa Sonam Lathar in seinem Zelt und wurde sehr herzlich empfangen. Es waren eine ganze Menge Leute im Zelt. Wir begrüßten uns alle. Seine Frau machte sogleich Buttertee. Wir plauderten, ich teilte die Bilder vom letzten Jahr aus – was sehr zur Stimmung beitrug (vgl. Abbildung 31, S. 166) – und fragte schließlich nach seinem Vater. Sein Vater Lhapa Ngawang saß bei ihm im Zelt! Und am Abend würde eine Heilungs-Séance stattfinden.

Ich fand, dass mir mit meiner Changthang-Forschung die guten Geister wirklich hold waren.

In der Schilderung meiner Changthang-Erfahrungen gehe ich in diesem Kapitel zunächst in das Jahr 2000 und zu Lhapa Thundup, dem ersten Changthang-Schamanen, der mir begegnete, zurück.

2. DIE ERSTE HEILUNGS-SÉANCE BEI LHAPA THUNDUP

Die erste Heilungs-Séance (HH-14), welcher ich bei Lhapa Thundup beiwohnte, fand in der Küche einer Hütte statt. Die ganze Familie nahm teil, auch einige weitere Leute vom Dorf. Es waren zeitweilig bis zu zwölf Menschen in dem kleinen dunklen Raum.

Weihrauch erfüllt ihn in dichten Schwaden. Der buddhistische Altar ist aufgebaut, der Schamane singt seine Gebete und kleidet sich ein.

Nach etwa 20 Minuten beginnt der Schamane immer heftiger zu zittern, der Gesang erstirbt, der Gesichtsausdruck ist gequält, die Augen rollen immer wieder nach oben, der Schamane schaut sich zuckend um, als sei eine große Gefahr im Anzug. Dann hört man einen leisen Pfeifton, Zeichen des Eintritts des *lha* in den Leib des Schamanen. Der Gesang ändert die Tonlage, Lhapa Thundup setzt seine Schamanenkrone auf und beginnt mit Trommeln und Läuten…

Das gesungene Eröffnungsgebet von Lhapa Thundup ist nur teilweise verständlich. Doch erkennt man die Grundstruktur. Sie besteht in der Hauptsache aus vier inhaltlichen Schwerpunkten, die sich sehr gut in der jeweiligen Gesangsintonation widerspiegeln, auch wenn der Inhalt nicht immer Wort für Wort verständlich ist.

Der erste Schwerpunkt sind Mantras, das bekannteste ist *om-ah-hung*. Viele weitere sind unentschlüsselbar.

Ein zweiter inhaltlicher Schwerpunkt ist eine lange Serie von Anrufungen von Würdenträgern des Tibetischen Buddhismus (Rinpoches) – an erster Stelle des Dalai Lama –, denen Lhapa Thundup seine Ehrerbietung bezeugt und die zum Schutz aufgerufen werden.

Schutz wovor? Hier werden nun alle Unbilden und Übel (*nod pa* und *dib* sind die Kernbegriffe) aufgezählt – dies ist der dritte Schwerpunkt –, welche die Menschen in jener Welt alltäglich verfolgen können. Und es wird deutlich, wie sehr gefährlich die Welt für die Menschen ist. Vor allem gibt es eine Unzahl von bösen Geistern, welche die Welt durchschwirren und die Menschen angreifen können. Es sind nicht-menschliche Geister wie die *tsan* und die *de*, aber auch viele von den Menschen ausgesandte böse Geister wie *ti mo, ti po, gon po, gon mo* und *son de*. Neben diesen schädigenden Geistern gibt es in der Welt offensichtlich eine sehr große Zahl von Verunreinigungen, welche durch verbotene Kontakte und verbotene Berührungen, durch falsche Speisen, falsche Medikamente und gefährliche Begegnungen (Fremder, Flüchtling) verursacht werden können. Das ganze nosologische Universum, die ganze Welt der Krankheiten, welche ein Schamane zu heilen hat, kommt damit in den Blick:

Krankheitsursachen und Gefahren in der ladakhischen Welt. Aus dem Eröffnungsgesang einer Séance des Schamanen Thundup (HH-14)		
ཤིན་འདྲེ	shin de	böser umherwandernder Geist eines Toten
སོན་འདྲེ	son de	böser umherwandernder Geist eines Lebenden
དྲི་མོ་དྲི་པོ	di mo / di po ti mo / ti po	böser Geist einer eifersüchtigen Frau (-mo) oder eines eifersüchtigen Mannes (-po)
འགོང་མོ་འགོང་པོ	gon mo / gon po	Hexe, Hexer
ཕོ་འདྲེ་མོ་འདྲེ	pho de / mo de	männlicher und weiblicher Dämon
རོ་གྲིབ	ro dib	Verunreinigung durch Leichenkontakt
འབངས་གྲིབ	bangs dib	Verunreinigung durch Kontakt mit einer Frau, die gerade geboren hat
ཕོ་གྲིབ་མོ་གྲིབ	pho dib mo dib	Verunreinigung durch einen Mann/eine Frau
ཤ་གྲིབ	sha dib	Verunreinigung durch Verzehr unreinen Fleisches
སྨན་གྲིབ	sman dib	Verunreinigung durch (falsche) Medikamente
ཡུལ་གྲིབ	yul dib	Verunreinigung durch etwas Unreines im Dorf
གཟའ་གྲིབ	za dib	Verunreinigung durch Planetengeister
ཡུལ་བཙན	yul tsan	(böser) Geist eines Dorfes
གནོད་པ་ཐམས་ཅད	nod pa thams chat	alle Übel insgesamt

All dies sind Gefahren, welche den Menschen umgeben – und für all diese Gefahren und Verunreinigungen erbittet der Schamane in seinem Eröffnungsgesang den Schutz des Dalai Lama und aller anderen großen Rinpoches.

Gegen alle diese Unbilden setzt der Schamane – das ist der vierte inhaltliche Schwerpunkt des Gebets – die buddhistische Gebetsformel der dreifachen Zuflucht als Einleitung zu der nachdrücklichen Bitte, dass alle sechs Klassen von Lebewesen aus dem samsara, dem Kreislauf der Wiedergeburten gerettet und die vollendete Erlösung, die reine Buddhaschaft erringen mögen:

1. ཨོཾ་ཨ་ཧཱུྃ།
2. རྒྱལ་བ་ཡིད་བཞིན་ནོར་བུ། རིན་པོ་ཆེ
3. ས་སྐྱ་གོང་མ་རིན་པོ་ཆེ།
4. སྐུག་ཞུང་བ་རྗེ་སྤྲུལ་རིན་པོ་ཆེ་གཉིས་པོ།
5. གསུམ་པ་གཉིས་པོ། ཨོཾ་ཨ་ཧཱུྃ་ཧྲཱི
6. བླ་མ་ལ་སྐྱབས་སུ་མཆིའོ
7. གོས་སུ་གྱུར་པའི་བླ་མ་ལ་སྐྱབས་སུ་མཆིའོ
8. དང་པོ་ནད་ཀྱི་སུ་འབྱེད་པ།
9. གཉིས་པ་ནད་ཀྱི་ཆངས་བྱིན་པ།
10. ཐམས་ཅད་པོ་འདྲེ་དང་མོ་འདྲེའི་གནོད་པ།
11. ཐམས་ཅད་དེ་མོའི་གནོད་པ་ཉིན་འདྲེ་གནོད་པ།
12. ཡུལ་བཙན་ཆེན་མོའི་གནོད་པ་ཐམས་ཅད།
13. ཨོཾ་ཨ་ཧཱུྃ་ཧྲཱི
14. སྨན་གྱིབ་དང་བ་གྱིབ་
15. རོ་གྱིབ་འབགས་གྱིབ་
16. ཡུལ་གྱིབ་གཟན་གྱིབ་
17. ཐམས་ཅད་དག་གོ
18. དགེ་བའི་སངས་རྒྱས་གནས་གཙང་གི་གནས་སུ་འབྱུངས་ཀྱི
19. ཨོཾ་ཨ་ཧཱུྃ་བཛྲ་གུ་རུ་པད་མ་སིདྡྷི་ཧཱུྃ

160

20. བླ་མ་ལ་སྐྱབས་སུ་མཆིའོ།
21. དགས་རྒྱས་ལ་སྐྱབས་སུ་མཆིའོ།
22. ཆོས་ལ་སྐྱབས་སུ་མཆིའོ།
23. དཔལ་མགོན་གྱི་དགའ་བ
24. ཆོས་སྐྱོང་སྲུང་མ་ཡེ་ཤེས་ཀྱི
25. སྦྱིན་བདག་སྦྱིན་པ་རྣམས་ལ་སྐྱབས་སུ་མཆིའོ...
26. ན་ལེ་བྲོ་བའི...ཨོཾ་ཨཱ་ཧཱུྃ...
27. སྐྱབས་གནས་དམ་པ་རྣམས་ལ་སྐྱབས་སུ་མཆིའོ།
28. འགྲོ་དྲུག་འཁོར་བར་འཁྱམས་པ
29. གཞན་དོན་རྫོགས་པའི་སངས་རྒྱས་ཐོབ་གྱུར་ཅིག
30. ཀུན་ཀྱང་བྱང་ཆུབ་མཆོག་ཏུ་སེམས་སྐྱེད་དོ་...
31. སྐྱབ་མགོན་འགྲུག་ཆེན་སྤྲུལ་པའི་སྐུ་...
32. ལུང་ཐོབ་པའི་བླ་མ་ལ་སྐྱབས་སུ་མཆིའོ།
33. སྒྲུབས་ཀྱི་ལུང་ཐོབ་པའི་བླ་མ་ལ་སྐྱབས་སུ་མཆིའོ།
34. ས་སྐྱ་གོང་མ་རིན་པོ་ཆེ་...

Übersetzung:

1. *Om ah hung...*
2. Seine Heiligkeit, Dalai Lama ... Rinpoche...
3. Erhabener Sakya Rinpoche,
4. Staglung Tsetul Rinpoche, ich ehre dich,
5. ich ehre dich, Karmapa. *Om ah hung hri...*
6. Ich nehme Zuflucht zu dem Lehrer...
7. Zuflucht zu dem Lehrer, der mein Begleiter ist...

8. Das Übel müssen wir zuerst erkennen,
9. um es dann durch Reinigung zu heilen.
10. Alle Übel männlicher und weiblicher Dämonen,
11. alle Übel von *ti mo*, aller Schade von *shin de*,
12. alles Übel vom großen *tsan* des Dorfes.
13. *Om ah hung hri...*
14. Verunreinigungen durch Medizin und Fleisch,
15. Verunreinigung durch Leichen und Leute,
16. von Siedlungen und von unserem Planeten,
17. das alles möge gereinigt sein,
18. geboren werden im reinen Land des Buddha.
19. *Om ah hung* Vra Padma Siddhi Hung,
20. ich nehme Zuflucht zu meinem Lehrer,
21. Zuflucht zu Buddha,
22. Zuflucht zur Lehre,
23. Zuflucht zu den strahlenden heiligen Gottheiten,
24. welche die Beschützer der Lehre sind
25. und wachen mit den Augen der Weisheit.
26. *Om ah hung ...*
27. Ich nehme Zuflucht zu den heiligen Orten des Schutzes,
28. mögen alle sechs Klassen von *samsara*-Lebewesen
29. die vollendete Einsicht der Buddhaschaft erreichen...
30. und ihrem Geiste die Erleuchtung kommen...
31. Der reinkarnierte Dukchen Rinpoche...
32. Ich nehme Zuflucht zu meinem Lehrer und Meister,
33. meinem Lehrer der Mantra-Lehren,
34. dem überragenden Sakya Rinpoche...

Es folgen nach diesen überwiegend buddhistischen Anrufungen des schamanischen Eröffnungsgesanges auch noch vielfältige (vorbuddhistische) Anrufungen – vor allem Anrufungen von *lha*-Gottheiten. Die *lha* werden meist benannt nach dem Ort, an dem sie hausen, dem *lha tho*, der auch verehrt und geschmückt wird. Mit der Benennung dieser *lha tho* durchstreift der Schamane fast das gesamte weite Changthang, viele Orte nennend, Pässe vor allem, Kreuzungen von Wegen. Und auch die *lha* werden gebeten, Schutz zu bieten vor allen den *nod pa* – Übeln und Unbilden – und all den vielen *dib* – Verunreinigungen, welche als Gefahr auf die Menschen lauern.

Mit der Anrufung um Schutz der fünf Buddhas, die auf seiner Schamanenkrone abgebildet sind, mit der Anrufung aller Schutzgottheiten des Buddhismus (vormalige nicht-buddhistische Götter, welche nach dem Padmasambhava-Mythos zum Buddhismus bekehrt wurden und zu dessen Schutzgeistern aufstiegen)

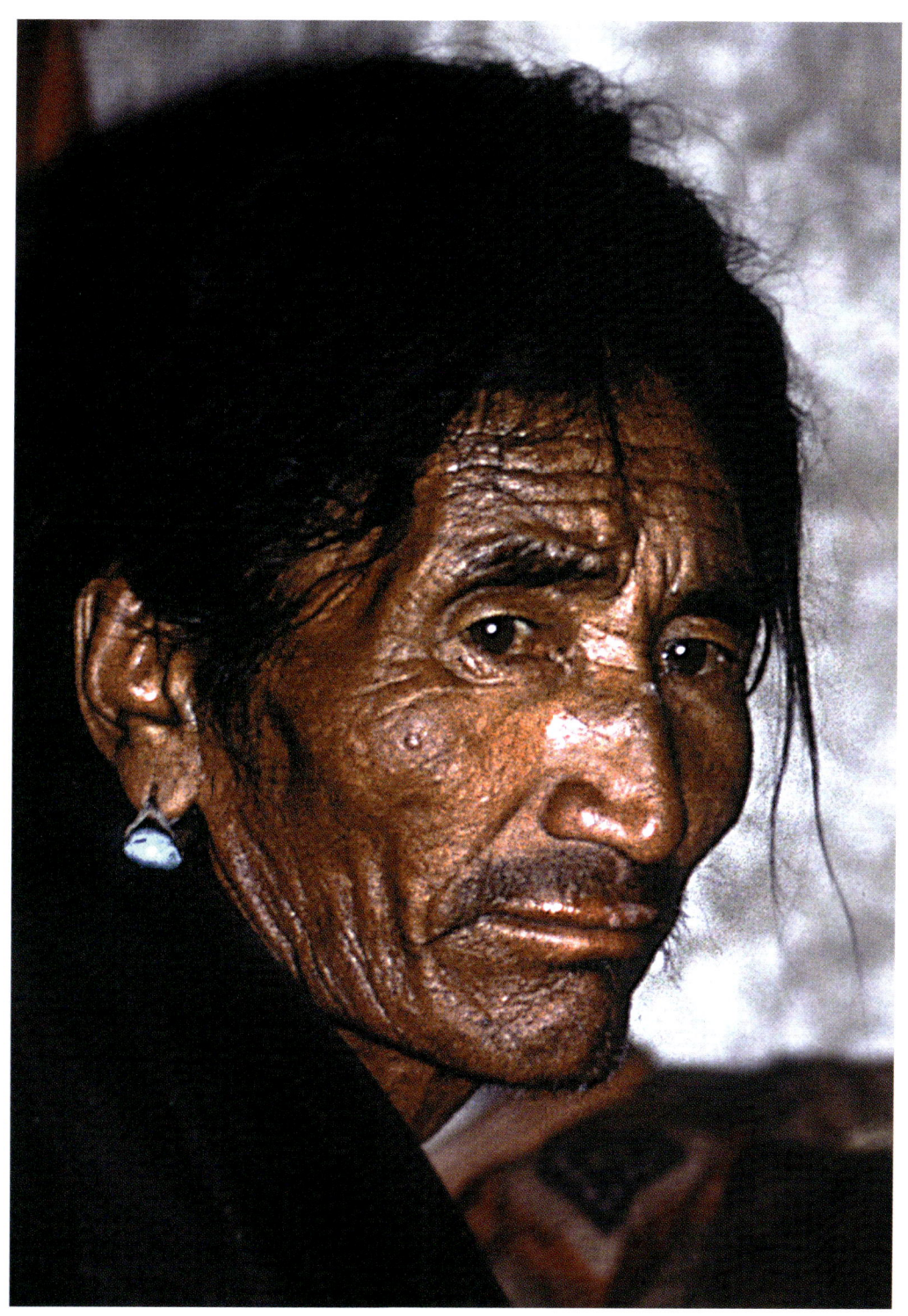

Abbildung 30: Der Schamane Thundup

sowie der weißen und grünen Tara, der *kandoma dakini*, »Engel«, und nochmals der Rinpoches, der *lha tho*, der Tara-Göttinnen... bewegt sich Lhapa Thundup immer wieder durch die weiten Räume der buddhistischen und der schamanischen Religion.

Dieses Hin- und Herwandern zwischen Buddhismus und schamanischen Anrufungsinstanzen und Vorstellungswelten, ohne Zeichnung einer Grenze, ohne Unterschied, ohne Spaltung – das ist eines der Hauptmerkmale der vielfältigen, doch oft so dunklen Gebete von Lhapa Thundup. Und diese Ungespaltenheit zieht sich hinein bis in seine Identität als Schamane:

Als Schamane, als der Leib Thundups unter Trance, ist er ein ganz bestimmter *lha*, eine Gottheit. Die *lha*-Gottheit, welche den Lhapa Thundup unter Trance besetzt, heißt Paldan Lhamo. Dazu erläutert mir mein Mitarbeiter Tsultim (der, wie erwähnt, bis zu seinem 16. Lebensjahr Mönch war), nicht ohne eine gewisse Empörung, das Folgende:

»Paldan Lhamo ist eine Gestalt, die Erleuchtung errungen hat, Paldan Lhamo ist ein (weiblicher) Buddha. Ein Buddha kann keinen Schamanen besetzen. Das geht nicht. Aber Paldan Lhamo hat viele Schüler oder man kann auch sagen Erscheinungsformen – und eine dieser Erscheinungsformen ist dann wohl der *lha* von Lhapa Thundup. Doch legal ist das keinesfalls...« Soweit Tsultim. (Vgl. dazu auch VOLF 1994, S. 190, S. 195 Fußnote 40.)

Für Lhapa Thundup aber sind Fragen der (buddhistischen) Legalität ganz gewiss irrelevant. Er *ist* Paldan Lhamo, Paldan Lhamo und niemand anderes. Die »Eselsbrücke« von Schülern und Erscheinungsformen hat er nicht nötig. Paldan Lhamo steht für den Schamanen Lhapa Thundup auf der gleichen Ebene wie Buddha Avalokiteshvara und Buddha Amitayus: Man betet sie alle an. Der Schamane singt:

1. ཁྱོད་རང་ག་ནེ་ག་ནེ་ཡིན་ནའང་
2. འཕགས་པ་སྤྱན་རས་གཟིགས། མགོན་པོ་ཚེ་དཔག་མེད།
3. དེ་དང་གཅིག་སྐུབས་མགོན་ཡིད་བཞིན་ནོར་བུ་དང་གཉིས།
4. དཔལ་ལྡན་ལྷ་མོ་དང་གསུམ།
5. དེ་དག་ལ་གསོལ་བ་གཏན་ནས་ཁྱོད་ཁྱོར
6. སེམས་ཁྲི་དེ་རྒྱབ་རང་ན་ཡོམ་རེ་ཡ་ཁོ་རེ།

Übersetzung:

1. Wo immer ihr seid,
2. sind Buddha Avalokiteshvara und Buddha Amitayus
3. die ersten (die es anzurufen gilt), und dann der Dalai Lama,
4. und drittens Paldan Lhamo,
5. wenn ihr zu ihnen betet,
6. dann gibt es keinen Kummer mehr – hört ihr das!

Worauf der Schamanengehilfe Sonam Tashi – wie immer wenn der Schamane eine Weisheit singt – mit Nachdruck verkündet:

1. བྱིན་རླབས་ཆེ་མོ།
2. མི་ནི་མ་རིག་གི་མུན་པ།
3. ལྷ་ནི་འོད་གསལ་གྱི་འདྲ་བོ...
4. མི་ནི་མ་རིག་གི་མུན་པ།
5. ལྷ་ནི་མ་རིག་གི་མུན་པའི་ཉི་མའི་འོད།

Übersetzung:

1. Der große Segen über allem.
2. Wir Menschen leben in der Finsternis der Ignoranz,
3. *lha* aber ist wie ein Licht…
4. Menschsein bedeutet Dunkelheit,
5. *lha* ist ein Sonnenstrahl im Dunkeln der Unwissenheit.

Nach weiteren 20 Minuten wird das Mädchen, das unter den »Zuschauern« saß, gerufen. Sie kniet vor dem Schamanen, dieser fühlt singend und unentwegt seine Handtrommel schüttelnd, den Puls des Mädchens. Es ist ganz deutlich zu erkennen: Der ganze Leib der kleinen Patientin wird physisch in das Getrommel »hineingezogen«: Über die pulsfühlende Hand des Schamanen überträgt sich seine leibliche Erschütterung.

Am Puls hat der Schamane Thundup erfühlt, was dem Mädchen fehlt. Und er spricht nicht nur von Frömmigkeit und von Göttern in seinen Gebeten – er gibt auch eine Fülle konkreter Anweisungen, wie die kleine Patientin, die sich an den *lu* infiziert hat, in den nächsten sieben Tagen verhalten soll. Nur dünnen Tee darf sie trinken und keinen Zucker dazu nehmen – und dafür muss sie *ka stan po* – eine

Abbildung 31: Gute Stimmung im Zelt – meine Fotos vom letzten Jahr machen die Runde

»Kontrolle des Mundes« einhalten, d. h. Zurückhaltung üben. Und wenn die Kleine auf das Feld geht, soll sie auf keinen Fall ohne Kopfbedeckung gehen und keinesfalls ohne Schuhe. Beides sind Zeichen der Ehrfurcht, und diese hat sie den *lu* zu zollen. Auch soll sie unbedingt vermeiden, in der Hitze des Mittags auf das Feld zu gehen und in die Nähe von Wasser zu kommen – hinter beidem steht der Gedanke, dass in der Mittagszeit und in der Nähe von Wasser am meisten Insekten unterwegs sind – und deshalb die Gefahr am größten ist, dass man sie aus Versehen tötet… Und um sie für all diese Achtsamkeit zu stärken, gibt er ihr auch noch ein *shu nga,* ein Amulett, bereitet aus einigen der Fäden seiner Schamanenkrone – geweiht im Namen der fünf Buddhas seiner Krone.

Neben der kleinen Patientin bringen auch andere Teilnehmer der Heilungs-Séance ihre Probleme und Fragen ein. Ein junger Mann fragt nach dem künftigen Wohlergehen seiner Herde und was er machen kann, um dies zu sichern. Mein Mitarbeiter Tsultim Kubet fragt, ob er meine Einladung, nach Deutschland zu kommen und dort einige Woche mit mir über den Transkripten zu arbeiten, annehmen soll oder ob irgendwelche Gefahren lauern. Die Antwort von Lhapa Thundup: Es gebe keine Gefahren, aber er müsse sich vorbereiten durch intensive buddhistische Praxis: *puja* machen, Butterlämpchen anzünden, Klöster besuchen. All das hat Tsultim, der an den Schamanen glaubt und der ein tiefgläubiger

Abbildung 32: Andächtige Verfolgung des schamanischen Tuns: Klienten in der Séance von Lhapa Thundup

Buddhist ist, auch getan – und er kam zu mir nach Deutschland zu Besuch (November/Dezember 2000).

Nachdem auf diese Weise eine ganze Reihe von Teilnehmern der Séance dem Schamanen ihre Sorgen und Fragen vorgelegt hatten, sang Lhapa Thundup auch noch eine große Mahnrede an alle (HH-14 nach Diktat, Sonam Tashi, HI-42):

> Ihr solltet *pujas* machen!
> Schaut auf meine Fünf-Buddha-Krone
> und meine Opfergabenschalen auf dem Altar.
> Ihr sollt auf mich hören
> und nur Gutes in euren Herzen denken.
> Ihr sollt Klarheit haben tief aus dem Herzen heraus.
> Wenn ihr diese Klarheit des Geistes habt,
> dann werft das nicht weg...
>
> Ihr solltet mit dem Feinde nicht streiten,
> folgt nicht den Menschen, die Schlechtes tun,
> sonst wird das wie eine Gewohnheit für euch.
> In dieser Welt des *samsara*
> gibt es so wenige aufrichtige und gläubige Menschen...

Wenn ihr allen meinen guten Ratschlägen folgt,
dann werden *lha* und *lu* glücklich sein,
und die *lan de*, *shin de* und *son de* sind besiegt
von den *lha*, den *lu* und den acht Buddhas.
Wir sind umgeben von bösen Geistern und Göttern.
Wenn man keine Achtung voreinander hat,
wenn man spielt um Glück und Gewinn,
dann werden die Geister der Toten *(shin de)*
und andere böse Geister
euch ansehen mit weit offenen Augen.
Menschen, die achtlos sind und spielen,
sind verloren in Unwissenheit.
Versteht ihr das?

Ehrfürchtig, mit gefalteten Händen und gebanntem Blick haben alle gelauscht (vgl. Abbildung 32, S. 167). Und all diese Ratschläge müssen wir alle beachten. Aber Lhapa Thundup tut noch mehr für die kleine Patientin. Er vollzieht an ihr jene Heilungsgesten, die ich bisher noch bei keinem anderen ladakhischen Schamanen je gesehen hatte: Er setzt die Schamanentrommel an den Leib der Patientin an (Hals, Brust, Bauch), nimmt den Rand der Trommel in den Mund und beginnt aus der Tiefe des Leibes heraus auszuatmen – ein tiefer langer Hauchton erfüllt den ganzen Raum. Der Schamane holt Luft und setzt wieder an und wieder... Es sind Gesten der Reinigung (vgl. Abbildung 33, S. 171).

3. DER WERDEGANG DES SCHAMANEN THUNDUP

Nach dieser ersten Heilungs-Séance von Lhapa Thundup luden wir ihn für den nächsten Morgen zum Frühstück ein. Wir sagten ihm, dass wir ganz viele Fragen hätten. Er war gerne zu einem Gespräch bereit. Er kam am nächsten Morgen in unser Zelt. Der Koch hatte ein ganz vorzügliches Frühstück mit mehreren Gängen bereitet. Lhapa Thundup griff gut zu. Er hatte heute seine Schirmmütze mit der Aufschrift MAGIC auf.

Nach einem schönen langen Gespräch wollte ich dann auch gerne von ihm wissen, wie viel Kontakt er bisher schon mit Ausländern hatte – wobei mich natürlich meiner Hypothese gemäß vor allem ausländische *Forscher* interessierten, welche in seinen Séancen saßen, Aufnahmen und Mitschriften anfertigten und dann vor allem danach möglicherweise stundenlang Fragen stellten…

Lhapa Thundup hat schon zweimal einem Ausländer erlaubt, an einer Séance teilzunehmen. Einmal einem Japaner, dem er aber nicht erlaubte, Fotos zu machen, das sei sehr lange her, und er habe nie wieder etwas von ihm gehört. Fragen habe der Japaner nicht gehabt, ein Gespräch wurde nicht geführt.

Der zweite Kontakt war mit »einem anderen Fremden« (FÖLLMI und FÖLLMI 1999). Dieser habe in der Séance einen Film gedreht. Fragen hatte er keine. Nein, noch nie habe er, so wie jetzt mit uns, mit Fremden zusammengesessen und Fragen beantwortet. Zum ersten Mal habe er heute einem Fremden seine Lebensgeschichte erzählt. Dank für das Vertrauen, sagte ich, und er lachte gewinnend.

Hier nun die Schilderung seines Werdegangs, in seinen eigenen Worten. Seine besondere Heilkraft führt Lhapa Thundup vor allem auf die Verspeisung von 360 Mantra-Zettelchen zurück:

> Wie ich *lha* geworden bin? Zuerst einmal muss ich erwähnen, dass mein Vater Lhapa war. Und bei mir kam der *lha* (*lha thon yong*), als ich 13 Jahre war.
>
> Dann 14, 15, 16, 17, bis zum 18. Lebensjahr war ich besetzt (*bam te*). Das war eine sehr schwierige Zeit. Ich habe zum Beispiel immer wieder zwischendurch Blut erbrochen. Und es war dann ein tibetischer Lhapa, der dies beendete. Als ich 25 Jahre alt war, war ich im Kloster Hemis, als die Cham-Spiele zugange waren. Togdan Rinpoche war dort, und ich ging ihn in seinem Zimmer dort besuchen.
>
> Ich wurde wie bewusstlos und konnte nicht stehen und zitterte, und das alles ist mir passiert, und es ging mir gar nicht gut; ich habe fürchterlich gezittert. Und dann ging ich die Treppe runter und dann wusste ich nichts mehr.
>
> Das ist mir damals am Tag des Hemis-Festes passiert. Dort in dem Raum habe ich das Foto von Stagtsang Rinpoche gesehen. Er selbst war nicht da, nur sein Foto. Und dann, wie gesagt, ging ich runter. Aber ob ich den Hof des Klosters erreichte oder nicht, weiß ich nicht, daran kann ich mich nicht erinnern (*yid du med kan la song*), alles ging plötzlich unter (*te ne pa ta med kan la song*), alle Erinnerung war verloren, ja, so ist mir das passiert.
>
> Ich habe wirklich nicht verstanden, was da los war mit mir, ich weiß das alles nicht so genau. Und ich kam dann irgendwie in den *du khang*, da wo die acht Gurus sind, ich weiß nicht genau, es war furchtbar heiß, es war, als sei der ganze Raum voller Butterlampen, ich habe mich für mein komisches Verhalten geschämt. Und dann fingen die Maskentänze des Guru Rinpoche an und ich ging raus und weg und war beschämt für alles, was geschah…

Und dann kam der Karmapa Rinpoche nach Ladakh ins Dorf Gya. Es waren unheimlich viele Leute da. Und er sagte mir auf den Kopf zu: Mein Lieber, ich glaube, du bist ein *lha pa*, ein *lha pa*. Und ich machte Niederwerfungen und sagte, ich fühle mich so verrückt (*nyo*). Und seine Heiligkeit, der Karmapa, sagte mir: Du sollst Gutes tun für alle Lebewesen, Du scheinst ein guter *lha* (*lha yag po*) zu sein. Das hat er gesagt.

Danach bin ich dann zum Takthok-Kloster gegangen, wo Tsetul Rinpoche ist, ihn habe ich besucht. Und ich habe ihn gefragt: Ich werde immer wieder verrückt (*nyo tak*), was ist das denn?

Er saß auf seinem Thron, und da war ein kleiner Tisch dazwischen, und ich saß auf der anderen Seite. Und er bot Tee an... Er benutzte einen Spiegel, so wie ich ihn gestern benutzt habe, und bereitete Opfergaben und sprach Gebete... Und dann war dieser Spiegel, der Spiegel, der Spiegel ... und während er betete, hob er ihn auf und zeigte ihn, und ich begann furchtbar zu zittern, und ich verlor das Bewusstsein (*sem*), und als er den Spiegel wieder niederlegte, war alles wieder vorbei...

Wenn ich verrückt werde (*nyo song ste*), dann ist nichts an Erinnerung mehr da (*te ne yid du med pa*). Und ich hätte gesagt: »Ich bin Paldan Lhamo«, so hat mir jemand berichtet. Jemand hat gesagt, vor dem Rinpoche hätte ich gesagt: »Ich bin Paldan Lhamo.« Und er hat gesagt, wenn ein Bettler kommt oder ein Mensch der unteren Kaste, sei gut zu allen, der *lha* ist für alle, tu Gutes für alle...

Von Staglung Rinpoche bekam ich die Mantra-Lehren (*nyaks ge lung*). Wie man mit *ti mo/ti po* umgeht, das nicht, auch nicht, wie man geraubte Sachen findet, das ist nicht ihre Sache, aber sonst hat er mir alle relevanten Sachen (*lung tsang ma*) beigebracht.

Er gab mir vor allem eine kleine Pappschachtel so groß wie eine Streichholzschachtel. Da ist meine ganze Lehre drin, hat er gesagt. Es waren 360 winzige Zettel aus tibetischem Papier, die Buchstaben waren in rot, und er sagte mir, ich soll jeden Tag einen Zettel essen. Aber trinke keinen *chang*, hat er gesagt, und iss kein Fleisch, und dann wirst du ein ganz starker *lha* sein. Und ich habe sie alle aufgegessen. Auf jedem Papierchen war ein Mantra in roter Tinte geschrieben.

Abbildung 33: Schamane Thundup beim Blasen über die da ma ru-*Trommel*

4. DER WEG IN DIE TRANCE

Es ist für Lhapa Thundup nicht leicht, in Trance zu gehen. Lhapa Thundup wundert sich endlos darüber, wie es Schamanen geben soll, die – wenn sie sich vor der Séance die Hände waschen (was alle tun) – gleich in Trance fallen sollen, was sollen *das* für Schamanen sein? Oder es solle, so habe er gehört, Schamanen geben, die, wenn sie von Trance auch nur reden, schon in Trance fallen. Was sollen *das* für welche sein? Wie solle einer in einer wirklichen Trance sein ohne *ser kyem*, ohne *puja*...? Dann könnte ja jeder Schamane werden!

Für ihn müssen mindestens drei Bedingungen erfüllt sein: Er muss den buddhistischen Altar aufbauen und Opfergaben bereiten (*nyer tschod*), er muss buddhistische Gebete sprechen/singen (*ser kyem*) und er muss die Anrufungen vollziehen (*chan den*) – erst dann werde er »bewusstlos«, »wie verrückt«. Das schildert er so:

Er sehe wechselnde Farbformationen und wilde Tiere und fürchterlich große Insekten, das seien *shin de*- und *son de*-Geister. Er selbst erhebe sich höher und höher, die Leute um ihn herum treten immer mehr zurück, sie werden winzig klein, er schwebe irgendwie oben, der Spiegel, den er zur Wahrsagung benutzt, wird riesengroß. Chitti-pati-Figuren (Skelett-Spieler aus den klösterlichen Cham-Spielen, meist von Kindern dargestellt) tauchen auf und fallen ihn an und turnen auf seinem Körper herum, es sei erschreckend, manchmal aber auch lustig. Er sieht rote Farbe, und die Berge rücken ganz nah an ihn heran.

Es kommen ganz viele *lha*, alle in anderer Gestalt, auch Tiergestalten, als wilder Esel, als großer Vogel. Weil er *lung* bekommen hat (die Lehren eines Rinpoche), geschehe ihm dies alles, er sei auch vorgewarnt worden, dass er viele Dinge sehen werde, und er solle behutsam sein und er solle keine Angst haben.

Es kommen Strahlen von Licht aus allen vier Ecken, das *nyer tschod* sieht aus wie Wölfe, Schneeleoparden, Tiger. Die Körner werden zu Yaks. Alles sieht sehr groß aus. Das alles sind *lha*. Die Opfergaben muss er den *lha* geben. Dann verschwinden diese Gestalten.

Und Schwarzes und Weißes senkt sich vom Himmel herunter und tritt in den Spiegel ein. Im Spiegel erscheint Guru Rinpoche (Padmasambhava) und die acht Buddha-Gestalten.

Viele *lha* kommen, insgesamt 360, weil er 360 Mantra-Papierchen gegessen hat. Es gibt 360 Krankheiten und er hat 360 *lha* für die Lösung der Probleme. Es gibt einen *lha* für Schmerzen, einen *lha* für Fragen nach dem Verbleib eines Diebesgutes, einen *lha* zum Blasen (*snag*)...

Sein wichtigster *lha* allerdings ist Paldan Lhamo. Sie kommt meist auf einem walnussfarbenen Maulesel. Es komme die zornige Erscheinung der Paldan Lhamo zu ihm. Aber es kommt auch die sanfte Paldan Lhamo. Diese reitet auf einem weißen Pferd, ist wunderschön, wie eine Braut, und trägt einen prächtigen *pe rak*.

Die *lha* kommen auch nicht einfach von selbst, er muss sie rufen. Wenn Patienten Fragen stellen, schaut er in den Spiegel. Dort erscheint der *lha*. Dem *lha* legt er die Frage vor, der *lha* antwortet. Je nach Patientenproblem werden ganz verschiedene *lha* gebraucht.

Die *lha*, die zu ihm kommen, seien nicht so wie die *lha*, die es in Leh gibt. Seine kommen aus dem lodernden Feuer von vier Ecken. Man müsse sie mit großer Umsicht behandeln.

Morgens bleiben alle *lha* relativ gut zusammen, wie Menschen auch morgens noch im Zelt zusammensitzen, dann könne man sie relativ leicht rufen. Deshalb arbeite er auch gerne morgens. Dann gehen sie alle auseinander, so wie Menschen auch. Das sei dann für den *lus gyar* eine schwierige Sache, jeden einzelnen mühsam einzuladen. Am Abend sind die *lha* wieder alle zusammen, dann ist es wieder einfacher, sie zu rufen.

Wenn man einen *lha* ruft, dann weicht *sem nyid* (Bewusstsein/Seele) aus dem Leib. Wenn das weicht, ist Dunkelheit. Es wird Licht, wenn der *lha* einzieht. Und wenn der *lha* auszieht, kommt *sem nyid* zurück. Und danach könne man sich an nichts mehr erinnern.

Aber woher weiß er dann all diese Details – so wollte ich wissen – die Farben, die wilden Tiere, die überdimensionalen Insekten, die Farbe des Maulesels der Paldan Lhamo? Das sei der Weg zum *lha*-Zustand, der lange mühsame Weg. Wenn *lha* in ihn eingedrungen ist, gibt es keine Erinnerung mehr.

5. ZWEITE SÉANCE: DAS SCHLÜSSELERLEBNIS

Lhapa Thundup war mit der Zeit sehr genau. Um Punkt 9 Uhr – wie er uns schon angekündigt hatte – brach er das Gespräch ab. Er habe jetzt gleich noch eine Heilungs-Séance, erklärte er, und er müsse die *lha* rufen, bevor sie alle in den Tag hinein aufbrächen.

Noch eine Heilungs-Séance? Das kam als eine Überraschung – und (für eine Forscherin) wie ein Segen. Dürfen wir teilnehmen, Tonbandaufnahmen und Fotos machen? Das war alles kein Problem. Diese zweite Heilungs-Séance von Lhapa Thundup wurde für mich zu einem unauslöschlichen Schlüsselerlebnis. Deshalb möchte ich sie zunächst etwas ausführlicher beschreiben.

DAS HEILUNGSRITUAL DES SCHAMANEN THUNDUP FÜR SONAM DISKIT UND TASHI GONPO AM 26.6.2000
SCHAMANENGEHILFE: SONAM TASHI

Ort, Zeit, Teilnehmer, Heilungsanlass

Die Heilungs-Séance findet statt in der Küche der Hütte des Tashi Gonpo in der kleinen Siedlung Sumdo in Changthang, Ladakh. Sie beginnt um 9 Uhr morgens und ist etwa um 11 Uhr zu Ende.

Die Hauptpatientin ist Sonam Diskit, sie ist etwa 40 Jahre alt. Sie konsultiert den Schamanen, weil sie an Atemnot leidet und Schmerzen in der Brust hat.

Sie lebt beim Vater, Tashi Gonpo, der auch an der Séance teilnimmt. Sonam Diskit ist Witwe und hat drei Kinder. Der älteste Sohn geht schon in die High School in Nyoma, einer kleinen Stadt am Rande der Changthang-Hochebene, 6 Stunden Weg und Busfahrt von Sumdo entfernt. Er will vom Schamanen eine Weissagung: Ob er das Examen in der Schule bestehen werde. Das Mädchen ist etwa zwölf und der Jüngste etwa vier Jahre alt. Auch die drei Kinder sind zeitweilig und wechselnd bei der Heilung dabei.

Neben der Patientenfamilie nehmen teil: der Schamanengehilfe Sonam Tashi, meine ladakhischen Mitarbeiter Sonam Norboo Spurkhapa und Tsultim Kubet und ich.

Die Erscheinung des Lhapa Thundup

Lhapa Thundup lässt sich in seiner Alltagskleidung in der Küche nieder (vgl. Abbildung 34, S. 175), auf dem teppichbelegten Boden in der Ecke des Raumes vor dem buddhistischen Hausaltar. Er trägt schöne strahlende Türkissteine als Ring an beiden Händen, er trägt auch einen Türkisstein am Ohr (festgebunden mit einer durch das Ohrläppchen geführten Schnur) und an einer Halskette. Am Hals trägt er auch einen *dzi*-Stein[2] sowie eine Armbanduhr. Eine weitere große mächtige Armbanduhr schmückt sein Handgelenk. Er hat sein Haar hinten zu einem Zöpfchen zusammengebunden. Über Pullover und Hose hat er einen weiten Samtmantel geschlungen.

---

2   Zu der magischen Bedeutung der *dzi*-Steine vgl. EBBINGHOUSE und WINSTEN 1982a, 1982b; LIU 1980; NEBESKY-WOJKOWITZ 1952.

Abbildung 34: Der Schamane Thundup gibt Erläuterungen

Vorbereitende Handlungen

Lhapa Thundup beginnt seine Vorbereitungsarbeit langsam und gemächlich. Er kauert oder kniet auf seinem Lager. Zuerst gilt es, den buddhistischen Altar aufzubauen mit den üblichen sieben Opferschalen. Die Opferschale für Tee symbolisiere einen heiligen See, die eine *tsampa*-Opferschale sei der heilige Berg Kailash, die andere das Herz des Schamanen, so erklärt er, während er bedächtig handelt. Während dieser Vorbereitung wird ständig geplaudert, es sind Alltagsreden, es geht um die Ziegen, um die Schafe, um die Schule, um das Wetter.

Der Schamane beginnt mit leierndem Gebet, einem monotonen Singsang von buddhistischen Mantras, und vollzieht dabei eine Vielzahl von Libationen mit Tee. Die anderen führen ungestört ihre Alltagsgespräche weiter. Mit dem Entzünden der Öllämpchen auf dem Altar wird ein gewisser formaler Beginn gesetzt – die Konversation ebbt ab.

Einkleidung

Lhapa Thundup streift seinen verschlissenen Samtmantel von den Schultern. Die leiernden Rezitationen buddhistischer Gebete und Mantras gehen weiter. Gleichzeitig kleidet sich der Schamane – weiterhin kauernd oder kniend – ein: Zuerst bindet er ein rotes Tuch um den Kopf, wie eine Kappe, dann legt er einen Umhang um, schnürt schließlich noch ein weiteres Tuch um das Haupt und bindet ein helles Tuch vor den Mund. Derweil hat der Schamanengehilfe (Sonam Tashi) die Weihrauchschale entfacht, dicke Weihrauchschwaden füllen den Raum.

Trommel, Glocke, Gesang

Der Schamane holt seine kleine kostbare *da ma ru* (Handtrommel) aus seinem Requisitensack und beginnt zu trommeln. Gleichzeitig geht der leiernde Singsang in klares Singen über. Seit Beginn der Heilungssitzung sind 30 Minuten vergangen.

Wenige Minuten später, unter ständigem Trommeln und Gesang, beginnt der Schamane am ganzen Körper zu zittern, er wirft wilde Blicke um sich, trommelt weiter, das Vibrieren und Schütteln seines Leibes wird stärker, er greift nun mit zitternder Hand nach seiner riesenhaften flügel- und bänderbesetz-

Abbildung 35: Schamane Thundup mit da ma ru-Trommel und Glocke, Mantras rezitierend

ten Schamanenkrone, nestelt erratisch daran herum, während er weitersingt und weiter trommelt.

Nach einigen Minuten hören Trommeln und Gesang auf, er legt die Trommel ab und setzt sich mit beiden Händen die Krone auf. Im hellen Wirrwarr unzähliger zotteliger Bänder ist es offensichtlich nicht leicht, die Krone hinten am Kopf zu verschnüren, es wird lange hantiert. Dann geht es weiter mit *da ma ru*-Trommeln und mit buddhistischem Gesang. Seit Beginn der Heilungs-Séance sind 45 Minuten vergangen.

Das Trance-Drama, das große Erschrecken

Der Gesang wird schneller, zusätzlich zur *da ma ru* (in der rechten Hand) greift er nach der Glocke und läutet und trommelt und betet immer wilder (vgl. Abbildung 35, S. 177), der ganze Körper ist von Schütteln gepackt. Die Spannung im Raum steigt und spiegelt sich in den Gesichtern der Teilnehmer. Keiner wagt mehr ein Wort.

Urplötzlich legt Lhapa Thundup in wild hastiger und heftiger Geste Trommel und Glocke weg, springt auf die Füße, ist mit einem Satz vor uns allen, beugt sich in seiner eindrucksvollen Gestalt – mit Riesenflügeln (Fächern) und den unzähligen bunten, zotteligen, langen Schnüren an der Krone – über uns und singt auf uns ein.

Es ist so viel Heftigkeit in seinen Bewegungen, und sein Gesichtsausdruck und sein Blick sind dermaßen wild, dass alle sichtbar zusammenzucken und in angstverkrampfter Haltung erstarren, der Atem stockt einem, alle haben offensichtlich Angst vor physischer Aggression des Schamanen.

Wüst sieht er aus, er kommt allen nacheinander ganz nah, jeder kann seinen Atem spüren, sein schweißbedecktes Gesicht sehen, das in jeder Faser zittert und vibriert. Dabei singt er ununterbrochen und mit großer Intensität und manchmal gefährlich klingender Atemlosigkeit auf uns ein. Sein Gesicht zuckt, seine Lippen zittern, es ist atemberaubend (vgl. Abbildungen 36, S. 179 und 37, S. 181).

Diagnose und Therapie-Empfehlungen

Nach Minuten zieht er sich wieder auf seinen Teppich vor dem Altar zurück,

Abbildung 36: Lhapa Thundup in tiefer Trance: Gesang vom Zustand der Welt

greift nach der *da ma ru,* ruft die Patientin zu sich, fühlt ihr trommelnd und singend den Puls und spricht dann lange auf sie ein – ohne Trommel, ohne Gesang. Er sagt ihr, woher ihre Schmerzen kommen, was sie tun und lassen muss, welche buddhistischen Rituale sie zu vollziehen hat, wie lange sie mit der Gesundung rechnen muss und wen sie konsultieren soll (einen *am chi,* einen tibetischen Arzt), wenn in einer Woche nicht alles wieder gut ist. Auf jeden Fall soll sie weder kaltes Wasser noch heißes Wasser trinken, alles soll maßvoll sein und Mitte.

Wenn sie dies nicht beachte, könne es wirklich schlimm werden, aber ansonsten seien wir menschliche Wesen und Krankheit sei normal. Krankheit dämmen wir ein auf dem Wege von *sem pa* – auf der Ebene des Bewusstseins, unser Bewusstsein müsse rein und klar sein. Wer diese Botschaft verstehe, würde nicht in Schwierigkeiten kommen. Wenn sie, die Patientin an ihrem Bewusstsein arbeite und die Mitte wahre, könne auch er helfen. Anderenfalls drohe Unheil…

Rituelle Heilung mit da ma ru-Hauchen

Dann setzt Lhapa Thundup die *da ma ru* an ihren Hals, an den Kopf, an die Schläfen, an die Brust, an den Rücken, nimmt den Trommelrand in seinen Mund und bläst über das Trommelfell, so dass sich auf dem Trommelfell ein eindrucksvoller, langer, tiefer, anhaltender, leiser Hauchton ergibt, der den ganzen Raum füllt. Er haucht als *lha*, als Gottheit, die Heilungskraft in sie hinein, wie Sonam Tashi uns später erläutert (HI-41): Dann muss die Patientin, die vor ihm kniet, sich ganz zum Boden beugen und wird von dem Schamanen mit dem *vajra*, dem Diamantenzepter, geweiht.

Weitere Patienten, Weissagung und Mahnung

Auch Sonam Gombo wird auf diese Weise behandelt: Pulsfühlen, *da ma ru*-Hauchen, *vajra*-Weihung. Zwischen *da ma ru*-Hauchen unterbricht Lhapa Thundup immer wieder, um heftig zu läuten und zu trommeln, ehe er das Hauchen wieder beginnt.

Der Sohn fragt, ob er das Examen bestehen werde. Lhapa Thundup holt einen kleinen runden »Spiegel« (eine blanke Messingscheibe) heraus und schaut lange, lange hinein, ehe er seine Antwort gibt. Im Spiegel sprach der *lha*, die Gottheit.

Abbildung 37: Lhapa Thundup in tiefer Trance: Gesang, Gebet und Mahnung

> *Der Ausstieg aus der Trance*
>
> Nochmals beginnt der Schamane heftig zu trommeln und zu läuten, und aus der ruhigen Haltung der Weissagung heraus beginnt der Leib wieder zu zittern und zu schütteln – wild gestikuliert er mit Trommel und Glocke, und es sieht recht gefährlich aus, so als könne der Schamane sich selbst verletzen oder uns angreifen.
>
> Der Schamanengehilfe rutscht hinter den knienden Lhapa Thundup und hält ihn mit einem kräftigen Griff mit beiden Händen, so als wolle er verhindern, dass der Schamane nach hinten stürzt.
>
> Plötzlich erstirbt alles Trommeln und Läuten, der Schamane reißt sich die Krone vom Haupt, auch die roten Kopftücher und das längst verrutschte Mundtuch, er sackt mit einem mächtigen Stöhnen vornüber in sich zusammen. So bleibt er eine Weile liegen. Sonam Tashi gibt ihm Körner in die Hand (Schamanen streuen sie zur Weihung in den Raum) – aber die Geste des Körner-Verstreuens ist so schwach, dass diese kaum ein paar Zentimeter vor ihm hinrollen (vgl. Abbildung 38, S. 184/185).
>
> Nach einer Weile richtet sich der Lhapa Thundup auf und schaut um sich, als wisse er nicht, wo er ist und wer wir sind und was hier eigentlich vor sich geht oder vor sich ging. Er wischt sich den Schweiß von der Stirn, lächelt etwas verwirrt und sagt dann schwach und freundlich: Juley – hallo!

In meiner Skepsis gegenüber Trance und Amnesie ist diese Heilung von Lhapa Thundup für mich zu einem Schlüsselerlebnis geworden. Ich habe »begriffen«, und zwar nicht links-hemisphärisch, rational, logisch oder wissenschaftlich, sondern rechts-hemisphärisch, intuitiv, emotional, ja nahezu trance-infiziert – dass die schamanische Trance etwas absolut Authentisches sein *kann*.

Ganz nach traditionellem Muster ging der Schamane durch Gesang und Trommeln und Glockengeläut in die Trance, in seiner Trance benannten die Patientin Sonam Diskit und ihr Vater Tashi Gombo das Problem – die Lungenschmerzen der Tochter –, und diagnostizierte der Schamane die Herkunft der Krankheit. Aber dann sprang der Schamane plötzlich mit solcher Furie auf die Füße (Schamanen heilen meistens kauernd) – dass *alle* Anwesenden (nicht nur ich, die Fremde) zutiefst erschrocken, ja entsetzt zurückwichen. Mit rasendem Herzklopfen raffte ich schnell meine Forschungsgerätschaften – Tonband, Fotoapparat, Block und Bleistift – am Boden beiseite, um sie vor seinem bedrohlichen Agieren zu retten und rückte selbst – ebenso wie alle anderen – zurück, soweit es die Wand hinter uns zuließ.

In seiner ungeheuer eindrucksvollen Erscheinung stand da der Schamane Thundup vor uns, beugte sich über uns und sang minutenlang in unbeschreiblicher Intensität auf uns herab. Sein Gesicht war immer wieder ganz nah an meinem, ich spürte den rasenden Atem, ich sah seine Schweißtropfen und das Zittern aller Fasern des Gesichts, der Lippen, der Augenlider – er sang mit einem solchen Ausdruck von Kraft und Anstrengung, dass ich fürchtete, er breche jeden Augenblick zusammen. Aber er sang weiter und weiter, es war absolut eindrucksvoll. Man verlor nach einigen Minuten die Angst, man war plötzlich eingesogen in diesen Gesang, fast konnte man mitgehen, mein Atem, so spürte ich plötzlich, passte sich seinem kurzen Atem an; langsam begann ich den Gesang auch vom eigenen Inneren herkommend zu hören, wie vom Resonanzboden des eigenen Bewusstseins. Und ich habe begriffen – eben in der Seele, im Herzen, in der rechten Seite des Gehirns (was alles ja wohl eher unwissenschaftliche und wissenschaftlich verpönte Orte der Erkenntnis sind!) –, was Trance ist, dass es Trance gibt, echte, authentische, tiefe schamanische Trance, dass man von dieser angesteckt werden kann und dass die Ansteckung einen Bewusstseinszustand herstellt, der einen auf eine ganz andere und neue Weise empfänglich macht – sicher auch gegenüber der suggestiven schamanischen Heilkraft...

Ich kann mit diesem Schlüsselerlebnis nicht unbedingt erklären und gewissermaßen digital vermitteln, was Trance ist – aber ich kann sagen, dass ich ihre Authentizität in diesem Fall ganz gewiss erfahren habe.

6. DIE BRENNENDE NEUE FRAGE: WAS HAT ER GESAGT?

Ich war ganz benommen nach dieser Heilungs-Séance. Ich fragte sogleich meinen Mitarbeiter Tsultim: »Was hat der Schamane gesungen, als er aufsprang?« »Ich habe es nicht verstanden«, sagt Tsultim, »ich hatte Angst.« Ich fragte Sonam Norboo. Auch er hatte es nicht verstanden, auch er hatte sich erschrocken. Doch als wir uns wieder einigermaßen gesammelt hatten, saß ich mit Tsultim noch den ganzen Tag über dem Tonband. Doch wir verstanden nur Bruchstücke!

Nun hatte ich zum ersten Mal erfahren, was Trance ist. Ich hatte begriffen, dass Trance übermächtig sein kann. Ich konnte erahnen, dass man sich nach einer solch ganz und gar anderen Verfassung im »normal« funktionierenden Gehirn, dem Alltagsbewusstsein, *nicht* mehr erinnern kann. Die bohrende Frage nach der Amnesie als Abwehrstrategie war zwar nicht verloren, in ihrer Bedeutung aber hinter eine andere zurückgetreten.

Ich wollte natürlich nicht stehen bleiben bei meinem »unwissenschaftlichen« *embodied understanding* (einem »leiblichen« Verstehen) – ich wollte auf der wissenschaftlichen Ebene zumindest *einiges* von dem verstehen, was in der Trance geschieht. Ich wollte ganz gewiss verstehen, was der Schamane mit solch ungeheurer Kraft und Intensität auf uns herabgesungen hatte. WAS HAT ER GESAGT?

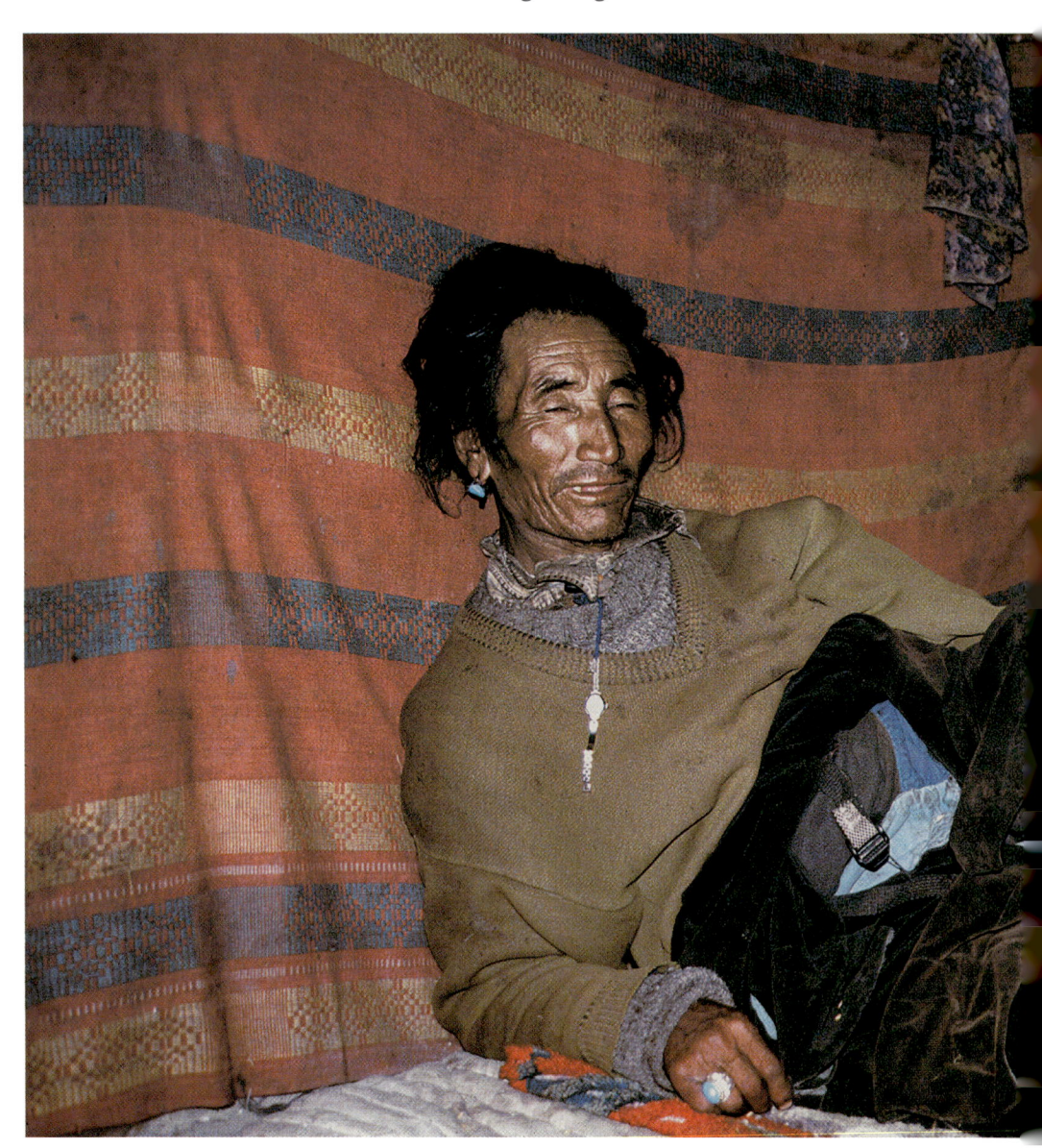

Was wollte er vermitteln? Welche Botschaften waren es, welche Mahnungen, welche Ratschläge, welche Geschichten, welche Drohungen, welche Versprechen? Ich war wirklich fixiert in dem Wunsch, dies auf jeden Fall herauszubekommen. Und das würde doch möglich sein, denn schließlich hatte ich den Gesang auf meinem Tonband.

Diese zusätzliche neue brennende Frage: Was hat er gesagt? hat mich ein Jahr lang ganz erhebliche Forschungsanstrengung gekostet. Das Ergebnis ist im nachfolgenden, letzten Kapitel dargestellt.

Abbildung 38: Lhapa Thundup – Zusammenbruch am Ende der Séance

KAPITEL 6

Der große Schamanengesang, die Auflösung der Fragen

> **Übersicht:**
>
> 1. Vater und Sohn. Zwei weitere Changthang-Schamanen (188)
> 2. Der junge Schamane Sonam Lathar (188)
> 3. Der Schamane Ngawang: Hermetische Amnesie (191)
> 4. Bilanz zur Amnesie (198)
> 5. Sonam Tashi, der Schamanen-Gehilfe (199)
> 6. Arbeitsweise und Methoden der Annäherung (201)
> 7. Der große schamanische Gesang (203)
> 8. Deutung und Bedeutung des Trance-Gesangs (209)
> 9. Die ökonomische und gesellschaftliche Realität in Changthang und Ladakh und die Vision des Schamanen für sein Land und gegen die Gewalt in der Welt (211)

1. VATER UND SOHN. ZWEI WEITERE CHANGTHANG-SCHAMANEN

Im Juni 2001 machte ich mich, wie erwähnt, ein weiteres Mal auf zu einer Forschungsreise nach Changthang. Wie viel Glück ich auch dieses Mal hatte, den »noch fehlenden« Schamanen Ngawang (Vater des Schamanen Sonam Lathar) zu finden und dann vor allem Sonam Tashi, den Schamanengehilfen von Lhapa Thundup – das habe ich schon geschildert. Die guten Geister waren mir wirklich hold.

Ich möchte zunächst die beiden noch nicht vorgestellten Changthang-Schamanen zu Wort kommen lassen. Sie erzählen von ihrem Werdegang, ihrer Heilungspraxis, ihren *lha* und ihrer Amnesie. Bei dem alten Schamanen, dem Vater, Lhapa Ngawang, hatte ich auch Gelegenheit, eine Heilungs-Séance zu erleben und zu dokumentieren.

Auf diesem Hintergrund wird es dann möglich, die Gleichheiten und die Unterschiede zwischen den nomadischen (nicht den städtischen) Changthang-Schamanen auf der einen Seite und den Schamanen Zentral-Ladakhs, auf die ich mich vorher konzentriert hatte, zu verdeutlichen (vgl. Anhang I). Diese Unterschiede haben auch etwas mit dem gesamten ökonomisch-ökologischen Kontext zu tun, in welchem diese Schamanen handeln.

2. DER JUNGE SCHAMANE SONAM LATHAR

Der junge Schamane Sonam Lathar – 39 Jahre alt – ist groß, schlank und »modern« gekleidet (vgl. Abbildung 39, S. 189). Er trägt meist eine Coca-Cola-Mütze. Er ist der Sohn des Lhapa Ngawang, des Onkels von Lhapa Thundup. Er wurde noch nie von Fremden befragt und an seinen Heilungen hat auch noch kein Fremder je teilgenommen.

Vor zwanzig Jahren, so berichtet Sonam Lathar, kam der *lha* zu ihm:

ང་རང་རྒྱ་བ་ཙོ་བེ་ཚོག་སོང་། དེ་བྲག་གི་མ་ནེ་སྨྱོ་བྱེ་ཚོག་སོང་།

Ich wurde irgendwie verrückt. Ich wurde wie wahnsinnig.

Abbildung 39: Lhapa Sonam Lathar mit Sohn

Darauf konsultierte er einen Rinpoche, der bestätigte, dass er nicht »normal verrückt«, sondern *lha*-besessen sei, aber *lha* (die Gottheit) und *de* (böser Geist) noch im Kampfe in seiner Brust lägen. Er, der Rinpoche, trennte *lha* und *de* und führte ihn ein. Von da an kommt der *lha* nur, wenn er gerufen wird. Danach lehrte ihn der Vater.

Beide praktizieren, Vater und Sohn. Wie sieht die Arbeitsteilung aus? Der Vater Lhapa Ngawang weilt meist im fernen Terasong und heilt deshalb überwiegend dort, Sonam Lathar mehr in der Gegend der Orte und Regionen Korzok, Kyaga, Chhumur, Churtse. Wenn beide in der gleichen Gegend sind und Patienten nach einem Schamanen fragen, geht hin, wer immer gerade Zeit hat.

Mit welchen Anliegen kommen die Patienten? Sie kommen, wenn sie sich physisch krank fühlen, wenn sie von Unheil (*ngan chod chig*, durch böses Tun anderer), das ihnen anhaftet, befreit werden wollen, wenn sie etwas verloren haben und wissen wollen, wo es ist, wenn sie Fragen haben, was sie tun sollen oder wie die Zukunft aussieht, und wenn sie eine Brandbehandlung (*me ngag be ngag*)[1] brauchen oder irgendwelche Medizin.

Nein, Tiere heilen weder er noch sein Vater, sie saugen keine Nadeln aus dem Fell von Vieh (*khab phing*), überhaupt kennen sie das Saugen (*dschib bib*) nicht. Für kranke Tiere machen sie *pujas* und sie geben ihnen Medizin. Jeder heile durchaus anders. Lhapa Thundup holt (das Schlechte) mit der *da ma ru*-Trommel heraus (*da ma ru bo tang nyam po then na nog*). Das machen sie, er und der Vater, nicht. Sie heilen anders.

Er und sein Vater kennen folgende Behandlungsweisen: Bereitung religiöser Rituale und Gebete (*chho ga bo ga, kab ko bab ko*), Medikamente geben, Blutbehandlung (*khrag bag tang ches*) und die Feuerbehandlung (*me be tang ches*, auch *me ngag*).[2]

Es ist der gleiche *lha*, welcher Vater und Sohn besetzt. Vor langer Zeit ging der Vater auf Pilgerreise nach Tibet zum heiligen Berg Kailash. Dort kam zum ersten Mal der *lha* über ihn. Es war Kailash Rinpoche selbst, der über ihn kam, auch Kangs Rinpoche genannt oder Kangs ri lha tsan. Auf die Frage, ob Kangs Rinpoche und Kangs *ri lha tsan* das Gleiche sei, antwortet Sonam Lathar: »Kangs ri steht für Kangs Rinpoche, und der *lha* Kangs Rinpoche überkam den Vater am Ort *tsan*. Und weitere *lha* kommen weder zu ihm noch zum Vater.

Und wie geht er in Trance (*lha zhugs*)? Er spreche Gebete und damit komme

---

1 In der Sprache von Sonam Lathar und Vater findet sich eine merkwürdige Besonderheit: die Wiederholung eines Wortes mit Konsonantenwechsel, meist mit b: *me ngag/be ngag; dschib/bib; chho ga/bo ga; kab ko/bab ko* etc...

2 Es wird mit einem Eisengegenstand (*sa bug*) »schlechtes« Blut (*khrag tsog po*) abgezapft – dies geschehe meist vom Kopf, den Händen, den Füßen, je nachdem, wo das Problem liege, und die Feuerbehandlung bestehe im Erhitzen einer Messerklinge, über die der Schamane auf die schmerzenden Stellen bläst.

der *lha* über ihn. Und wenn der *lha* gekommen sei, wisse er von nichts mehr. Er könne sich an nichts mehr erinnern:

ལྷ་གཞུགས་ཡ་ལེ་ང་རང་འེན་ན་ཁོ་རང་ནེ་ཡུ་ར་ལྷ་རྗེ་བ་རྗེ་ཆང་མེ་ཡུར་
གསོལ་ག་ཚིག་མེ་གཏང་ད་ཉོག་གསེར་སྒྲུམས་གཏང་ད་ཉོག་དེན་ན་ཁོ་རང་
དང་མཉམ་དུ་ལྷ་གཞུགས་ཐེ། གཞུགས་ཚ་རང་ཅང་གཞུགས་ཚ་རང་མ་ནེ་
ཅང་པ་ད་ཚ་མེ་རག། དེ་ཡོང་ད་མེ་རག་དེ་ཡོང་ད་མེ་རག་ལེ།

Übersetzung:

Der *lha* kommt, wenn ich Gebete spreche und Opfergaben bereite, dann kommt er. Wenn er gekommen ist, danach weiß ich dann nichts mehr. Er kommt – und es ist nichts mehr (an Erinnerung).

Gesellschaftliche Veränderungen sieht Lhapa Sonam Lathar durchaus. An manchen Orten gibt es Elektrizität, man kennt das Radio, man hat Öfen mit Gasflaschen. Aber die Schamanen würden genauso geachtet wie früher, die Menschen brauchen sie ganz einfach. Ob er denn auch etwas für mein schmerzenden Knie tun könne? »Das weiß ich nicht«, sagt Sonam Lathar, »das weiß nur der *lha*.«

3. DER SCHAMANE NGAWANG: HERMETISCHE AMNESIE

Es war eine ausgesprochen herzliche und gelöste Stimmung im Zelt seines Sohnes Sonam Lathar, wo ich den Vater, den Schamanen Ngawang, der überwiegend in der Gegend von Terasong weilt, das erste Mal traf. Gerne dürften wir an einer Heilung teilnehmen, die heute hier stattfinden würde, gerne sei er zu Gesprächen bereit.

Zur Heilung hatten sich 13 Menschen in dem geräumigen Zelt versammelt, darunter auch ein Mönch, der den Schamanen mit gefalteten Händen die ganze Zeit hingebungsvoll betrachtete (vgl. Abbildung 40, S. 192). Der Sohn des Schamanen, Lhapa Sonam Lathar, war heute dessen Gehilfe.

Abbildung 40: Buddhistischer Mönch in einer schamanischen Séance bei Lhapa Ngawang. Im Hintergrund traditioneller schmuckvoller Behälter zum Herstellen von Buttertee und moderne chinesische Gebrauchsgegenstände aus Plastik und Blech

Abbildung 41: Lhapa Ngawang weiht zwei sich tief vor ihm auf den Boden beugende Frauen mit der Weihrauchschale

Die Heilungs-Séance begann um 9.45 Uhr morgens mit den üblichen vorbereitenden Handlungen und war um 11 Uhr zu Ende.

Der Schamane bereitet – schweigend – das *nyer tschod*, legt die Requisiten bereit, die Weihrauchschale wird entfacht, die Butterlämpchen des Altars werden angezündet. Mit besonderer Sorgfalt packt der Lhapa den Spiegel aus – es ist ein rundes glänzendes Metallstück (so wie der Spiegel von Lhapa Thundup), er wird aufrecht in die große Schale mit Gerstenkörnern gesteckt. Gerstenkörner spielen in jeder Schamanen-Séance eine Rolle, ein Schamane wirft unter Trance die Körner in die Runde: eine Geste der Weihung der Anwesenden.

Schließlich beginnt der Schamane gegen 10 Uhr auch einen leisen, leiernden Gesang und kleidet sich gleichzeitig ein: Er bindet sich ein großes weißes Tuch vor den Mund und ein rotes über den Kopf. Er legt einen Umhang über die Schultern und setzt schließlich die Krone auf den Kopf, die ebenso beeindruckend reich mit unzähligen zotteligen Schnüren geschmückt ist wie die von Lhapa Thundup.

Der Gesang wird lauter, der Schamane beginnt zu trommeln und die Glocke zu läuten (vgl. Abbildung 42, S. 196/197), er schüttelt sich ein wenig, er stöhnt ein wenig. Dies scheint das Zeichen der erlangten Trance zu sein, denn nun tritt der Sohn, Sonam Lathar, vor ihn, äußerst respektvoll, kniet nieder und trägt ihm – hier als sein Gehilfe agierend – das erste Patientenproblem vor. Es ist meines: Wie geht es – Tausende Kilometer entfernt – meinem Mann Ré?

Der Schamane legt Körner auf die *da ma ru*, schüttelt sie ein wenig hin und her und sucht die Antwort in der Lage der Körner. Unter Schweigen wird er sodann umständlich und sorgfältig aus seinen vielen Taschen sechs verschiedene »Medikamente« hervorholen, Plastiktütchen mit braunem, grünem und rotem Pulver, jeweils etwas davon in ein Papierchen abzweigen, das falten und verschnüren und mir schließlich mit entsprechenden Instruktionen übergeben. Die Instruktionen werden in ganz normaler Stimme gegeben, nicht gesungen. Mit dem Inhalt des einen Tütchens soll Ré sich einreiben, der Inhalt eines anderen soll in Tee gegeben und getrunken werden, die Körner soll er einer Frau, die ihm übel wolle, vor die Füße streuen... Die ganze Zeit kein Trommeln, keine Glocke, keine veränderte Stimme.

Dann kommt die nächste Frage – sie ist von dem Mönch, es geht um eine Landfrage, wieder werden Körner auf die *da ma ru* gelegt und gelesen und Ratschläge gegeben.

Sehr viel intensiver scheint sich der Lhapa bei dem Anliegen zweier Nomadenfrauen einzulassen, die tief gebeugt vor ihm knien und die er – singend und trommelnd – erst mit seinem Zepter, dann mit der Weihrauchschale und dann mit seinen Kronengehängen weiht (vgl. Abbildung 41, S. 193).

Die Frauen stehen auf, der Schamane singt weiter, der Gesang wird leiser, er legt seine Krone ab, schüttelt sich dann ein wenig und schaut schließlich zu uns auf und grüßt: Juley! Er ist zurück.

Am nächsten Tag führen wir dann ein ausführliches Gespräch (HI-43). Doch, Lhapa Ngawang hatte einmal einen ausländischen Entwicklungshelfer bei einer Heilung sitzen, der aber keine Aufnahmen machte, keine Fragen stellte, und nichts wollte; und einmal hatte er einer verunglückten Touristin geholfen, mehr Fremde hat er bisher nicht getroffen.

Er war erst 13 Jahre alt, als der *lha* zu ihm kam (sein Vater war kein Schamane). Damals war er auf Pilgerwegen in Tibet, zum Kailash. In der Nähe des Kailash gibt es ein Kloster mit vielen Türen. In eine – nur eine ganz bestimmte Tür – geht jemand, und zwar ohne jedes Zögern und ohne jede Unsicherheit, der von einem *lha* besetzt ist. Der 13-jährige Junge geht durch genau diese Tür. Und seit jenem Ereignis heile er als Schamane (!).

Heute ist er 71 Jahre und hat in Terasong über 170 Familien zu versorgen, das sei sehr viel Arbeit. Als Gegenleistung helfe man ihm, Reisig und Dung zu sammeln und sein Vieh zu hüten.

Nein, er habe nicht gelernt, der *lha* wisse alles aus sich selbst. Vor 25 Jahren begann er auch damit, Medizin zu verteilen (tibetische Medizin, was sonst nur die traditionellen tibetischen Ärzte, die *am chis*, tun).

Wofür gibt er welche Medizin? Er weiß es nicht. Nur der *lha* weiß es.

Wie viele *lha* hat er? 360, er kann sie nicht nennen. Er weiß es nur unter Trance (Sonam Lathar meinte, er habe nur einen).

Welcher *lha* war in der gestrigen Heilungs-Séance präsent? Er weiß es nicht. Er kann nach einer Séance nichts erinnern.

»Gut«, sage ich, »ich erzähle es Dir: Du hast mir etwas mitgegeben für meinen Mann Ré. Was war das?« Er weiß es nicht.

»Also mein Mann, fahre ich fort, hat doch ein Problem, wie Du weißt (er ist im Rollstuhl).« Nein, wusste der Schamane nicht.

»Gut, und Du hast mir einige Medizin gegeben. Welche?« Das wisse nur der *lha*.

»Und dann hast Du mir Körner mitgegeben, welche Ré einer übel wollenden Frau vor die Füße rollen soll.« »Ach!?«, sagt der Schamane eher erstaunt. Bedauernd fügt er hinzu: Nur der Spiegel wisse das alles, der Spiegel, in den er schaut (er schaute nicht in seinen Spiegel), da sei der *lha*, der *lha* wisse die Antwort.

Hier also schien die Amnesie hermetisch. Und so erzählte ich Lhapa Ngawang von meinem Schamanenlehrer Sonam Murup aus Thiksey (den er dem Namen nach kannte) und wie dieser mir gestanden hatte, dass die Trance nicht immer gleich tief sei und man nach einer flacheren Phase durchaus ein wenig erinnern könne. Wie sei das bei ihm, Ngawang? Ja, schwankende Trance-Tiefen, das kenne er auch. Aber er könne sich nicht erinnern, wie das ist…

Abbildung 42: Lhapa Ngawang in Trance. Die da ma ru-Trommel in der rechten Hand, die Glocke (nicht sichtbar) mit bunten Gehängen in der linken. Hintergrund: Tageslichtschein durch das handgewebte Yakhaar-Zelt

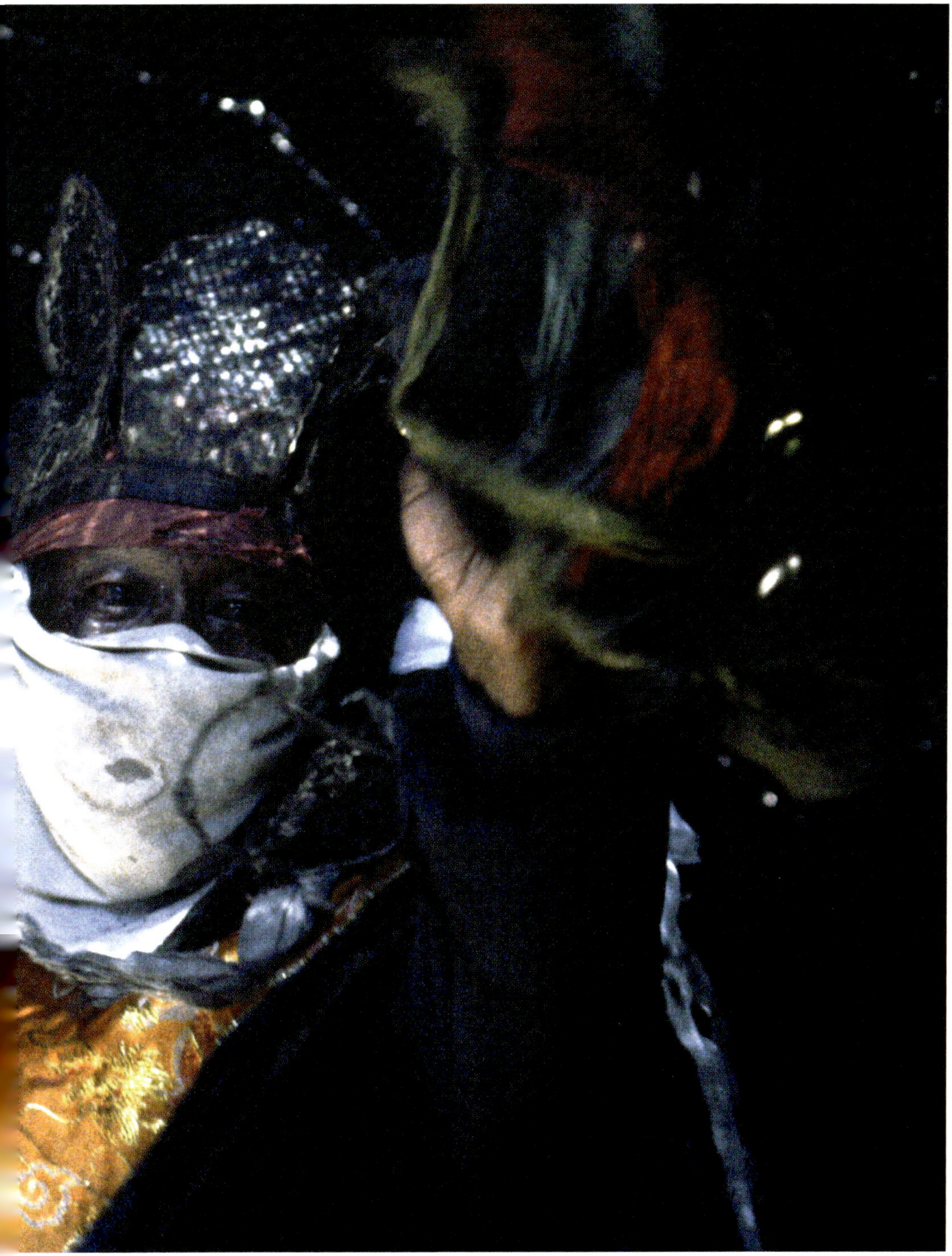

4. BILANZ ZUR AMNESIE

Nach den Gesprächen mit Lhapa Ngawang, der nun wirklich keine Erfahrung mit fremden, fragenden Forschern hat und eine hermetische Amnesie beansprucht, war für mich die Frage nach der Amnesie als Abwehrstrategie eigentlich hinreichend beantwortet. Hatte ich den fernsten Schamanen Ladakhs aufgesucht, nur um dann zu hören, dass seine Amnesie lückenlos sei?

Die Amnesie ist ein in ganz Ladakh verbreitetes Narrativ aller Schamanen. Es ist ein Teil ihrer professionellen Realität und ihrer professionellen Selbstdarstellung. Für mich sind dies – Realität oder Darstellung – nach dem Schlüsselerlebnis in der Heilungs-Séance des Schamanen Thundup – keine Alternativen mehr. Es gibt ganz gewiss authentische, tiefe Trance und es gibt gewiss auch Trance als gutes Theater. Und ebenso gibt es gewiss tiefe Amnesie und es gibt die Amnesiebehauptung.

Amnesie als »Behauptung« hat ihre volle Berechtigung im Gesamtkontext des ladakhischen schamanischen Komplexes. Zwei absolut nicht hinterfragte Prämissen des ladakhischen Schamanismus sind: Nur tiefe Trance gilt als authentischer *lha*-Zustand. Tiefe Trance und hermetische Amnesie sind korreliert. Sonam Murup prügelt seine schamanischen Schüler, wenn er – bzw. der *lha*, welcher lehrt – den Eindruck hat, seine Trance sei nicht vollendet! Halbe Trance steht unter Strafe. Das signalisiert die Grundwerte des ladakhischen Schamanen.

Gleichzeitig ist Trance eine ungemein schwierig herzustellende Verfassung. Die Berichte der Schamanen über die Trance zeigen ebenso wie die Beobachtung ihrer vollständigen Erschöpfung nach der Trance, dass es eine große physische Strapaze sein muss, in Trance zu gehen (gewiss auch: sich unter Trance zu halten). Es ist nur berechtigt, wenn diese Trance – auf dem Umweg über das Amnesie-Narrativ – geschützt wird!

Ohne tiefe Trance (die man nur mit der Inanspruchnahme vollendeter Amnesie »belegen« kann) verlöre der Schamane seine Glaubwürdigkeit, eine professionelle Rolle, den Glauben der Patienten, seine Heilkraft. Er *muss* deshalb Amnesie berichten, damit die »Tiefe« der Trance geschützt bleibt. Und er muss Amnesie auch deshalb behaupten, weil sonst sein mögliches Fehlverhalten unter Trance – Gewalt und Unflätigkeit – keinerlei Schutz mehr erführe (vgl. Kapitel 5).

Amnesie ist – das hatte ich dann wohl nach allen Erfahrungen doch schließlich begriffen – gewiss nicht etwas so Schlichtes wie eine Abwehrstrategie vor dem aufdringlichen Fremden. Die Amnesie-Aussage ist manchmal zwar – so meine ich – eine Abwehrstrategie oder besser gesagt, eine Schutzstrategie, aber es ist der Schutz des Schamanen für seine eigene professionelle Handlungsfähigkeit.

Damit war für mich die Frage nach der Amnesie, die mich bis nach Changthang gebracht hatte, in gewisser Weise beantwortet. Die Antwort ist differenzierter als die Ausgangsfrage. Gibt es die Amnesie »wirklich« oder nicht, ist in dieser Dualität nicht sinnvoll. Manchmal mag es sie geben, tief und umfassend. Manchmal ist es Behauptung. Und, wie sich zeigte, ist die Frage nach der Funktion, nach dem Sinn, nach der Notwendigkeit der Amnesie-Aussage im Gesamt des schamanischen Komplexes um vieles interessanter als die Frage nach ihrer Echtheit.

Aber noch ist die Frage, die mir dann erst bei der ersten Changthang-Expedition begegnete, nicht beantwortet: Was ist es an Inhalt, was so ungeheuer eindrucksvoll aus der Tiefe einer offensichtlich echten Trance auftaucht und uns in Gestalt eines an die Grenzen der Kraft gehenden großen schamanischen Gesanges vermittelt wurde?

5. SONAM TASHI, DER SCHAMANEN-GEHILFE

Neben der Suche nach dem Schamanen Ngawang war es ein weiteres (und sogar mein wichtigstes) Ziel bei der Changthang-Forschungsreise des Jahres 2001, den großen schamanischen Gesang zu entschlüsseln, den ich im Jahr 2000 gehört hatte. Vorher war ich schon Monate damit beschäftigt:

Der Gesang des Schamanen Thundup war auf Tonband. Alle Tonbandaufnahmen meiner Feldforschungsarbeit werden transkribiert, das heißt in der Originalsprache und -schrift – Ladakhi oder Tibetisch – Zeile für Zeile abgeschrieben. Dafür habe ich versierte, der tibetischen Schrift kundige einheimische Mitarbeiter aus Delhi und Leh.

Nun sind schamanische Gesänge und Gebete unter Trance ohnehin ganz besonders schwer zu transkribieren, die Schamanen reden rasend schnell, oft in »geheimer« (zum Teil sogar privater) Sprache, sie reden wirr und verschlungen. Aber mit ganz viel Geduld haben wir im Transkriptionsteam doch immer wieder zumindestens einige Passagen verstehen können (vgl. Anhang C).

Anders bei dem Trance-Gesang von Lhapa Thundup. Fünf verschiedene Transkriptionsmitarbeiter haben sich mit Hingabe an die Arbeit gemacht – und keiner hat etwas herausgebracht. »Verstehe keinen Ton!«, hat ein jeder gesagt.

Damit gab es für mich nur noch zwei – aber nur theoretisch zwei – weitere Wege in dem Versuch, diesen Trance-Gesang in Text zu bringen und zu entschlüsseln. Ich würde entweder den Schamanen selbst fragen müssen, oder aber seinen langjährigen Gehilfen, der ihm in seinen Heilungs-Séancen assistiert.

Das Schlüsselerlebnis hatte mir vermittelt, dass es wohl eine echte tiefe Trance gibt und damit auch eine echte tiefe lückenlose Amnesie geben kann. Nach dieser Erfahrung war der Gedanke, den Schamanen Thundup selbst nach dem Inhalt seines Schamanengesanges zu fragen oder ihm gar den Gesang »Zeile für Zeile« vorzuspielen, um ihn mir sodann erklären zu lassen, nicht eben nahe liegend. Das Schlüsselerlebnis hatte mir zum ersten Mal ermöglicht, etwas von der Innensicht der Trance zu erfahren und – so wie ich es im Kapitel 4 dargelegt habe – die Innensicht der Schamanen selbst zu akzeptieren: Der *lha* hatte den Gesang gesungen – nicht er, Lhapa Thundup. Der *lha* versteht den Inhalt des Gesangs – nicht er, Lhapa Thundup. Es wäre mir wirklich befremdlich gewesen, in diesem Falle aus bloßem Forschungsinteresse diese Festungen schamanischen Denkens durch Tonbandvorführungen und Fragen umgehen, unterlaufen oder überwinden zu wollen.

Also blieb für mich nur die Möglichkeit, den Gehilfen des Schamanen aufzusuchen. Er heißt Sonam Tashi, ist etwa 55 Jahre alt und ist auch ein Nomade. Vor allem aus diesem Grund – um den Nomaden Sonam Tashi zu finden – habe ich noch einmal den ganzen Aufwand einer Expedition in den Changthang unternommen, mit sieben Männern, zwei Jeeps, mit Zelten, Nahrung, Brennstoff, Trinkwasser. Wie erwähnt, kann man sich nicht bei den Nomaden einfach einnisten und ernähren lassen, man muss alles mitbringen – sie haben selbst viel zu wenig!

Wir fuhren mit dem Jeep den Indus hinauf nach Sumdo. Und wir fanden den Schamanengehilfen, wie berichtet, sofort. Er war bereit, uns bei der Transkription der Gesänge zu helfen. Freilich mussten wir uns strikt in das zeitliche Programm der Alltagsarbeit des Weide- und Melkgeschäftes einfügen – aber es blieben täglich mehrere Stunden für gemeinsame Arbeit. Wir saßen im Zelt auf dem Boden, Sonam Tashi, der Schamanengehilfe, drei meiner Mitarbeiter und ich. Wir stellten das Tonband an, mit dem ich die Schamanensitzung im Vorjahr dokumentiert hatte, wir lauschten dem Band. Wir fragten Sonam Tashi: »Was sagt er? Bitte sag uns, was er sagt!«

Sonam Tashi hatte keine Verständnisprobleme. Er kennt den Schamanen, er kennt natürlich auch den Changthang-Dialekt, der uns auch schon Schwierigkeiten bereitet hatte. Die Schwierigkeit lag auf einer anderen Ebene. Es erwies sich als nahezu unmöglich, dem analphabetischen Nomaden Sonam Tashi zu vermitteln, dass man einen bestimmten hörbaren Inhalt Wort für Wort diktiert haben und Wort für Wort verstehen möchte.

Wir spielten eine Passage des Trance-Gesangs. Und Sonam Tashi erzählte lange, lange Geschichten und Episoden und hatte viele Assoziationen. Wir spielten wieder eine Minute ab. Wieder lange verschlungene Geschichten. Für Sonam Tashi war unverständlich, wieso wir Wort für Wort wollten – wozu denn, er erklärte doch alles? Am nächsten Tag fand der nächste Versuch statt – und wieder und wieder. Ich habe zunächst so viele Versionen der »Übersetzung« von Sonam

Tashi gehört, wie ich neue Versuche startete zu verstehen. Faszinierend war, wie wir uns dann doch auch in der Mitte trafen: Sonam Tashi »diktierte« uns schließlich auch eine – ganz gewiss vereinfachte – Fassung jenes Trance-Gesangs.

Und es ist das Schönste an Text, was ich in 18 Jahren je transkribiert habe – sei es in meiner Anden-Forschung oder in meiner Himalaya-Forschung. Es ist ein Gesang, der auf faszinierende Weise den Bogen spannt zwischen den blutigen gewaltsamen Bildern der schamanischen Urreligion (d. h. der vorbuddhistischen Religion) und dem Rettungsmythos des Padmasambava und des Buddhismus mit seinen spirituellen Werten von Gewaltfreiheit. Doch bevor ich den Schamanengesang darlege, muss ich noch Methoden und Arbeitsweise verdeutlichen – eine Arbeit voller Kompromisse!

6. ARBEITSWEISE UND METHODEN DER ANNÄHERUNG

In dem Versuch, den Schamanengesang von Lhapa Thundup zu verstehen, habe ich mich dem Text auf vier Wegen angenähert. Diese vier Annäherungen will ich kurz darlegen, damit Grad der Wörtlichkeit und inhaltliche Authentizität des nachfolgend in der Übersetzung dokumentierten Gesanges auch beurteilt werden können.

Es ist eine meiner erprobten Forschungstechniken, dass ich meine Tonbandaufnahmen von Heilungsritualen oder von Gesprächen mit Medizinmännern oder Schamanen unmittelbar nach Ablauf des Geschehens Wort für Wort abhöre, nicht nur, um die Aufnahme zu kontrollieren, sondern vor allem auch, um meine handschriftlichen Protokolle zu ergänzen mit allem, was das »Hörprotokoll« an Erinnerung zurückbringt und um als inhaltliche Orientierung eine erste zusammenfassende Übersetzung anzufertigen.

Die Heilungs-Séance von Lhapa Thundup hatte ich in eben dieser Weise noch am gleichen Tag zusammen mit meinem Mitarbeiter Tsultim Kubet abgehört – und Tsultim war es auch, der mir einige erste Bruchstücke dieses Gesanges diktierte. Er, Tsultim, der bei der Séance dabei gewesen war, konnte durchaus einiges verstehen, wenn er das Band mehrmals nachhörte. Damit hatte ich eine *erste* Annäherung an seinen Inhalt und eine erste Version. Drei weitere Annäherungen verdanke ich dem Schamanengehilfen Sonam Tashi.

In mehreren Tagen Arbeit zusammen mit Sonam Tashi als Protagonisten sowie meinen drei Mitarbeitern (im Jahr 2001 waren es Sonam Norboo, Sonam Wangchok und P. Fa Tkaczyk) ergaben sich folgende weitere Annäherungen, womit ich drei weitere Versionen gewann:

Sonam Tashi hörte ein erstes Mal das Tonband mit dem Schamanengesang und gab – neben einer Fülle von Geschichten und Assoziationen – dann eine kursorische Gesamtzusammenfassung des Inhaltes (Version 2). Nach langen eingehenden Erläuterungen, nach vielem Probieren und unzähligen Übungen, Neuerläuterungen und weiteren Proben hat Sonam Tashi schließlich versucht, dem Mitarbeiter Sonam Wangchok – mit Hilfe von Sonam Norboo – den Schamanengesang »Wort für Wort« zu diktieren (Version 3).

Doch ist diese dritte Version ganz gewiss *keine* wörtliche Fassung. Denn erstens hat Sonam Tashi nie nur diktiert, er hat immer auch viel weggelassen und unzählige Kommentare dazugefügt. Zweitens hat Sonam Norboo sich stets und unbremsbar mit Hilfestellungen und Kommentaren in das »Diktat« eingemischt. Drittens kam Sonam Wangchok keinesfalls immer mit Schreiben nach – und so konnte unser »Techniker« (P. Fa Tkaczyk), der die counter-Nummern von Abspiel- und Aufnahmegerät kontrollierte, feststellen, dass der Gesang des Schamanen stets länger war als das »Diktat« des Schamanengehilfen und dass die Kontroll-Lesung von Sonam Wangchok stets kürzer war als das »Diktat« von Sonam Tashi...

Schließlich folgte noch ein weiterer Durchgang. Frei vom Zwang des »Diktierens« hörte Sonam Tashi ein weiteres Mal den Schamanengesang – in kleinen Portionen, deren Schnitt er zusammen mit Sonam Wangchok bestimmte, und erzählte in seinen Worten, was der Schamane sagte. Und meine beiden ladakhischen Mitarbeiter übersetzten dies sogleich ins Englische, was ebenfalls auf Band aufgenommen wurde (Version 4).

Von diesen vier Versionen

- erste zusammenfassende Inhaltsangabe durch Tsultim Kubet
- erste Gesamtinhaltsangabe durch Sonam Tashi
- Diktatversuch von Sonam Tashi
- Stück für Stück Inhaltsangabe des Gesanges und simultane englische Übersetzung

ist definitiv in seiner Gänze keine Wort-für-Wort-Fassung des Gesanges. Dennoch wird der Inhalt – gerade in den häufigen Übereinstimmungen dieser Versionen – in aller seiner faszinierenden Vielfalt deutlich. Die nachfolgende Fassung ist eine sorgfältig erstellte Zusammenstellung der nach allen vier Versionen der Annäherung *übereinstimmenden* Teile des Gesanges. Der Gesang, wie er hier wiedergegeben wird, ist also zwar unvollständig, jedoch in seinen Ausschnitten sicher authentisch.

7. DER GROSSE SCHAMANISCHE GESANG

Zunächst ein Auszug aus der (wie erwähnt keinesfalls vollständigen) Mitschrift (vgl. Zugangsweg 3) von Sonam Wangchok:

ང་དཔལ་ལྡན་ལྷ་མོ་ཡིན།
ང་དཔལ་ལྡན་ལྷ་མོ་ཡིན།
ཁོ་རེ་ང་བསྐལ་པ་ཆགས་ཡོད་པའི་དུས་འགྲོ་བ་རིགས་དྲུག་ག
ཕན་ཐོགས་དང་མཁན་ཡིན།
ཁོ་རེ་ང་བདུད་ནག་པའི་ཡུལ་ལ་འཁྲུངས་ཏེ་ཡ་ཨ་བ་གཅིག
བདུད་ལ་བསླུཀྲབས།
ཡུམ་ཨ་མ་བཙན་ལ་སླུཀྲབ་ལེ་ཡིན།
ཁོ་རེ་ང་སྐྱིང་པ་རབ་ཞེ་ལ་དད་པའི་དུས་བྱང་མི་རིགས་བརྒྱའི
ཁོང་པོ་འདི།
བྱང་པ་ཨ་དག་ཁྲག་རྗིང་ཁྲིལ།
འབྱོང་པོ་འབྱོང་བརྒྱ་ཡི་ར་ལོ།
འབྱོང་མོ་འབྱོང་བརྒྱ་ཡི་ར་ལོ།
ནང་པའི་ཆོས་ཀྱི་གདན་ས་བོད་རྒྱལ་པོ་ཁྲི་སྲོང་ལྡེ་བཙན་དང་ལྷ་མ
ཡོ་རྒྱལ་པདྨ་ཁ་ཞབ་ཡག
ང་རྫམ་གླིང་ཅེ་ལ་མ་དག
ང་དཔལ་ལྡན་ལྷ་མོ་བོད་ཡུལ་དུ་འཁྲུངས་མེ་འདུག་ཟ་ན་ཏོར་ལ་གུ་ཅེ
མ་ཅིག་དཔལ་ལྡན་ལྷ་མོ་པོ་བཙན་རིགས་མ་གསར་རྒྱལ་མོ།

བོད་ཡུལ་དེར་རྒྱལ་ལུ་ཡུལ་ན་འགྲོ་ཡོང་།
བདུད་ལ་རྟེན་ནེ་མིང་བརྒྱན་མཚན་ཐོག
བསོད་ནམས་འཇམ་སྙིང་ཕྱི་ལ་མ་ནི་དོན་མཛད།
ཉེར་བདག་མི་ཉིན་ཅིག
ང་མི་རིག་བཅུ་གསུམ་གྱི་ལྟ་གྱུར་ཡིན།
ཁོ་རེ་མཁར་ཚེ་གྱོག་པའི་པོ།
གྱོག་པ་ལྟ་དུད་ཅེ་རྒྱན་ས་མེ་སྐྱེད་ལུག་ན་པར་ས་འདུ་ཅེ་ཐབས་ལྷ་མོའི་
གོ་ཅེ་ཐབས་ལྟ་མ་ཡིན།
དེ་རྟེན་གདང་ཅེ་ལ།
མ་ཉི་ན་འཇམ་སྙིང་སྒྲོག་བདག་ཡིན།
མོ་མགོ་ཡུང་ཡོ་དག་ལ་མགོ་འདྲེན་འདྲ།
ཚོས་འདོད་པ་ཡི་ཐུབ། ...

Statt die Illustration zu übersetzen, möchte ich diejenigen Ausschnitte des Trance-Gesangs des Schamanen Thundup dokumentieren, die in allen vier Versionen übereinstimmen.

Der Große Schamanengesang

Ich bin Paldan Lhamo, ich bin Paldan Lhamo.
Hört zu. Seit Beginn der Welt
habe ich allen sechs Klassen von Lebewesen Gutes getan.
Geboren aber wurde ich in der Welt der bösen Geister.
Denn mein Vater ward geboren als Dämon
und meine Mutter als *tsan*.
Und ich wurde als *lha* geboren, als Gottheit,
genannt Paldan Lhamo.

Abbildung 43: Lhapa Thundup beim „großen Gesang"

Meine Eltern pflegten sich von Leichen zu ernähren.
Sie fraßen täglich Menschen, Pferde, Esel und wilde Yaks.
Von den Mahlzeiten meiner Eltern
trank der böse Geist Adag die Seen von Blut.
Mein Vater wohnte auf den Hörnern von hundert männlichen Yaks,
meine Mutter wohnte auf der Stirn von hundert weiblichen Yaks.
Hört zu. Als ich in Tibet geboren wurde,
und als ich dort war,
beriet ich in Gestalt einer Krähe und eines *tsan*-Dämonen
die mächtigen Herrscher der Hor,[3]
beriet ich Masar Gyalmo.
Von Hunderten von Dämonen abhängig zu sein
und ihre Namen zu rufen – das ist nicht gut.
Rezitiert ihr Glücklichen lieber die Mantras der Welt.
Hört nicht auf die Stimme der Hor!

Und in Tibet kam ich zusammen mit König Tresong
und mit Padmasambhava.
Hört zu. Nun bin ich hier, euch die Lehren des Buddha zu bringen.
Es ist die Botschaft des Königs und des Padmasambhava,
dass ein jeder in der Welt der Lehre des Buddha folgen soll.
Also bin ich, Paldan Lhamo, nach Sabu gereist
und habe die Lehre verbreitet.
Und dann reiste ich nach Naro Koson
und verbreitete die Lehre dort.
Ich ging nach Paru und lehrte auch dort.

---

[3] Es ist mit Sicherheit als ein Hinweis auf den hohen Status jener Gestalt zu schließen, wenn er die Hor beriet. Da er sie aber in Gestalt von Krähe und *tsan* beriet, wird hier die Macht der Hor wohl auch negativ gesehen. Zu den Hor schreibt JINA (1999, S. 94): »*The Chang Pa are said to have originally migrated from „Hor" in Tibet around 800 A.D. The term Hor was first applied to the Vighurs, found in Kanchow, and the contemporary nomadic Horpa of the West (Nup Hor) in Tibet may still bear their name. Later the term was used for the Mongols of Genghiz Khan and it is from these that the five Hor principalities of Khan (around Kandze und Beri) claim descent. In the past, the Chang Pa and Ladakhis did not inter-marry. However, when die Ladakhi king Singe-Namgyal married Kalzang Dolma, a girl from the family of Rupshu Goba, the custom of inter-marriage with Ladakhis began.*« Und MANDERSCHEIDT (1999a, S. 4) weiß zu berichten: »Die Suche nach tibetischen Quellen zum Nomadismus in Tibet blieb bislang fast erfolglos. Das Interesse des in der Vergangenheit alleine schriftkundigen Klerus bestand lediglich im Abfassen von religiösen Schriften. Nur das tibetische Nationalepos „Gesar Ling", das in zahlreichen Varianten in Tibet verbreitet ist, berichtet über das mythologisch-historische Nomadengeschlecht der Hor. Noch heute führen Tibeter ihre Abstammung gerne auf dieses glorreiche Geschlecht zurück, worin sich der hohe Status des Nomadentums für Tibeter zeigt.«

Und ich ging nach Phayul
und traf Tsering Chednga
und Gyalu Yulna
und wir drei verbreiteten die Botschaft des Buddha
in hundert oder zweihundert Orten.

Und jetzt gibt es nur eine Lehre und das ist die Lehre des Buddha.
Wenn ihr Menschen auf uns hört, wird es euch gut gehen.
Anderenfalls aber bringen wir Unheil.
Seit dreizehn Generationen bin ich der *lha*.
Hört meine Botschaft.
Ihr Menschen solltet in Einheit leben.
Doch heutzutage ändern sich die Menschen so sehr.
Heutzutage sind die Menschen neidisch und voller Hass,
sie bekämpfen sich gegenseitig und haben Streit.
Mehr Blut fließt die Täler hinab denn je.
Es gibt Krieg und Gewalt und die Zeit ist ganz anders jetzt.
Das Wetter gar hat sich geändert.
Es gibt Wirbelstürme und wilde Gewitter.
Es gibt allenthalben Konflikt und Gewalt.
Die Ladakhis haben eine große Krise
mit der Wasserversorgung.
Die Zeiten ändern sich in unserer Welt!

Ihr aber steckt noch immer in eurem kleinen Lebenskreis.
Ihr habt noch genug zu essen.
Und trotzdem seid ihr unzufrieden.
Bei euch hat sich noch gar nicht viel geändert.
Ihr solltet deshalb zufrieden sein.
Ihr Menschen seid neidisch. Ihr schaut und sagt:
Der hat mehr als ich.
So sollt ihr nicht denken.
Macht eure Arbeit und achtet auf euer Bewusstsein.
Alles hängt von eurem Bewusstsein ab.
Wenn ihr nicht Klarheit habt in eurem Bewusstsein,
dann geratet ihr in Schwierigkeit.
Seid immer rein in eurem Bewusstsein.
Wenn ihr euer Bewusstsein nicht lenkt,
dann ist die Hölle in euch.

Es gibt zu diesem Ansatz keine Alternative.

Alles hängt von eurem Bewusstsein ab.
Euer Bewusstsein soll klar sein.
Wenn ihr grübelt und grübelt und grübelt,
schafft ihr nur innere Spannung und ihr schafft euch Probleme.
Wenn ihr in Spannung lebt und in Problemen steckt,
werdet ihr auch leichter krank, versteht ihr das?
Ihr braucht ein klares Bewusstsein.
Alles hängt von eurem Bewusstsein ab.

Ich bin Paldan Lhamo,
ich gebe euch diesen Rat.
Und ihr sollt diesem Rate folgen.
Wenn ihr mir nicht glaubt,
wenn ihr kein Vertrauen habt in die buddhistischen Lehren,
dann ist das ganz und gar eure Angelegenheit.
Die Dinge hängen nur von euch selber ab,
versteht ihr das?
Es hängt von euch ab, wo ihr steht und wohin ihr geht.

Natürlich hat nicht jeder den gleichen Geist.
Im Bewusstsein und Denken unterscheiden wir uns.
Du denkst dies, er das, ein anderer jenes.
Doch jeder steht auf eigenem Fuß.
Jeder ist verantwortlich für sich selbst.
Und ich sehe nach jedem von euch. Ich behandle alle gleich.
Ich bin nicht für die Reichen da und nicht für die Armen.
Für mich ist niemand groß und niemand ist klein.
Ich kümmere mich um alle Menschen, alle lebenden Wesen.
Und ich tue das sehr gut.
Ihr müsst nur auf mich hören.

Ihr müsst euch einig sein.
Ihr müsst versuchen, Klöster zu bauen und Paläste.
Geht achtsam um mit den *lu*.
Wenn ihr es im Dorf fertig bringt, die *lu* gut zu behandeln,
dann geben sie auch, was immer ihr braucht.
Anderenfalls schaden sie euch.

> Es gibt so viele *lha*, so viele Gottheiten.
> Es gibt Paldan Lhamo und viele mehr.
> Seit dreizehn Generationen sind sie unter uns.
> Wenn ihr ihnen Respekt entgegenbringt,
> dann beschützen sie euch.
> Anderenfalls aber schaden sie.
>
> Hört zu. Untrennbar einig können wir auf diesem Wege sein,
> wie Knoten im Schwanz eines Pferdes.
> Und so werden wir auch die bösen Geister verjagen
> in Windeseile, schnell wie der Aufschlag des Augenlids.
> Das ist mein Rat.
> Doch wenn ihr meinem Rate nicht folgt,
> dann gebrauche ich meine (spirituelle) Macht.

8. DEUTUNG UND BEDEUTUNG DES TRANCE-GESANGS

Ich glaube nicht, dass dieser Gesang einer langen Deutung bedarf. Ich will nur einige wenige Punkte hervorheben.

Die Lehre des Buddhismus erscheint hier auf der Folie eines dramatischen Kontrastes: Er, der *lha*, die Gottheit, welche den Leib des Schamanen Thundup besetzt, wurde geboren in der Welt menschenfressender, blutrünstiger, böser Geister. Selbst der *lha*, damals, als er in Tibet geboren wurde (es ist 13 Generationen her), diente den mächtigen Hor und den bösen Wesen – jedenfalls bis er Padmasambhava traf.

Padmasambhava lebte zur Zeit des tibetischen Königs Trisong Detsen (755-795) (der auch im Trance-Gesang erwähnt ist), und er ist einer der historisch nachweisbaren Begründer des tibetischen Buddhismus. Er besiegte und bezähmte Dämonen und böse Geister – wie es etwa die Eltern des Schamanen-*lha* waren. Mit der Begegnung mit Padmasambhava und König Trisong machte auch er, der Schamanen-*lha* sich auf den Weg, die Botschaft des Buddha zu verbreiten. Und mit eben dieser Botschaft tritt er auch hier in der Heilungs-Séance vor seine Patienten.

Was ist die Botschaft des Buddha? Einer der Kernsätze ist, dass wir Menschen einen Teil des Leides, das wir erfahren, uns selbst schaffen – weil wir das Leid mit unserem großen gierigen Ich in Zusammenhang bringen, weil wir es gedanklich ausbauen und begrübeln, weil wir gedanklich daran haften, weil wir so unbescheiden sind, immer nur heiter und glücklich sein zu wollen, weil wir mit diesem Haften an illusionären Inhalten unser Bewusstsein verschmutzen. Wenn wir nur loslassen – loslassen von der Illusion des großartigen Ichs, loslassen vom Habenwollen (Reichtum haben wollen, Dauerglück, ewige Sicherheit usw.), wenn wir unser Bewusstsein reinigen, wenn wir um die Herkunft des Leides – immer auch selbst gemacht – in aller Klarheit wissen – dann ist tatsächlich viel weniger Leid.

Und genau das ist die Botschaft des Schamanen-*lha* an die Patienten und den Kreis ihrer Familie und an alle Anwesenden: Ihr seid für euch selbst verantwortlich, ihr müsst euer Bewusstsein reinigen. Und er vermittelt diese Botschaft in aller Intensität: »Wenn ihr euer Bewusstsein nicht lenkt, dann ist die Hölle in euch. ES GIBT ZU DIESEM ANSATZ KEINE ALTERNATIVE.«

Es ist in diesem Trance-Gesang besonders eindrucksvoll, wie der Schamanen-*lha* die Bögen immer weiter zieht: Er spricht auf einer ersten Ebene zu den Patienten und er macht ihnen klar, dass sie sich selbst krankheitsanfälliger machen, wenn sie unreinen Bewusstseins sind (d. h. grübeln, grübeln und grübeln) – also ein sehr »modernes« psychosomatisches Konzept der Krankheitsursachen, welches dieser Schamanen-*lha* vertritt. Er sagt den Patienten auch, dass sie deshalb mit verantwortlich sind und auch zu ihrer eigenen Heilung beitragen können. Er gibt ihnen auch ganz viele konkrete Ratschläge – was sie essen und trinken sollen, was sie nicht essen und trinken sollen usw.

Aber hier, im engen Kreis der Patienten und ihrer Familie, in der engen Küche der Hütte bleibt der Schamanen-*lha* nicht stehen, seine Ratschläge greifen – auf einer zweiten Ebene – weiter aus, auf die ganze dörfliche Lebensgemeinschaft. Achtsamkeit, Friedfertigkeit, Reinheit der Gefühle (kein Neid, keine Eifersucht) und klares Bewusstsein ist dabei die zentrale Botschaft. Die Menschen sollen achtsam sowohl miteinander umgehen als auch mit den *lu* und mit den *lha*. Die *lu* sind die unterirdischen Geister der Erde, die *lha* die Gottheiten des Schamanismus. Sie sollen ihre Arbeit tun und ihr Bewusstsein rein halten und in Einigkeit leben und Buddha verehren (»Klöster bauen und Paläste«).

Er macht ihnen auch klar, dass es so etwas gibt wie das Prinzip der Reziprozität, der ausgewogenen Gegenseitigkeit: Folgen die Leute der Botschaft der *lha* – dann wird es ihnen gut gehen, dann werden die *lha* sie beschützen. Behandeln die Menschen die *lu* mit Achtsamkeit, dann werden die *lu* ihnen, den Menschen, auch geben, was sie brauchen. Folgen die Menschen der Botschaft des Schamanen-*lha* – dann ist er für sie da zum Schutz und zur Heilung. Doch in allen diesen Aussagen steckt auch ein Aber: Es gibt nichts umsonst. Achtlosigkeit hat Folgen. Hören die Menschen die Botschaft nicht – dann werden die *lha* den Menschen schaden, die *lu* werden sich mit Krankheit und Verweigerung rächen und er, der Schamanen-*lha* wird auch seine *Macht* einsetzen (was im Buddhismus immer gewaltlose Macht ist – also spirituelle Macht).

Die dritte Ebene, die der Schamanen-*lha* anspricht, ist die weitere ladakhische Gesellschaft, welche unter dem Druck der Modernisierung und des damit einhergehenden Wertes der individuellen Gewinnmaximierung von Neid und Konflikt bedroht ist. Er spricht auch auf der vierten, der globalen Ebene, von Gewalt und Krieg (»mehr Blut fließt die Täler hinab denn je«) und der Veränderung der Umwelt (»das Wetter gar hat sich geändert«).

Damit spannt der Schamanen-*lha* seine Diagnose zu Krankheit und krankmachenden Bedingungen vom Individuellen über die Dorfgemeinschaft bis hin zur Gesamtgesellschaft und unserer globalen Verfassung – und überall ist die Botschaft die gleiche: Wenn wir unser Bewusstsein nicht reinigen und lenken, dann ist die Hölle in *uns,* im *Dorf,* in der *Welt.* »Es gibt zu diesem Ansatz keine Alternative.«[4]

9. DIE ÖKONOMISCHE UND GESELLSCHAFTLICHE REALITÄT IN CHANGTHANG UND LADAKH UND DIE VISION DES SCHAMANEN FÜR SEIN LAND UND GEGEN DIE GEWALT IN DER WELT

Ladakh, ehemaliges Königreich im Himalaya, heute Teil Indiens und in dessen hohem Norden gelegen, gehört dem tibetischen Kulturkreis an. Dieser ist vor allem definiert durch Sprache und Religion. Die Sprachen des kulturellen Tibet (zu unterscheiden vom politischen Tibet) (JONES 1996) gehören der tibeto-birmesischen Sprachgruppe an (GRIERSON 1909/1967a, Band III). Auch das Ladakhi (FRANCKE 1898, 1903, 1929/1979; HAMID 1998; KOSHAL 1976, 1978, 1979, 1982,

---

4 Die buddhistischen Würdenträger des tibetischen Buddhismus, die Rinpoches, haben in Ladakh oder West-Tibet oft eine recht ambivalente Einstellung zu den Schamanen und ihrer Praxis (vgl. Kapitel 3, Abschnitt 7) – *lu* und *tsan* und *dud* und *shin de* und *son de* und all diese bösen Wesenheiten, an welche die Schamanen glauben, erscheinen ihnen (mit Recht) aus den Quellen einer anderen Religion zu stammen. Doch wenn man diesen schamanischen Gesang hört, kann man nicht umhin zu erkennen, wie kraftvoll gerade die buddhistische Botschaft vermittelt wird, möglicherweise kraftvoller als sie selbst Rinpoches vermitteln können – fehlt diesen doch die dramatische Folie der rächenden vorbuddhistischen Geisterwelt.

1987; NORBERG-HODGE und PALDAN 1991) einschließlich seiner verschiedenen Dialekte wie des Changthang-Dialektes (bisher in keiner Weise systematisch untersucht) gehört zu dieser Sprachfamilie. Das zweite Hauptmerkmal des kulturellen Tibet – einschließlich Ladakh – ist die Religion: der Tibetische Buddhismus mit seinen starken Anteilen an der vor-buddhistischen schamanischen Bön-Religion.

Dieses kleine, kulturell tibetische, politisch indische Ladakh ist eine der Regionen der Welt, welche in kürzester Zeit den massivsten Fremdheitseinflüssen ausgesetzt war: Fremdheitseinflüsse durch das hinduistische Indien, das indische Militär, den massiven Einstrom des Tourismus.

Diese objektiv beschreibbare Fremdheitslage hat natürlich weitreichende Einflüsse auf den ökonomischen, sozialen und kulturellen Sektor. Es hat auch einen massiven Einfluss auf Erleben, Einstellungen und Werte. Es ist diese Seite der ladakhischen Fremdheitserfahrung, welcher wir – ein Mitarbeiter und ich – in einem mehrjährigen Forschungsprojekt in Ladakh besonders nachgegangen sind (KRESSING und RÖSING 2001a).

Wenn man *einen* roten Faden durch all die vielen Äußerungen zu den vielfältig erlebten Veränderungen in Ladakh (Äußerungen vieler verschiedener Sektoren der ladakhischen Gesellschaft – vom Rinpoche über den einfachen Lama bis zum Schamanen und Laien) identifizieren kann, so ist es die Klage über den Verlust der Werte der Bescheidenheit, Genügsamkeit und Gemeinschaftsorientierung zugunsten der Werte individueller Gewinnmaximierung und den damit einhergehenden Grundeinstellungen von Gier (Habenwollen), Neid, ständigem Vergleich, Unzufriedenheit.

Um nur einige wenige Beispiele zu zitieren aus Gesprächen, welche ich in den Jahren 1994–1998 in Vorbereitung des Kresing/Rösing-Projektes mit Ladakhis geführt habe:

Ein ladakhischer Bauer und Gästehausbesitzer sagt:

> Es gab viele Wellen der Überfremdung in Ladakh. Erst war der Krieg mit China Anfang der 60er Jahre, und es kam schrecklich viel indisches Militär. Dann kam der Krieg mit Pakistan, und es kam noch mehr Militär, alles Inder, Leute des Hinduismus. Und Straßen wurden gebaut, indische Arbeiter kamen ins Land. Dann kam der Tourismus.

> Jeder hat früher vom Acker gelebt. Wir waren zufrieden. Es hat gereicht. Wir haben hart gearbeitet. Jetzt gibt es leichte Arbeit im Tourismusgeschäft. Man kann ganz schnell viel Geld machen. Die jungen Leute lassen ihre Studien liegen. Sie wollen lieber Geld sehen. Der Bildungsstand sinkt ab. Der Lebensstandard nimmt zu. Die Gier wächst. Der Neid wächst. Die Bosheit breitet sich aus. (HI-29)

Ein ladakhischer Geschäftsmann meint:

> Alle sind heute so viel egoistischer. Es gibt äußeren Fortschritt. Die Schule ist besser geworden. Die Gesundheitsversorgung ist besser geworden. Die Straßen sind besser geworden. Aber mit dem äußeren Fortschritt muss ein innerer Fortschritt einhergehen. Dieser fehlt. Innen ist Rückschritt. Innen – das ist das Bewusstsein, unsere Werte, unser Charakter. Heute hat jede Familie einen Sohn im Tourismusgeschäft. Alle kommen an Geld. Und alle werden gierig, und es kommt lauter schwarzer Neid. (HI-30)

Im Zusammenhang mit meiner Frage, warum es heute so viel mehr Schamanen-Berufungen gibt als früher, antwortet Stakna Rinpoche mit dem Verweis auf die moderne Zeit:

> Es stimmt, in früherer Zeit kamen wenige *lha*. Und heute sind es so viele. Es ist wohl deshalb, weil es Fortschritt gibt, und mit diesem Fortschritt gehen Neid und Eifersucht und schwarze Gefühle einher. Früher waren die Menschen friedlich, ohne Harm, sie waren zufrieden, sie waren sanften Gemüts, sie halfen sich gegenseitig. Aber jetzt legen sich die Leute miteinander an, jeder will das meiste für sich selbst, jeder will Status, Ansehen, Reichtum, und sie sind schadenfroh und missgelaunt miteinander. Und Schamanen sind nützlich, sie saugen das Böse aus. (HI-21)

Die erwähnte Kressing/Rösing-Untersuchung ebenso wie meine vorher dazu geführten Gespräche beziehen sich nun allerdings nicht auf Changthang. Changthang ist in vieler Hinsicht mit Zentral-Ladakh nicht zu vergleichen, nicht nur wegen der nomadischen Wirtschaftsverfassung, sondern auch hinsichtlich der Präsenz der Staatsverwaltung, des hinduistischen Indien (mit der Ausnahme von Militär) als auch hinsichtlich des Massentourismus.

Die gesellschaftliche Lage Changthangs und seine Probleme sind ganz gewiss anders. Aber was vergleichbar ist, das ist ein Wertewandel, den fast jeder merkt und den sogar Schamanen bereits mahnend besingen.

Welche sind die Hauptprobleme Changthangs? Die Changpa selbst setzen den Beginn aller Probleme – den Schnitt zwischen der guten alten Zeit und der modernen Zeit (HI-38) – mit 1959, dem Zeitpunkt der Flucht des Dalai Lama aus Tibet an. Mit ihm flohen Tausende und Abertausende von Tibetern aus ihrer von den Chinesen annektierten Heimat. Es floh auch aus dem tibetischen Teil Changthangs eine große Anzahl von tibetischen Nomaden. 1962 kam es dann zum Changthang-Grenzkrieg zwischen China und Indien, und die Grenzen wurden dicht gemacht. Seitdem ist Changthang ein militärisch sensibles Gebiet und zeigt eine hohe indische Militärpräsenz.

Sind vorher die ladakhischen Nomaden frei hinüber gewechselt in das tibetische Changthang – unendlich viel größer als das ihre –, so waren diese Weidegründe nun plötzlich abgeschnitten. Die »Enge« der eigenen Weidegründe wurde noch spürbarer durch die nomadischen Flüchtlinge aus Tibet, die nun mit ihren Herden die ladakhischen Weiden mit nutzten. Die Überweidungsgefahr ist außerordentlich akut. Bereits 1990 hatte S. P. Jina gewarnt, dass Changthangs Weiden binnen einer Generation zur blanken Wüste werden, ohne jegliches Leben, wenn nicht ganz energische Gegenmaßnahmen getroffen würden (JINA 1990).[5]

Es entstanden enorme soziale Spannungen zwischen den Changpa und den tibetischen Nomaden, weil Letztere das System der kollektiven Weideverwaltung und Verteilung der *go ba* der Changpa nicht respektierten. In der Gegend von Rupshu, so erwähnt AHMED (1996), sind die Changpa-Nomaden deshalb vor Gericht gezogen – und sie bekamen Recht: Die Tibeter hatten sich an die Gesetze der ladakhischen Weideverteilung zu halten.

Was aber, wenn sie es nicht tun? Allenthalben werden heute zwei Überschreitungen beklagt. Einmal tragen sie mehr als jeder ladakhische Changpa mit seiner Herde dadurch zur Überweidung bei, als sie eine längere Tagesweidezeit praktizieren, sie bleiben – sehr zum Ärgernis der ladakhischen Changpa – mit ihren Herden mehrere Stunden länger draußen. Zweitens sind Tibeter wohlhabender und überschreiten deshalb eher die festgesetzten Weidegrenzen: Das bringt ihnen zwar Strafen ein – aber sie haben Vieh und Geld genug, das zu bezahlen.

Ganz allgemein ist es eine Realität, dass Tibeter sehr viel geschäftstüchtiger sind als Ladakhis. Es gibt keinen Ladakhi, der dies nicht auch anerkennen, zugeben oder beklagen würde. Es ist egal, wo man hinsieht: ob auf den Ladakh Buddh Vihar in Delhi,[6] welchen die Tibeter fast vollständig mit ihrem Markt übernommen haben, ob auf die tibetische Siedlung Choglamsar bei Leh oder auf die tibetischen Nomaden des ladakhischen Changthang – überall wird man die geschäftliche Überlegenheit der Tibeter beobachten können.

In Changthang nimmt diese heute u. a. die Form des tibetischen Tauschhandels – ausgerechnet mit China – an. Aus China kommen billige Konsumgüter, wel-

---

5   Dies ist ein Problem, das auch andere nomadische Gesellschaften betrifft, vgl. die Warnungen von SCHOLZ (1991) und KHAZANOV (1998).
6   Der Ladakh Buddh Vihar in Delhi ist eine ladakhische »Enklave« mitten in Delhi. Das Land wurde den Ladakhis von Nehru zugesprochen. Es steht dort ein ladakhisches Kloster und eine Pilgerherberge. Mit der Annexion Tibets durch die Chinesen und den folgenden Flüchtlingsströmen sind Tibeter auf das Gebiet des Ladakh Buddh Vihar eingeströmt. Heute ist es nahezu völlig vom tibetischen Geschäftsleben eingenommen: Die Tibeter betreiben dort einen florierenden Markt, Restaurants, Gasthäuser. Es gibt nur noch drei bis vier Ladakhis, die dort den Grund und Boden auch nutzen.
    Ich hatte 1996-1998 eine Wohnung im Ladakh Buddh Vihar (LBV) und habe in diesen Jahren Voruntersuchungen für eine Fallstudie des LBV als Begegnungsort von Fremdem und Eigenem unternommen und zu einem Projekt ausgearbeitet, welches sich dann T. Dodin zugeeignet hat. Wir dürfen mit Interesse auf dessen Ergebnisse warten.

che offensichtlich tibetische Nomaden oder andere Händler einführen. Unter Umgehung der klassischen Verkaufswege der wirtschaftlich kostbaren *pashmina*-Wolle zwischen Nomaden auf der einen Seite und Kashmir als wichtigstem Verarbeitungsland auf der anderen – treten zunehmend tibetische Zwischenhändler auf, und das *pashmina* geht zum Teil nach China. JINA (1999) scheut sich nicht, von tibetischer Ausbeutung der Changpa zu sprechen.

Doch sind die reduzierten Weidegründe, der Influx tibetischer Nomaden und die damit zusammenhängende große Gefahr der Überweidung, und damit die sozialen Spannungen mit den tibetischen Nomaden, nicht die einzigen Probleme von Changthang.

Weidedruck entsteht nicht nur durch diese Faktoren, sondern auch durch das Bevölkerungswachstum der Changpa-Nomaden selbst. Die meisten Autoren (AHMED 1996; JINA 1995, 1999; vgl. auch GOLDSTEIN 1981, BEALL und GOLDSTEIN 1981) führen das Bevölkerungswachstum auf den Rückgang der Polyandrie zurück. In der Tat werden heute sehr viel mehr monogame Ehen geschlossen als früher, die Polyandrie ist eindeutig im Rückgang. Dies ist nicht zuletzt eine Folge der Fremdheitseinflüsse durch die indische Regierung und das indische Militär, welche natürlich, wenn auch in gegenüber Zentral-Ladakh vergleichbar weniger dichter Weise bis nach Changthang hineinreichen: Polyandrie ist offiziell verboten und gilt als rückständig (vgl. die Studie von FAHLÉN 2000 zum Rückgang der Polyandrie in Ladakh als Ausdruck sozialen Wandels).

Wenn es mehr Menschen in Changthang gibt, dann nimmt natürlich auch die Dichte des Viehbestandes zu. Weder Agrikultur noch Tauschhandel sind steigerbar – so gibt es als Einnahmequelle doch nach wie vor nur überwiegend das Vieh.

Des weiteren sind die Changpa-Nomaden das ganze Jahr über viel »anwesender« als sie es früher waren. Früher war die Gegend ein zentraler Ort des Transhimalaya-Handels. Changpa-Nomaden unternahmen monatelange Handelsreisen. Dabei begleitete sie stets ein beträchtlicher Teil ihres Viehs – sind doch Schafe schließlich auch ihre Lastentiere. Nicht nur entfallen heute diese monatelangen Abwesenheiten, weil der Transhimalaya-Handel vollkommen zum Erliegen kam, sondern weil die Changpa – wenn sie jetzt auf Handelsreisen gehen (z. B. nach Leh, um Fleisch und Wolle zu verkaufen) – kein Transportvieh mehr brauchen. Warum nicht?

Das hat etwas mit dem chinesisch-indischen Krieg von 1962 zu tun. Seitdem ist die Gegend, wie gesagt, militärisch eine Hochsicherheitszone und von Militär bewacht. Straßen sind gebaut worden. Man kann heute von Leh bis nach Korzok tief in die Changthang-Region hinein auf Asphalt- oder Schotterstraßen fahren. Hier verkehren Lastwagen und Jeeps. Heute bringen die Changpa ihre Ware nicht mehr auf dem Rücken von Schafen irgendwohin – sie steigen auf einen Laster.

Bevölkerungswachstum und Weidedruck haben auch Abwanderung zur Folge. Wenn es in der Region von Rupshu nach den Zählungen von AHMED (1996) nur 399 Menschen gibt, dann ist die Abwanderung 1992/1993 von nur drei Zelten (was immerhin 38 Personen sind; vgl. AHMED 1996, Fußnote, S. 339) natürlich ganz erheblich. Man könnte argumentieren, dass die Abwanderung vielleicht ein gesunder Ausgleich zum Bevölkerungswachstum sei – der wegen des Herdenwachstums das eigentliche Problem darstellt. Aber es sind die Ärmsten, die abwandern, diejenigen, welche von der winzigen Herdengröße, die ihr Eigen ist, nicht überleben können.

Durch die Verkehrsanbindung sind die schulischen Möglichkeiten für Changpa-Kinder natürlich auch sehr viel besser geworden. Nomadische Schulen (ein Lehrer zieht mit einer Zeltgruppe umher) haben sich kaum bewährt. Aber heute, da es schließlich vernünftige Lastwagenverbindungen gibt, kann eine Nomadenfamilie zumindestens den einen oder den anderen ihrer Söhne durchaus auf die Schule nach Nyoma oder Leh schicken. Waren diese Kinder als Jugendliche erst in dieser Umwelt, wollen sie oft auch nicht zu ihrem nomadischen Elternzelt zurückkehren. Es entstehen auch aus dieser Quelle eine Vielzahl von Werte-Spannungen. Diese Kinder haben den Konsum-Level ladakhischer Kleinstädte erlebt, und ihre Ansprüche bringen sie mit nach Changthang.

Als weiteres großes Problemfeld ist der Tourismus zu nennen. Noch hält er sich dank der starken Restriktionen durch die indische Verwaltung in Grenzen, aber seine Spuren sind in Changthang längst zu erkennen. Für indische Touristen wurde Changthang 1993 geöffnet, für Ausländer 1996. Wie erwähnt, dürfen nur kleine Gruppen für eine begrenzte Zeit auf vorgegebenen Wegen nach Changthang. Eine der meist besuchten Regionen ist natürlich der Tsomoriri-See – eine wirklich bezaubernd schöne Landschaft. Wegen der extremen Kälte beschränkt sich der Tourismus im Wesentlichen auf Juli und August. Das aber ist auch die Brutzeit des reichen Vogelbestandes des Sees. Bereits 1994 beklagt BHATTACHARJI die Schaumkronen auf den Wellen des Sees, seine Veralgung, die Vermüllung der Ufer, die vorher nie gesehenen Fliegenschwärme (vgl. auch BHATTACHARJI 1993).[7]

Neben diesen Umweltfolgen hat Tourismus noch eine Vielzahl weiterer Folgen. Es gibt plötzlich für einen Changpa einen bezahlten Job: Er kann eine Teebude am Wegrand aufmachen und Tee verkaufen, oder er kann sich als Führer und Träger für Trekking-Touristen zur Verfügung stellen. Und dies beeinflusst den Geldwert von Arbeit ganz erheblich in Changthang. Heute würde kein Changpa-Hirte mehr für den Monats-Preis von vor zehn Jahren eine fremde Schafherde auf die Weide führen. Heute will man ganz andere Mengen von Geld auf die Hand

---

7 So kann man gewiss nicht mit Begeisterung eine Ankündigung der Nordbayerischen Nachrichten vom 25.8.2001 aufnehmen, dass ein Pit Schubert, »der einer Art deutschem „TÜV" für Bergausrüstung vorsteht, der UIA«, den Tsomoriri-See künftig in den Reisekatalog des Münchner Summit-Clubs aufnehmen möchte... (Dank an dieser Stelle an den Kollegen Heinz Räther, der mich über e-mail stets vorzüglich mit Ladakh-Nachrichten versorgt.)

haben. Touristen bringen mit ihren feinen Zelten, flotten Kleidern und ihrer komfortablen Ausstattung auch neue Ansprüche auf Konsumgüter. Und so setzt sich die Spirale des Habenwollens, der individuellen Gewinnmaximierung und des Konsumdenkens schleichend fort.

Und genau das ist es, was weitsichtige Changpa-Nomaden auch ganz deutlich sehen. Vielleicht sind es neben dem buddhistischen Klerus eben gerade die Schamanen, welche durch ihren vielfältigen Kontakt mit den Problemen der Menschen, welche sie mit ihren Heilungsmöglichkeiten versorgen, diese Weitsicht haben. Wir können unter diesem Blickwinkel noch einmal zurückschauen auf den großen schamanischen Gesang des Lhapa Thundup. Er singt mit großer Eindringlichkeit:

> Ihr Menschen solltet in Einheit leben.
> Doch heutzutage ändern die Menschen sich so sehr.
> Heutzutage sind die Menschen neidisch und voller Hass.
> Sie bekämpfen sich gegenseitig und haben Streit.
> Mehr Blut fließt die Täler hinab denn je…
> Die Zeiten ändern sich in unserer Welt…
> Ihr habt noch genug zu essen.
> Und trotzdem seid ihr unzufrieden…
> Ihr solltet deshalb zufrieden sein.
> Ihr Menschen seid neidisch. Ihr schaut und sagt:
> Der hat mehr als ich.
> So sollt ihr nicht denken.

Ganz verdichtet, aber ganz klar hat auf diese Weise der Schamane eine gesellschaftliche Diagnose gegeben, und er warnt die Menschen, sich den durch diese gesellschaftlichen Änderungen ergebenden Wertänderungen (mehr haben wollen, Neid, Vergleich mit nebenan, Kompetitivität) kritiklos hinzugeben. Es führe nur zu Leid. Und er sagt ihnen auch, was das Gegengewicht ist:

> Macht eure Arbeit und achtet auf euer Bewusstsein.
> Alles hängt von eurem Bewusstsein ab…
> Seid immer rein in eurem Bewusstsein.
> Wenn ihr euer Bewusstsein nicht lenkt,
> dann ist die Hölle in euch.

Am Bewusstsein arbeiten – es soll rein sein, rein im buddhistischen Sinn: ohne Habgier, Neid, Hass und Verblendung – heißt, an den eigenen Werten arbeiten. Und ich meine, es ist genau dies die Botschaft, welche wir als »Westmenschen« von dem nomadischen Schamanen hören sollten. Nicht alle Bedingungen des so genannten modernen Lebens können wir ändern, wir können nicht alle politisch tätig werden und die ungeheure Gewalt unserer Zeit eindämmen, wir können nicht die Realität und Mentalität von Bescheidenheit und Bezogenheit und Gemeinschaft aus der Vergangenheit beschwören – und trotzdem muss kein Einzelner tatenlos bei der Klage über unsere böse Gegenwart verweilen: Jede Änderung setzt an der Arbeit an sich selbst, an der eigenen Lebenspraxis, am eigenen Bewusstsein an.

Der Schamane Thundup: »Es gibt zu diesem Ansatz keine Alternative.«

GLOSSAR UND VERWENDETE ABKÜRZUNGEN

am chi	tibetischer Arzt, der mit Kräutern, Pulvern, Pillen heilt, nicht mit Ritualen
bag ma	Einheirat einer Frau in den Haushalt des Mannes
chag dzod	Klosterverwalter
chang ra	»Nord-Ziege« (welche das *pashmina* gibt)
chi ru	wilde Antilope, Träger der → *shahtoosh*-Wolle
da ma ru	Handtrommel des ladakhischen Schamanen, unentbehrliches Requisit einer jeden Séance
de	Dämon, dunkle Kräfte, Widersacher der *lha* in der Schamanenkrankheit als Ausgangspunkt der Berufung
dhar ma	die Lehre Buddhas
dib lung	*dib* = Verunreinigung, *lung* = Lehre. Die Lehre für einen Schamanen-Kandidaten zum Heraussaugen von flüssigen Verunreinigungen aus dem Leib des Patienten
dib phin ches	Heraussaugen von *dib*
dud	böser Geist, Dämon
du khang	Gebetshalle des Klosters
go ba	der auf drei Jahre ernannte »Vorsteher« einer Gruppe von Nomaden. Eine seiner Hauptaufgaben ist die Vergabe der Weiden
gon pa	Kloster
gon po, gon mo	Hexer, Hexe
gur	das weiße (moderne Stoff-)Zelt der Nomaden
jadu	ein Hindi-Wort, aber auch in Ladakh allgemein für »Schadenszauber« verwendet
ka	Befehl, Legitimation. Mit *ka* wird die Diagnose »Schamanenkrankheit« durch einen Rinpoche und dessen schriftlichen Auftrag an einen gestandenen Schamanen verstanden, *lha* und *de* bei dem Kandidaten zu trennen.
khab lung	*khab* = Nadel, *lung* = Lehre. Die Lehre für einen Schamanen-Kandidaten zum Heraussaugen von Nadeln (oder anderen festen Gegenständen) aus dem Leib des Patienten
khab phin ches	Heraussaugen von *khab*
kha tak	weißer Zeremonialschal
lan de	böser Geist
la pok	Lehre, auch schamanische
lha lug kar po	das der weißen (*kar po*) Götterwelt (*lha*) geweihte Schaf (*lug*)

lha mo	*lha* = Gottheit, *-mo* Suffix für ♀. *Lha mo* = Göttin (Schamanin)
lha pa	*lha* = Gottheit, *-pa* Suffix für ♂. *Lha pa* = Schamane
lha skyon	Umschreibung für die »*lha*-Krankheit«, zu unterscheiden von → *tsha ba tshu ba*
lha tho	Wohnsitz eines *lha*: eine mit Zweigen, Ritualgegenständen und Gebetsfahnen geschmückte Steinaufschichtung
lu (klu)	Geistwesen der Unterwelt
lu lug ngon po	das der blauen (*ngon po*) Unterwelt der → *lu* geweihte Schaf (*lug*)
lung sta	Gebetsfahne. Das Aufstellen/Aufhängen von Gebetsfahnen stärkt das → *spar kha*
lus gyar	wörtlich: geliehener Leib. Bezeichnung für ladakhische Schamanen, deren Leib unter Trance von *lha* besetzt wird
mag pa	Einheirat eines Mannes in den Haushalt der Frau
Mantra	heilige Silbenfolgen
me ngag (srag)	schamanische Behandlung durch Feuer
nod pa	Unheil, Verunreinigung
nyer tschod	aus sieben Schalen bestehende buddhistische Opfergaben, unverzichtbarer Teil einer jeden schamanischen Séance
on po	ein Laie, aber gelegentlich auch ein buddhistischer Mönch, der sich besonders auf Wahrsagungen spezialisiert hat (oft aber auch auf schwarze und weiße Magie)
pe rak	reich mit Steinen verzierter Kopfschmuck ladakhischer Frauen, nur zu festlichen Gelegenheiten getragen
pha lha	die Gottheit der → *pha spun*
pha spun	väterliche Verwandtschaftsgruppe
phug lha	anderes Wort für → *pha lha*
Polyandrie	Ehe einer Frau mit mehreren Männern (wenn es Brüder sind: fraternale Polyandrie)
Polygamie	Ehe von mehr als zwei Partnern
Polygyandrie	eine sich aus der Polyandrie entwickelte Ehe mehrerer Frauen und Männer
Polygynie	Ehe eines Mannes mit mehreren Frauen
puja	buddhistische Andacht mit Opfergabenbereitung, Gebet, Gesang
pu ri	Saugröhrchen des Schamanen zum Absaugen von → *dib*
re bo	das schwarze Zelt der Changpa-Nomaden
Samsara	Kreislauf der Wiedergeburten
sem pa	Geist, Bewusstsein – das, was sich, nach Aussagen vieler Schamanen, unter *lha*-Besessenheit (Trance) ändert

sem nyid	Geist, Seele. Eine Bezeichnung der Schamanen für das, was sich unter Trance ändert bzw. verloren geht
ser kyem	Trankopfer
shahtoosh	der Winter„flaum", die feinste Unterwolle der Himalaya-Antilope → *chi ru*
shin de	böser Geist eines verstorbenen Menschen
shuk pa	Wacholder, oft als Räucheropfer verwendet
son de	böser Geist eines lebenden Menschen
spar kha	spirituelle Kraft
srog	die Lebenskraft, ohne die man nicht leben kann. Srog wird von den Schamanen gelegentlich auch als Bezeichnung dessen verwendet, was sich unter Trance ändert bzw. verloren geht
sung ma	»Schutzgottheit«, *lha*, welcher einen Schamanen besetzt
tag ril	Orakelverfahren, das vor allem in Klöstern, z. B. bei der Auswahl des Kloster-Orakels angewandt wird
thab lha	Herdgottheit des Zeltes
ti mo, ti po	böser Geist einer eifersüchtigen Frau (*ti mo*) oder eines eifersüchtigen Mannes (*ti po*)
tsam pa	Mehl aus gerösteter Gerste
tsan	Götter oder Geister der »Erd-Welt«. Für Tibet umschreibt sie STEIN (1972) mit »König, Mächtiger, Gottheit des Raumes«. Für Ladakh vgl. vor allem KAPLANIAN (1995).
tsan lug kro po	das der roten (*kro po*) Welt der → *tsan* geweihte Schaf (*lug*)
tsha ba tshu ba	häufigst verwendeter Ausdruck für das »Verrücktsein« als Ausgangspunkt der Schamanenberufung, bei dem man aber noch nicht weiß, ob es sich um die Schamanenkrankheit (→ *lha skyon*) handelt.
tshe thar	ein den Göttern zwecks »Überlebens« geweihtes Tier
vajra	Diamantzepter
yul	Region, Dorf
yul lha	Gottheit der Siedlung / der Region
yul lha chen po	höchste (*chen po*) Gottheit (*lha*) der Region (*yul*)
HI, HH, HR	für Himalaya-Forschung/Informationsgespräche und Himalaya-Forschung/Heilungs-Séancen sowie Himalaya-Forschung/Rituale verwendete Indices zur Identifikation von Protokollen, Tonbändern, Transkripten und Bildmaterial

ANHANG A

Vergleich der Changthang-Schamanen mit den Schamanen von Zentral-Ladakh

Meine Forschung bei den nomadischen Schamanen in Changthang ermöglicht nun einen ersten vorsichtigen Vergleich zwischen ihnen und den von anderen Forschern und auch von mir selbst bisher ausschließlich untersuchten zentral-ladakhischen Schamanen (vgl. dazu Kapitel 3).

Als Erstes gilt festzuhalten, dass – wie zu erwarten – die Grundstruktur schamanischen Heilens bei allen Ladakh-Schamanen die gleiche ist. Die wichtigsten Gleichheiten sind:

1. der so genannte »Wahnsinn« als Ausgangspunkt der schamanischen Berufung;
2. die Bestätigung der Berufung durch einen Würdenträger des Tibetischen Buddhismus;
3. die Transformation des »Wahnsinns« in eine kontrolliert einzusetzende Trance;
4. das Verständnis der Trance als Besessenheit durch eine *lha*-Gottheit, welche das einzig heilende Subjekt der schamanischen Séance darstellt;
5. die Amnesie-Aussage, wonach keinerlei Trance-Geschehen erinnerbar ist;
6. die Grundstruktur einer Séance mit ihren vorbereitenden Handlungen, dem Aufbau des buddhistischen Altars, den buddhistischen Gebeten und Gesängen;
7. die wichtigsten Requisiten schamanischen Handelns: Schamanenkrone und Umhang, Kopf- und Mundtücher, *da ma ru*-Trommel, Glocke und *vajra* (Diamantzepter);
8. die wichtigsten Aufgaben des Schamanen: Heilung von Mensch und Tier, Wahrsagung und Abwehr von Unheil.

Dem gegenüber mögen die Unterschiede gering erscheinen – aber ich möchte sie doch erwähnen, weil ich meine, dass die drei Hauptunterschiede etwas mit der *Umwelt* zu tun haben, in welcher die Changthang-Schamanen leben. Es bleibt festzuhalten, dass ich von den nomadischen Schamanen Changthangs spreche, nicht von denen der Städte, z. B. von Nyóma.

Die Hauptunterschiede sind:

1. Nomadische Changthang-Schamanen vollziehen keine Körperkontaktheilung von Tieren. Ist es für den gestandenen Schamanen von Zentral-Ladakh ein selbstverständlicher Teil ihres Heilens, kranken Tieren (vor allem den großen und kostbaren wie dem Yak) Nadeln und andere feste Gegenstände aus dem Leib zu saugen – so tun dies die Changthang-Schamanen nie. Und das ist auch unmittelbar nachvollziehbar. Diese »Behandlungstechnik« ist, wie jeder Schamane versichert, außerordentlich anstrengend und aufwendig. Wenn jede nomadische Familie ein bis dreißig Yaks hat, die alle krank werden könnten, so wäre diese Aufgabe von wenigen Schamanen kaum zu leisten. Changthang-Schamanen heilen auch Tiere. Aber dies geschieht auf dem Wege von Weihrauchweihung und *puja* (HI-37, HI-38, HI-43).

2. Nomadische Changthang-Schamanen heilen »individueller«, die einzelnen Schamanen haben mehr »eigene«, besondere Heilungstechniken entwickelt, die Teil ihrer und keiner anderen schamanischen Heilungspraxis sind. Die Blutsaugtechnik des Schamanen Sonam Lathar, das *da ma ru*-Blasen von Lhapa Thundup, das Hantieren mit Kräutern und Pulvern aus dem Arsenal tibetischer *am chi*-Medizin von Lhapa Ngawang – das alles sind höchst »eigene« Verfahren – nach Aussagen der anderen von diesen nicht praktiziert. dass es bei Vater und Sohn (Sonam Lathar und Ngawang) Überschneidungen gibt (Sonam Lathars Blutsaugtechnik stammt von seinem Vater, die Vergabe von *am chi*-Medizin will auch der Sohn lernen) ist nahe liegend – aber *da ma ru*-Blasen schließen sie ebenso aus wie Lhapa Thundup das Hantieren mit *am chi*-Medizin.

   Im Fall der zentral-ladakhischen Schamanen kann ich mich nicht erinnern, dass ein Schamane je eine Heilungstechnik anwendete, welche die anderen nicht entweder auch schon anwenden oder anzuwenden lernen.

   Es liegt nahe, dass es in der unendlichen Weite des Changthang für den Schamanen so viel weniger Möglichkeiten gibt, direkt oder indirekt (d. h. über Patientenberichte) die Heilungspraxis anderer Schamanen kennen zu lernen, dass solche individuellen Entwicklungen auch mehr Raum haben.

3. Ein dritter Unterschied ist die äußere Aufmachung. In der Grundstruktur ist sie gleich. Aber Schamanenkronen, welche von einem ganzen Mantel langer wilder zottelliger Wollgehänge umgeben wären – das findet man bei keinem Schamanen Zentral-Ladakhs. Die Changthang-Schamanen sind in dieser Hinsicht unvergleichlich viel aufwendiger gekleidet als die aus Zentral-Ladakh

(und sie sind entsprechend eindrucksvoller anzuschauen!). Die zotteligen Wollgehänge stammen nun allerdings auch aus ihrer unmittelbaren Umwelt.

4. Sind diese drei Unterschiede mit der Umwelt Changthangs in Verbindung zu bringen, so gibt es eine Reihe anderer Unterschiede, für die dies nicht so offensichtlich ist. Das Saugen – ob am Menschen oder am Tier – ist für die Schamanen Zentral-Ladakhs der *Kern* ihrer Heilungstechnik, es ist auch die Heilungstechnik, welche sie zuerst lernen. Keiner der nomadischen Changthang-Schamanen heilt durch Saugen – allemal nicht beim Tier (vgl. oben), aber auch in keinem Fall beim Menschen. Genauso wie für ihre zentral-ladakhischen Kollegen ist auch für sie *nod pa* und *dib* – innen im Leibe sitzendes Unheil – die allerhäufigste Krankheit, und *nod pa* und *dib* müssen aus dem Leib entfernt werden. Doch sie *singen* es heraus, *blasen* es heraus oder *zapfen* es mit Blut von der Haut ab. Ein Saugrohr oder Saugen mit eigenem Mund, das wenden sie nicht an.

5. Ein weiterer Unterschied, den es aber noch genauer zu untersuchen gilt, bezieht sich auf die Technik der Voraussage. Sonam Murups Technik, Gerstenkörner unter seinem hellen Gesang auf der *da ma ru*-Trommel zum Tanzen zu bringen – ist in Changthang unbekannt. Den Spiegel dagegen – den sowohl Lhapa Thundup als auch Lhapa Ngawang offensichtlich ständig anwenden – habe ich bei den zentral-ladakhischen Schamanen nicht gesehen, er wird aber, wie VOLF (1994) berichtet, auch dort von einer Minderheit verwendet.

Wichtiger als solche eher äußerlichen Unterschiede wären sicher die inhaltlichen. Ich habe in Zentral-Ladakh niemals einen Schamanen einen so langen, inhaltlich individualisierten, d. h. doch auch ganz auf die Patienten und Teilnehmer und deren Lebenswelt und Zeit orientierten Schamanengesang erlebt und gehört, wie bei Lhapa Thundup, und in aller bisherigen Forschung auch nirgendwo einen solchen dokumentiert gefunden. Ich habe auch viele der in diesem Gesang entschlüsselten Inhalte (die eigene mythologische Herkunft, der Bogen vom Individuellen zum Globalen usw.) bisher weder in einer von mir dokumentierten Séance noch in den von anderen Forschern veröffentlichten Berichten gefunden. Das aber ist wohl doch eher kein Changthang-Spezifikum (ich wage die Voraussage, dass man sie weder bei Sonam Lathar noch bei Lhapa Ngawang würde kennen lernen können), sondern es ist der Gesang eines großen Schamanen, welcher unter tiefer Trance die Übel der Zeit prägnanter erfasst als irgend jemand sonst.

ANHANG B

Die Rede vom Schamanismus als Geisteskrankheit

Es ist noch nicht allzu lange her, dass westliche Schamanenforscher den Schamanen als »heilenden Irren« und den Schamanismus als eine Form der Geisteskrankheit abwerteten.

Und diese Art der Wertung kann man auch heute noch finden. Janet Rizvi erwähnt in ihrem Ladakh-Buch anonyme, »Western-trained anthropologists«, welche die Trance als »hysterische Störung« ansähen und fährt dann fort:

In this context, the lha-ba *training at the same time develops and controls a preexisting multiple personality syndrome.* (RIZVI 1996, S. 137)

In diesem Kontext führt die Schamanen-Ausbildung gleichzeitig zur Entwicklung und zur Kontrolle eines bereits vorher gegebenen multiplen Persönlichkeitssyndromes. (Übersetzung IR)

Nun ist das multiple Persönlichkeitssyndrom eine psychiatrische Kategorie, im Kontext unserer Kultur wird dieses Syndrom als Geisteskrankheit angesehen.

Nach Rizvi ist diese »Geisteskrankheit« nicht nur der Ausgangspunkt, sondern auch das Ergebnis der Schamanenausbildung – mit anderen Worte, die Ausbildung führt – auf der Basis bereits vorgegebener Krankheit – zu der Entwicklung eines Syndroms genannt multiple Persönlichkeit, einer Geisteskrankheit.

Diese Darstellung von Rizvi ist zumindest äußerst missverständlich. Um die im vorliegenden Buch dargelegte Schamanenforschung vor dergleichen potentiellen Missverständnissen zu schützen, möchte ich noch einmal auf den »Wahnsinn« als Ausgangspunkt schamanischer Berufung und auf die Transformation des »Wahnsinns« zurückkommen.

Die Schamanen schildern den Ausgangspunkt ihrer Berufung, diesen *tsha ba tshu ba*-Zustand sehr eindrücklich. Sie *fühlen* sich krank. Sie werden von ihrer Umwelt als krank angesehen. Sie werden von ihren Angehörigen von Heilungsinstanz zu Heilungsinstanz gebracht. Und die Art der Krankheit – auch in ihrer eigenen Sicht – ist eine Krankheit des Geistes (*sem pa, sem nyid*).

Ich habe trotzdem, wenn ich die Worte der Schamanen (*tsha ba tshu ba, nyos po*) aufgreifend in meiner vorangehenden Darstellung auch von »Wahnsinn«

sprach, dieses Wort immer in Anführungszeichen gesetzt, um damit zu verdeutlichen, dass ich es nicht als eine westliche psychiatrische Kategorie verstehe. Ob diese *tsha ba tshu ba*-Verfassung eines werdenden Schamanen in Ladakh von einem hiesigen Psychiater als Hysterie oder Schizophrenie oder multiple Persönlichkeit diagnostiziert würde, ist letztlich gleichgültig. Entscheidend ist etwas anderes – und das verfehlt die obige Rizvi-Formulierung, wonach Ausgangspunkt und Endpunkt eine unnormale Geistesverfassung sind, wirklich radikal.

Das Entscheidende ist, dass durch den Prozess der *lha*-Anerkennung und durch die schamanische Ausbildung eine selbst von anderen so erlebte und bezeichnete Verfassung von »Krankhaftigkeit« transformiert wird – nicht nur zu einem gesunden Menschen, sondern zu einem gesunden Menschen, der anderer Menschen Krankheit heilt. Das erscheint mir gerade als die ungemein eindrucksvolle kulturelle Leistung dieses schamanischen Komplexes.

Ein ladakhischer Schamane ist in keiner Weise – weder in unserem noch in deren Sinne – »krank«. Er hat vielmehr eine ganz außergewöhnliche Fähigkeit entwickelt: Er vermag unter strikt von ihm selbst kontrollierten Bedingungen gezielt in einen anderen (keinesfalls krankhaften) Bewusstseinszustand zu tauchen und ebenso kontrolliert und von ihm selbst bestimmt daraus wieder aufzutauchen – und das, *ohne* dass er irgendwelche Hilfsmittel oder Drogen nimmt, welche sein Bewusstsein in jene andere Welt katapultieren und ihn, wenn die Wirkung ausklingt, wieder in diese Welt gleiten lassen. Seine einzigen Hilfsmittel sind vielmehr die tiefe Konzentration, wie sie der monotone Gesang, das Trommeln und Glockenläuten fördern. Und sein großes Kapital, das er aus der oft äußerst anstrengenden und qualvollen Ausbildung mitbringt, ist die Orientiertheit seines Bewusstseins an bestimmten Signalen, welche den Zustand der Bewusstseinsänderung einzuleiten haben. Ein Reservoir an sicheren »Konditionierungen«, wie wir in unserer Sprache sagen würden, das ist sein Kapital.

Diese »Konditionierung« wäre in der Ausbildung nicht möglich, gäbe es nicht Anknüpfungspunkte. Und der unabdingbare Anknüpfungspunkt ist die frühe Erfahrung eines nicht spontan veränderten Bewusstseins – jenes »Wahnsinns«, welcher Ausgangspunkt jeder schamanischen Berufung ist.

Schamanischer »Wahnsinn« – jener Ausgangspunkt des schamanischen Werdegangs – ist, so betrachtet, keinerlei ethno-zentrischer Negativ-Wertung zugänglich. Es gibt hier bei uns geisteskranke Menschen und es gibt wahrscheinlich auch geisteskranke Menschen in Ladakh.

Hier bei uns nimmt man sie schlimmstenfalls aus dem Alltagsleben heraus, steckt sie in eine Anstalt und deckt ihre Verfassung mit Tabletten zu. Sie werden »handhabbar«. Und sie werden stumpf, phantasielos und träge. Und sind anderen lästig.

Dort transformiert man sie zu Menschen, die ins Leben hineingehen, aktiv und handelnd und heilend an ihm teilnehmen. Ihr Geist wird in der Trance entfaltet, belebt, ungemein aktiviert. Sie werden nicht »handhabbar« gemacht. Sie handhaben sich selbst. Sie sind niemandem lästig – sie nehmen vielmehr den anderen ihre Last.

ANHANG C

Sprechende Anthropologie im Kontext ekliptischer Sprach-Codes

1. VERSCHIEDENE ANTHROPOLOGIEN

1.1 Die Ausgangsszene

Ausgangspunkt der vorliegenden Arbeit war eine sich viele Male wiederholende Szene folgender Art:

> In Leh, Haupt-»Stadt« von Ladakh, wo ich einen bescheidenen Wohnsitz habe, sitze ich mit meinen beiden ladakhischen Mitarbeitern Sonam Norboo Spurkhapa und Tsultim Kubet auf der Terrasse vor dem Haus. Jeder hat einen zwei- bis dreihundert-seitigen Text auf den Knien. Der Text ist eine Transkription, die Wort-für-Wort-Abschrift eines Tonbandes – Aufnahmen entweder schamanischer Séancen oder von Gesprächen mit Schamanen, Schamanengehilfen, Schamanenangehörigen oder Schamanenkennern. Der Text ist in ladakhischer Sprache und in tibetischer Schrift abgefasst.
>
> Unsere Aufgabe ist die Übersetzung dieser Texte. Tsultim kann am besten von uns dreien die tibetische Schrift lesen. Mit Englisch kommt er recht gut zurecht. Ich kann die tibetische Schrift auch sehr gut lesen, aber ich kann schlecht Ladakhi. Ich weiß am besten über den Inhalt der Transkripte Bescheid, weil ich auch ausführliche Protokolle erstellt habe. Sonam Norboo liest keine tibetische Schrift, er muss sich an die Transliteration (Übertragung in lateinische Schrift) halten, aber er spricht perfekt Englisch. Einer von diesen beiden Mitarbeitern war stets bei den Sitzungen dabei, die es hier zu verstehen und zu übersetzen gilt.
>
> Tsultim liest vor. Sehr, sehr stockend. Sonam liest anhand der Transliteration vor – noch viel stolpriger. Sie lesen es beide nochmals, laut. Sie lesen es nochmals (ein drittes Mal), immer noch stockend. Sonam hebt eine lange

Rede in Englisch an – indirekte Rede, keinesfalls eine Übersetzung: »Er sagt, dass ... und dann sagt er, dass ...« »Nein«, fällt ihm Tsultim ins Wort, »das stimmt nicht, er sagt *nicht*, dass ...« Und ich sage: »Sonam, das kann nicht sein, denn ich erinnere mich gut an das Gespräch, und schau, hier habe ich das Protokoll ...«

Also, wir kehren alle drei zurück zum Text. Wieder stockendes, lautes, paralleles Lesen von Tsultim und Sonam... Jetzt kommt Tsultim mit einer »Idee«, was hier möglicherweise gesprochen wurde, und er erläutert: »Also, der Schamane sagt, dass ...« »Nein«, unterbricht ihn Sonam, »schau auf diese Passage, da sagt er doch...« Und Sonam liest es stockend vor, und die beiden fangen an, sich auf Ladakhi zu streiten, was der Schamane denn nun gesagt habe...

So geht es munter weiter. Ich stoppe die Arbeit, es bringt nichts. Die beiden Muttersprachlichen sind sich nicht einig, was hier gesprochen wird. Also gehen wir zurück zur Basisarbeit: Erst setzen wir einmal Worttrennungszeichen in unseren Text (tibetische Schrift trennt keine Worte, sondern nur Silben – jeder Satz besteht also aus einem langen Schwanz von Silben...). Mit dieser Arbeit wird das flüssige Lesen immerhin etwas einfacher. Dann verfassen wir eine Wort-für-Wort-Übersetzung, mühsam ist das, es braucht Geduld. Ich trage nochmals alle Informationen vor, welche wir meinen Protokollen entnehmen können – und dann versuchen wir eine neue Runde der Übersetzung – wieder mit heftigen Kontroversen der beiden Ladakhi...

Die Szene zeigt: Arbeit an transkribierten Ladakhi-Texten ist außerordentlich schwierig (und das zeigte sich auch bei meinen anderen Transkriptmitarbeitern). Im Folgenden möchte ich aufzeigen, erstens warum ich mit solchen Texten arbeite (Sprechende Anthropologie) und zweitens, was es mit der Sprache Ladakhi auf sich hat (»ekliptischer Code«), dass sie die kulturanthropologische Forschung der »sprechenden« Variante so erschwert.

1.2 Stumme und Sprechende Anthropologie

Ich habe diese Begriffe vor zwölf Jahren in kritischer Absicht geprägt (RÖSING 1988/1995). Es gibt eine Fülle von Ethnographien, in welchen niemand anderes spricht als der Autor: Er beschreibt, er deutet, er interpretiert, er baut großartige Gedankengebäude auf, er theoretisiert, er generalisiert. Die so genannten »Beforschten« kommen überhaupt nicht zu Wort. Das nenne ich (etwas polemisch) *Stumme* Anthropologie – obwohl da ununterbrochen einer redet.

Dieser eine, der da ununterbrochen und als einziger redet, der ist in der kulturanthropologischen Forschung der allerunwichtigste Sprecher. Sehr viel wichtiger ist, dass die so genannten Beforschten zur Sprache kommen, in ihren eigenen Worten, dass *sie* beschreiben, erklären, deuten, theoretisieren, generalisieren. Was sie sagen, muss sorgfältig dokumentiert werden (Tonbandaufnahmen), und es muss vollständig transkribiert werden, so dass auch die Dynamik eines Gesprächs in kritischer Sicht zu rekonstruieren ist. Und in der Darstellung durch den Forscher sollten diese Gespräche ausführlich zitiert werden – das ist *Sprechende* Anthropologie.

Sprechende Anthropologie ist mehr als eine bestimmte methodische Präferenz, es ist auch eine bestimmte Forschungsethik und Epistemologie. In Ivo STRECKERs (1990) Worten:

> Die Ethnologie muss sich, meine ich, von bestimmten Praktiken lösen, die ihrer Empirie seit Malinowski ihr bestimmtes Gepräge gegeben haben. Bronislaw Malinowski führte im ersten Viertel dieses Jahrhunderts die ethnologische Feldforschung zu ihrer scheinbar vollendeten Form. Feldforschung war von nun an nicht mehr ein zufälliges und theorieloses Faktensammeln, sondern bestand aus einer intensiven, theoretisch gesteuerten und ganz bewusst selektiven, teilnehmenden Beobachtung. Zu der selektiven Beobachtung gesellte sich die selektive Beschreibung. Der empirisch arbeitende Ethnologe, das heißt der Ethnograph, führt seit Malinowski seiner Leserschaft nicht alle seine empirischen Daten zu Gesicht, sondern nur solche, die ihm im Gang seines Arguments oder zur Vervollständigung eines Beweises dienlich sind. (S. 610)
>
> ... nach dieser Methode »illustriert« der Ethnograph nur seine theoretischen Gesichtspunkte. Er ist eine Art Alleinverwalter des Wissens über die Gesellschaft, die er analysiert. Dauernd widerlegt und bestätigt er sich selbst und niemand weiß, was für Daten er eigentlich hat und welche nicht.
>
> Man könnte meinen, dass es sich bei diesem Verfahren nur um ein wissenschaftsinternes Ärgernis handelt. Aber leider steckt in dem Ganzen auch eine gehörige Portion Mißachtung derjenigen, denen die Untersuchung gilt...
>
> Wenn der Ethnologe erscheint und sich Wissen aneignet, das nur für ihn selbst und für ein ganz spezifisches wissenschaftliches Interesse von Wert ist, wo bleibt dann der andere? Hätten wir es in so einem Fall nicht mit »krassem wissenschaftlichen Kolonialismus« zu tun? (S. 611)

Gegen dieses selektive, das Untersuchte und die Untersuchten verachtende Konzept setzt Ivo Strecker u. a. folgende Maximen: erstens die Forderung, dass der

Ethnologe an erster Stelle zu versuchen habe, die fremde Kultur in ihrer *Eigenheit* zu verstehen, und zweitens, dass der *Dokumentation,* der sorgfältigen beschreibenden Darstellung der Daten, ein unbedingt wichtiger Raum zu geben sei. Diesen beiden Maximen folgt meine Forschung konsequent:

Ich gehe von der Annahme aus, dass das, was ich untersuche, vielfältiger, uneinheitlicher, widersprüchlicher, komplizierter, verstrickter und *undurchdringlicher* ist, als das erste Verstehen mich glauben macht. Nicht meine Sprache, nicht meine Ordnungssysteme und Theorien sind wichtig; es geht vielmehr darum, die fremde Kultur so weit wie möglich in ihrer eigenen Sprache – im wörtlichen und übertragenen Sinn verstanden – zu Wort kommen zu lassen.

Des Weiteren gehe ich davon aus, dass ich bis zum Schluss meines Lernprozesses in einer fremden Kultur – im vorliegenden Fall des tibetischen Kulturraumes – *nie* alles verstanden haben werde: Würde ich je behaupten, *unsere* Kultur ganz zu verstehen? – Mit dieser Grundeinstellung kommen die Vielgesichtigkeiten und Vielschichtigkeiten einer fremden Kultur ebenso wie ihre Widersprüche und Verschlossenheiten – und ich würde sagen, damit ihr Reichtum und ihre *Realität* – auch eher ins Blickfeld.

Aus diesen Prämissen ergeben sich für meine Forschung durchaus unpraktische Konsequenzen. Es reicht keinesfalls hinzuschauen, was ich in schamanischen Séancen sehe, und ein paar Notizen zu machen, um diese dann, in meine Worte gekleidet und mit Theorie »aufgewertet«, dem Leser anzubieten. Ich brauche immer auch das Wort, die Erklärung, das Verständnis des Schamanen – und zwar auch wiederum nicht einfach in meiner Diktion, sondern in seiner eigenen Sprache. Ich muss unweigerlich seine Sprache lernen und ihn auch in der Vermittlung an unsere Welt wahrhaft zur Sprache kommen lassen, in seiner *eigenen,* nicht in meiner. Also müssen meine Ladakhi-Tonbänder transkribiert werden, und es müssen die Erläuterungen des Schamanen in Ladakhi *vor* allen meinen Übersetzungsversuchen stehen. Nur das sichert die Überprüfbarkeit, nur das gibt der Komplexität der fremden Kultur Raum.

Aus diesen Prämissen ergibt sich die Bedeutung der vollständigen Tonbanddokumentation aller erhobenen Daten und auch die Bedeutung der vollständigen Transkription.

Bei der Rekonstruktion einer schamanischen Séance, bei der Klärung ambivalenter Daten, bei der Entscheidung über zunächst kontrovers erscheinende Standpunkte spielt die Analyse der Tonband-Transkriptionen eine große Rolle.

Bei einer Séance, an der evtl. mehrere Dutzend Menschen teilnehmen, welche natürlich vielfach gleichzeitig reden, mit unzähligen Störungen und »Störgeräuschen« (das Husten und Weinen von Kindern, das Anrempeln an mein Tonbandgerät im engen Raum usw.) und bei dem vielfältigen Geschehen, dem vielen Hin und Her der Akteure und auch der Trance des Schamanen – bei all diesen Bedingungen ist die komplette Transkription oder Verschriftlichung einer solchen

Séance eine echte Strapaze, ebenso wie meine Kontrolle der Transkripte durch Nachhören. Aber es hat sich immer gelohnt.

Denn mit den Tonbandaufnahmen und Transkripten ist ja nicht nur die Sprache dokumentiert, sondern es wird auch ganz viel an Information zum Ablauf der Heilungs-Séance transportiert: die Stimmung, die Alltagskonversation, die Werte, der Handlungsablauf.

Eine weitere sehr wichtige Funktion der vollständigen Transkription ist es natürlich, dass ich auf diese Weise Beobachtungsdaten (Ritualabläufe) auf der einen Seite und Sprache, vor allem die Gebete, auf der anderen Seite vorzüglich koordinieren kann. In meinen kleinen schriftlichen Krakelprotokollen habe ich nicht nur *Gesehenes*, sondern auch *Gehörtes* notiert – ich habe durch Räuspern auch selbst Lautzeichen gesetzt. Die Transkripte sind so verfasst, dass sie auch »Kindergeschrei«, »Hundebellen«, »Hustenanfall« und meine kennzeichnenden Räusperungen genau vermerken – so dass meine Protokollnotiz »zweimal geräuspert« und die entsprechende Notiz im Transkript eine bestimmte Ritualhandlung auf das Genaueste mit bestimmten Gebetszeilen zu synchronisieren erlauben.

Diese systematischen Prüfungen am Transkriptionstext der Tonbandaufnahmen sind auch ein unabdingbares Korrektiv für jede voreilige Schlussfolgerung oder Interpretation vermeintlich eindeutiger Sachverhalte. Die Texte sind ein großer Reichtum an *Eigen*-Formulierungen der Gesprächspartner.

Die vollständige Aufnahme und vollständige Transkription sowie das stetige Nachhören und Überprüfen der Transkriptionen ist darüber hinaus ein wichtiger Zugang zur Rekonstruktion des Forschungsprozesses. Fehler, Sackgassen, Umwege, Missverständnisse, Stimmungseinflüsse usw. werden schonungslos offen gelegt. Ich kann die Dummheit meiner Fragen erkennen und die Höflichkeit meiner Gesprächspartner, die dennoch Antworten zu geben versuchen. Ich kann in einem Gesprächsverlauf genau rekonstruieren, an welcher Stelle und warum ein Missverständnis entstand und warum damit absurde Aussagen zustande kommen. Ich erkenne auch die manchmal insistent suggestiven Fragen meines Forschungsmitarbeiters, Sonam Norboo. Frustration, Unglauben, Ungeduld auf meiner Seite, der Versuch, sich als erfahren und weise zu verkaufen, auf der anderen – all das lässt sich in der Analyse des Gesprächstextes sehr gut herausfinden. Auf diese Weise lassen sich in den Aussagen Weizen und Spreu voneinander trennen.

1.3 Der verwendete methodische Ansatz im Kontext der Fachentwicklung

Wie ordnet sich der vorliegende methodische Ansatz in den Kontext der Fachentwicklung? Die Zeiten nach Malinowski, in denen sich das Fach Ethnologie gemütlich in dem Selbstverständnis als eine »echte Wissenschaft« eingerichtet hatte, sind vorbei. Eine epistemologische, ideologische, postmodernistische Fundamentalkritik ist über das Fach hinweggefegt, wonach Ethnologie nicht viel mehr ist als Subjektivität, Poesie und Politik (CLIFFORD und MARCUS 1986).

Die Fundamentalkritik hatte eine selbstlähmende *malaise* im Fach ausgelöst – aber auch eine Gegenbewegung herausgefordert, woraus sich aus den Trümmern der radikalen »Dekonstruktion« ein neues Selbstverständnis der Ethnologie aufzubauen begann (vgl. z. B. d'ANDRADE 1995; BOWLIN und STROMBERG 1997; KUPER 1994; LINDHOLM 1995, 1997; REYNA 1994; SPIRO 1996).

Die Fundamentalkritik war nützlich, und sie war erfolgreich (zur *Nachzeichnung* dieser Entwicklung vgl. GOTTOWIK 1991; KOHL 1993). Das neue Bild der Ethnologie ist mit drei Merkmalen zu umschreiben (CLIFFORD 1986; KOHL 1993):

(1) Ethnologie ist *selbstreflexiv* geworden. Heute kann es sich kein Forscher mehr leisten, eine Ethnographie darzulegen, ohne eine eingehende kritische Reflexion und Dokumentation seiner eigenen Subjektivität.

(2) Ethnologie ist *kontextualisiert* worden. Es gibt nicht mehr etwas wie »der Nuer«, »der Navaho« usw. Der Diskurs wird spezifiziert (CLIFFORD 1986): Wer spricht da wann mit wem über was unter welchen persönlichen, institutionellen und politischen Bedingungen? Diese Kontextualisierung hebt einen vermeintlichen Konsens der Ethnographierten auf. Auch fremde Kulturen sind nicht einheitlich. Folglich ist jede Beschreibung partiell. Ethnologie wird multifokal, der Forscher rückt aus dem Mittelpunkt heraus, die Beschreibung wird polyphon.

(3) Wo Subjektivität nur immer wieder von neuem zu reflektieren, nie aber gänzlich auszuschließen ist, kann auch Macht eindringen. Die neue Ethnologie ist sich der *ethischen* Dimension bewusst geworden, welche politischen und ideologischen Bedingungen sie selbst bedingen und welche politischen und ideologischen Auswirkungen sie hat. Sie hat Verantwortung übernommen, schreibt nicht mehr nur »über« den Anderen, sondern setzt sich dessen prüfendem Urteil aus (GOTTOWIK 1997).

Damit ist das ethnologische Unternehmen sehr viel bescheidener geworden und gleichzeitig sehr viel komplexer. Ihr bisher eher ahistorisch und statisch gezeichneter Gegenstand – fremde Kulturen – hat sein Gesicht gewandelt. Kultur ist »*contested, temporal and emergent*« (CLIFFORD 1986). Ihren eigenen Gegenstand festschreibende *grand theories* sind nicht mehr gefragt. Widersprüche sind nicht unanständig. Wandel ist eine Grundkategorie. Kultur und Kulturbeschreibung bekommt den Charakter eines dynamischen, fortlaufenden Prozesses. Die Selbstlähmung des Faches ist konstruktiv überwunden. Dass es Subjektivität, Macht und Interesse gibt, bezweifelt niemand. In seinem Werk *Angst und Methode in den Verhaltenswissenschaften* sah DEVEREUX (1973) nicht in der Subjektivität, in Übertragung und Gegenübertragung das Problem – im Gegenteil: sie sind selbst vorzügliche Daten –, sondern in deren Nichtreflexion oder Fehlbehandlung.

Unerschütterliche Wissenschaftsgläubigkeit und *mind numbing scepticism* (BOWLIN und STROMBERG 1997) sind damit gleichermaßen obsolet. Bowlin und Stromberg empfehlen eine Haltung, die sie NOA nennen: *natural ontological attitude*. Dabei geht es darum, das Beobachtete für sich sprechen zu lassen, ohne Theorie, es in den Zusammenhang anderer Beobachtungen zu stellen, unermüdlich ebenso nach weiterer Evidenz wie Gegenevidenz zu suchen und stets offen zu sein für Revision – mit anderen Worten *epistemic humility* zu praktizieren, wie sie es nennen.

Diesem Aufruf wäre d'ANDRADEs (1995, 1997) Plädoyer für eine auch ethische Bescheidenheit hinzuzufügen, bei der sich eine »moralische« Position nicht *vor* den Daten präsentiert, sondern *mit* diesen.

Wie ordnet sich meine eigene Forschung in diesen weiteren Kontext der *Fachentwicklung* ein? Was ich als Sprechende Anthropologie bezeichnet und konsequent praktiziert habe, ist eine Zurückstellung des Forschers und seiner Theorien – eine radikale Entfokussierung des Ethnologen – und ein Verfahren der Herstellung von Polyphonie, in welcher auch Widersprüche ihren legitimen Platz haben. Dass hier nicht nur etwas »entdeckt« wird, sondern gleichzeitig auch gestaltet und »konstruiert« und damit gewissermaßen für die Kultur nicht nur *ge*-funden, sondern auch »*er*funden« und »geschaffen« wird, bleibt nicht unbewusst, sondern wird explizit auch gerade im Dialog mit den »Beforschten« deutlich, die nach anfänglich großem Staunen über die Ergebnisse des so genannten ethnologischen Blicks (der Vertrautes verfremdet und auf diese Weise durchaus neue Seiten zu erkennen gibt) zu Mit-Forschenden werden (RÖSING 2001).

2. EKLIPTISCHE CODES

Ein Code steht für etwas, welches umfassender ist als er selbst. Worte sind Codes für Bedeutung. Sprachen unterscheiden sich ganz erheblich nach der relativen Redundanz ihrer Codes. Wenn im Deutschen sowohl das Personalpronomen »du« verwendet als auch das verwendete Verb entsprechend konjugiert wird – so ist dies redundant: Beides verweist auf die zweite Person Singular.

Wenn in der tibeto-birmanischen Sprache Ladakhi bei der Zahlenbildung nach *nyi shu* (zwei-zehn = zwanzig) noch eine spezielle Silbe für »zwanzig« eingesetzt wird (*rtsa*), bevor dann die jeweilige Zählung weitergeht – so ist auch das redundant. Bei *nyi shu rtsa nyis* erfahren wir gleich zweimal, dass es sich um eine spezielle Zahl (in diesem Fall 22) der Zwanziger-Serie handelt.

Dieses Zahlenbeispiel (ein spezieller Zusatz gilt im Ladakhi auch für dreißig bis neunzig) dürfte nun allerdings einer der ganz seltenen Fälle redundanter Codes im Ladakhi sein. In den allermeisten anderen Bereichen ist diese Sprache geradezu redundanz-feindlich – oder redundanz-abstinent –, und das nenne ich kurz »ekliptisch«[1], was ein beschreibender, kein wertender Begriff ist.

Um zu zeigen, welche großen Probleme ekliptische Sprachcodes für den Ansatz der Sprechenden Anthropologie bedeuten, muss ich zunächst die Sprache Ladakhi vorstellen (Abschnitt 2.1 bis 2.3) und darlegen, welcher Sprachfamilie sie angehört und welches ihre Hauptcharakteristika sind sowohl im Bereich von Sprachcodes als auch bei Schrift und Orthographie.

Auf diesem Hintergrund wird dann das Problem der oben geschilderten Ausgangsszene in systematischer Weise deutlich (2.4). Im letzten Abschnitt zeige ich dann auf, wie man das Problem von Sprechender Anthropologie im Kontext ekliptischer Codes halbwegs befriedigend lösen kann.

2.1 Die tibetisch-birmanische Sprachfamilie

Ladakhi gehört zur tibeto-birmanischen Sprachfamilie (EGEROD 1974; HALE 1982; MASPERO 1952; MILLER 1969; SHAFER 1957, 1963, 1966-1973). Diese schließt viele verschiedene Sprachen ein, von Tibet im Norden bis zu Birma im Süden, von Baltistan im Westen bis zu den chinesischen Provinzen Sechuan und Yünnan im Osten (GRIERSON 1909/1967a, Band III, Part I, S. 3).

Die tibeto-birmanischen Sprachen sind einsilbig. Die einsilbigen Wörter werden nicht gebeugt. Sie bleiben stets unverändert erhalten und werden als unveränderte Einheiten aneinander gehängt. Einsilbige Partikel übernehmen die Funktion grammatikalischer Modifikation.

Diese Einsilbeneinheiten sind nicht klar in Wortklassen unterschieden: Die gleiche Silbe kann Substantiv, Adjektiv oder Verb sein. Allerdings wird eine gewisse Satzordnung beachtet – Subjekt/Objekt/Verb – was eine Identifikation der Wortklasse im Satz erleichtert.

Das Vokabular ist sehr reich – unter anderem deshalb, weil für verschiedene Erscheinungsvarianten oft jeweils eigene individuelle Wörter existieren. In der tibeto-birmanischen Sprache Lushei z. B. gibt es neun Wörter für »Ameise« und zwanzig Wörter für »Korb« (GRIERSON 1909/1967a, Band III, Part I, S. 5). Generische Wörter, welche verschiedene Varianten zusammenfassen (»alle Ameisen«) gibt es kaum, ebensowenig andere Abstrakta.

Substantive haben kein Geschlecht. Das Geschlecht von Lebewesen wird mit

---

1 Griechisch: ausgefallen, verschwunden. Sonnen- und Mondfinsternisse nennt man Eklipsen.

einer Zusatzsilbe ausgedrückt. Substantive haben auch keinen Plural. Der Plural muss mit »viele« oder »alle« umschrieben werden. Substantive können dekliniert werden (eine Unterscheidung von Nominativ und Akkusativ gibt es nicht, es sei denn durch Satzstellung), und zwar durch Anfügung von Suffixen, die allerdings für Singular und Plural identisch sind.

Im substantivischen Bereich ist eine weitere Besonderheit, dass das Subjekt eines transitiven Verbs im Ergativ steht, d. h. als Agens gekennzeichnet wird. »Der Mann liest das Buch« muss also ausgedrückt werden als »Der Mann durch ihn Buch lesen«.

Ein besonderes Merkmal dieser Sprachen ist es, dass sie eigentlich kein richtiges Verb haben. Das Verb ist eher eine Art Substantiv. Verben kennen keinerlei Kennzeichnung nach Person, Anzahl oder Geschlecht, d. h. weder Konjugation noch Pluralisierung. Ich, du, er, sie, es, wir, ihr, sie gehen – das ist alles ein Wort. Und wenn ausgedrückt werden soll, wer denn nun eigentlich geht, kann es nur mit »mein Gehen« umschrieben werden.

Auch die Zeit des Verbums (Gegenwart/Vergangenheit/Zukunft) kann in vielen dieser Sprachen nur ausgedrückt werden durch zusätzliche Worte – in Ladakhi z. B. *nge sil tshar* »mein/studieren/abschließen«: ich hatte studiert.

2.2 Linguistik des Ladakhi

Tibeto-birmanische Sprachen haben zwar phonetische Ähnlichkeiten, aber auch eine Fülle von Unterschieden. Das phonetische System speziell im Tibetischen und in Ladakhi ist insofern äußerst kompliziert, als es viele einsilbige Wörter mit mehreren manchmal stummen, manchmal nicht stummen Konsonantenkombinationen am Wortanfang gibt. Nach GRIERSON (1909/1967b) ist dies ein Ergebnis der Verschmelzung verschiedener einsilbiger Wörter. Bei der in Zentral-Tibet gesprochenen Variante des Tibetischen werden diese Konsonanten-Relikte weggelassen und der damit entfallende Sinn durch die Tonlage ausgedrückt.

Ich erwähne dies deshalb, weil die Variante des Ladakhi, welche in Changthang gesprochen wird, dem Zentral-Tibetisch nahe steht – während sonst Ladakhi das System der Konsonantenkombinationen aufrechterhält und Stimm- und Tonlagen als Bedeutungsträger *nicht* kennt. GRIERSON bedauerte bereits 1909/1967a (Band III, Part I, S. 15) und vor ihm FRANCKE (1904), dass die Sprache von Rupshu (Changthang) bisher kaum untersucht worden sei – und ich fürchte, dies gilt bis ins neue Jahrtausend hinein; jedenfalls ist mir kein einziger linguistischer Beitrag zum Changthang-Dialekt bekannt.

Allerdings ist insgesamt die Linguistik des Ladakhi – im Gegensatz zum Tibetisch – auch sehr unterentwickelt, was bedauerlich ist, denn diese beiden Sprachen sind so unterschiedlich, dass eine Verständigung nur schwer möglich ist. Immerhin existieren inzwischen neben alten[2] auch einige neue Wörterbücher[3], einige Grammatiken[4], ein Beitrag zur Dialektologie[5] und zumindest *ein* ernst zu nehmendes Lehrbuch (KOSHAL 1982)[6].

Linguistische Untersuchungen zu speziellen Aspekten der Ladakhi-Sprache sind ebenfalls selten.[7] Unter ihnen sei vor allem eine Arbeit besonders hervorgehoben: Bettina ZEISLER (1999) untersucht den im Zuge von so genannter Modernisierung und vielfältiger Fremdheitserfahrung in Ladakh zunehmenden Einfluss von Englisch und Urdu auf das Ladakhi und zitiert einige groteske Passagen aus politischen Texten, bei denen das Verhältnis von leicht verballhornten englischen Wörtern zu Ladakhi-Wörtern sich dem eins zu eins Verhältnis anzunähern droht: »*Modern times madlap sipa nang tyuris Ladakse economy la mangpo change sostok...*«

Zeisler zeigt, dass Lehnwörter keinesfalls nur für technische oder sonstige Neuerungen verwendet werden, für die es kein Ladakhi-Wort gab: für Radio sagt man *raidi*, statt des hübschen Ladakhi-Wortes *lungs thin* (Luft-Botschaft), ein Flugzeug heißt heute *jaz* (Urdu: *jahaz*) statt des Ladakhi-Wortes *nam du* (Himmelsschiff).

Das gleiche gilt auch für Alltagsbegriffe wie Zeit (man redet von *tem* = time, statt *tus* oder *long*, eigene Ladakhi-Wörter), *happy* = glücklich statt *kit po*, von *rastrant* = Restaurant statt *za khang* (Esshaus) usw.

Es lässt sich voraussehen, dass im Zuge der so genannten Modernisierung auch eine andere Besonderheit des Ladakhi verloren gehen wird, die heute noch existiert und sorgfältig zu beachten ist. Diese Besonderheit des Tibetischen und auch des Ladakhi macht das Erlernen der Sprache nicht eben leichter: Es ist die Existenz zweier partieller Parallelsprachen, einer honorigen und einer nicht-honorigen Sprache. Für das Ladakhi wurde die honorige Sprache im 19. Jahrhundert bereits von FRANCKE (1898) beschrieben, später eingehender, auch sozio-linguistisch, von KOSHAL (1987).

Auch in unserer Sprache gibt es honorige Wörter (die Anrede »Sie« statt »du«, die Anrede »Eure Majestät«, der Pluralis majestatis usw.) – aber das ist nichts im Vergleich zum Ladakhi, wo es für viele Substantive, für viele Verben und natürlich auch für die Pronomina der 2. und 3. Person entweder Extrawörter oder Extrakennsilben gibt – selbst für das Wort »weil« existiert eine honorige und nicht-honorige Variante.

Besonders reich ist die honorige Ladakhi-Sprache im Bereich der Substantive.

---

2   JÄSCHKE 1881/1992, SANDBERG 1894/1999, Teil III.
3   NORBERG-HODGE und PALDAN 1991; HAMID 1998.
4   FRANCKE 1901/1979; GRIERSON 1909/1967a, KOSHAL 1979.
5   HOSHI und TSERING 1978.
6   Vgl. auch KOSHAL 1976; NORMAN 1994.
7   DENWOOD 1980, 1995; FRANCKE 1898, 1903, 1904; GHOSH 1999; JÄSCHKE 1865; KOSHAL 1987; MILLER 1956; NAMGYAL 1995; ROERICH 1931; TSEWANG 1985; ZEISLER 1999.

Es gibt für alle Körperteile ein Parallelvokabular – vom Haar und Scheitel bis zum Ohr, zum Zahn, zur Augenbraue, zum Finger,[8] ebenso für alle erdenklichen Besitztümer – vom Hut und der Hose bis zum Pferd und Hund.[9]

Auch Gefühle, Motive und Werte haben – je nachdem, ob sie ein Hochgestellter oder ein Normalbürger hegt – verschiedene Wörter:[10] Liebe, Freude und Leid ebenso wie Zorn und Versuchung...

Im Bereich der Verben gibt es gerade für den alltäglichsten Bereich oft Parallelwörter.[11] Wenn ich einen höher gestellten Menschen frage, »wo gehst du hin?«, muss ich ein anderes Wort für gehen verwenden (*skyot*) als wenn *ich* auf seine identische Frage antworte (»ich« gehe, ist *cha*). Sitzen, machen, kommen, essen, trinken, sprechen – auch gebären und sterben wird anders ausgedrückt in Abhängigkeit vom Status des Gesprächspartners.

Im Ladakhi gibt es nun verschiedene Konstruktionsprinzipien für diese Parallelsprache (für einen vollständigeren Überblick vgl. KOSHAL 1987). Oft sind es völlig unabhängige Wörter. Manchmal werden honorige Zusatzsilben mit dem Alltagswort kombiniert. Letzteres geschieht insbesondere im Bereich der Verben (vgl. unten) und bei der Bezeichnung von Gefühlen, Motiven und Werten, wo oft *thugs* – das honorige Wort für Herz/Sinn – dem Alltagswort vorgestellt wird: *Sro* ist *mein* Zorn (Alltagssprache), *thugs sro* ist deiner (falls du einen höheren Status hast) – deiner ist gewissermaßen ein »vom Herzen kommender« Zorn.

Da, wo bei Verben kein eigenes honoriges Wort existiert, kann man das Verb durch den Zusatz *dzad* honorisieren. Studieren/lesen heißt *sil* – aber nur, wenn ich oder ein Nachgeordneter, nicht wenn es ein verehrter Kollege tut. Sein Studieren oder Lesen ist nun aber auch nicht einfach *sil dzad*. Diese Wörter müssen auch hübsch phonetisch verbunden werden, was beim Sprachenlernen zunächst das Verstehen durchaus erschwert. Dies geschieht durch Einschub einer rein phonetischen Silbe, die aus der Wiederholung des Endkonsonanten (falls vorhanden) plus Vokal »a« besteht – also heißt das honorige Lesen *sil la dzad*; schließen heißt *kyon*, honorig schließen: *kyon na dzad*, öffnen heißt *phe*, honorig *phe a dzad* usw.

---

8   Alltagsbezeichnung steht an erster Stelle, das honorige Wort an 2. Stelle: Kopf: *mgo/u*, Herz: *snying/thugs*, Auge: *mig/chan*, Augenbraue: *mit sma/chan spu*, Gesicht: *rdong/zhal dong*, Ohr: *nam chhag/snyan*, Nase: *sna/shang*, Zahn: *so/tshems*, Mund: *kha/zhal*, Hand: *lak pa/chhags*, Fuß: *rkang pa/zhabs* usw.

9   Hut: *tibi/dbu zwa* (FRANCKE 1898), Hose: *snam ya/phyag rten* (FRANCKE 1898), Kleid: *nam bza/na bza* (FRANCKE 1898), Schuh: *pabu/zhab lam*, Hund: *khyi/dogs khyi* (FRANCKE 1898), Pferd: *rta/chibi* (FRANCKE 1898), Bier: *chhang/skyems*, Brot: *tagi/don kyir*.

10 Zorn: *so, tho/thugs gyal, thugs sro*, Seele: *sog/thugs yid*, Geduld: *zodpa/thugs zod*, Liebe: *byams pa/byams thugs* (FRANCKE 1898), Freude: *thad pa/thugs thad* (FRANCKE 1898), Schmerz: *zurmo/snying zug*, Versuchung: *nyams sadpa/thugs sadpa* (FRANCKE 1898).

11 Machen: *cho/dzad*, gehen: *cha/skyot*, geben: *thang/sal*, sprechen: *zer/mol*, essen: *zha/don*, trinken: *thung/skyog thabs*, gebären: *skye/khrun* (FRANCKE 1898), sterben: *shi/tongs*, sitzen: *dug/zhugo*.

Darüber hinaus gibt es noch ein Wort – *le* –, mit dem man allen Wörtern oder Aussagen zum honorigen Status verhelfen kann. Ich kann einen jüngeren Menschen fragen: Wer bist du, *su inog*? Wenn es ein älterer Mensch ist, werde ich fragen: *su inog le*?

Wer sind nun diese Höhergestellten, für die man in Ladakhi noch eine partielle Parallelsprache lernen muss? Es sind Fremde, Ältere, Vorgesetzte, der gesamte buddhistische Klerus und alle Personen, denen man Achtung entgegenbringen möchte (z. B. den Beamten, den Schamanen, dem Militär usw., früher auch Eltern, älteren Verwandten). Vor allem aber sind es die höheren Klassen. Ladakh ist noch heute eine strikte Klassengesellschaft (KOSHAL 1987), und in der Sprache muss – bis in die kleinsten Einzelheiten hinein – eine Kommunikation nach oben, auf gleicher Ebene und nach unten sorgfältig beachtet werden. Der kleine Finger tut weh? Das ist in der Nach-oben-Kommunikation ein völlig anderer Satz als in einer Nach-unten-Kommunikation: Denn für den kleinen Finger und das Wehtun gibt es eigens honorige Wörter.

Es existieren in Ladakhi für einige Wörter sogar drei Kategorien: honorig, nicht honorig und »herabsetzend«. Ein Beispiel: Die Ohnmacht eines Königs ist *sku rgal*, meine Ohnmacht ist *tsha rgyal* und die eines Bettlers ist *mun*. Ganze Sätze können in den drei Varianten somit auch völlig anders klingen:

Hast du gegessen?
Frage nach oben: *Don tang dons sa?*
Frage nach gleich: *Khar ji zos sa?*
Frage nach unten: *Tot nak sngos sa?*

Er ist nach Hause gegangen.
Aussage nach oben: *Zims khang nga skyot pin.*
Aussage nach gleich: *Khang pa a song pin.*
Aussage nach unten: *Rong khang nga khyams pin.*[12]

2.3 Die tibetische Schrift und Probleme der Orthographie

Die Sprache Ladakhi verwendet die tibetische Schrift. Die tibetische Schrift wurde – gemäß tibetischer Geschichtsschreibung (PALDAN 1990) – etwa um das Jahr 632 durch Thonmisambhota geschaffen, und zwar in Anlehnung an die indische Gupta-Schrift. (Zum Ursprung der tibetischen Schrift vgl. z. B. LAUFER 1918, NARKYID 1983.) In dieser Zeit wurde der Minister Thonmisambhota von seinem König nach Kashmir geschickt, um die Kunst des Schreibens und der Grammatik zu er-

---

12 Die beiden Beispiele sind KOSHAL (1987), S. 156 entnommen.

lernen. Das Ziel war, die buddhistischen Texte aus indischen Sprachen zu übersetzen.

Geschaffen wurden zwei tibetische Schriften – eine *dbu chan*, d. h. »mit Kopf(zeile)« – das ist die Druckschrift mit einer klaren Oberlinie – und das *dbu med* – ohne Kopf – die Hand- oder Schnellschrift (vgl. Abbildungen).

མདང་འདི་རིང་འཇིག་རྟེན་གྱི་ཕྱོགས་ཚང་མ་ནས་ལ་དྭགས་སི་ཤེས་
རིག་སོ་སོ་དང་། ལམ་ལུགས་སྲོལ་ཀུན་ལ་ལྟར་ཡོང་ང་ནོག ལ་དྭགས་པོ་
ཤེས་རིག་ཕྱུག་པོ་དང་ལམ་ལུགས་སྲོལ་བཟང་པོ་ཀུན་ནི་བང་མཛོད་ཅིག་ཡིན་
ནོག ག་ཀུན་མི་རབས་ནས་མི་རབས་ལ་ཡར་རྒྱས་ཆའི་ཡོངས། དེ་ཀུན་
སྐོར་བྱས་པོ་མཆོར་གའི་དཔེ་ར་ཞིག་ཡིན་ནོག ང་དང་ཀུན་ལ་མདང་འདི་
རིང་དེ་ལྷག་ལྷག་པེད་པེད་ཀུན་ལ་མགོ་འཁོར་ཏེ་མ་ལུས་ས་བདེན་པའི་ཡར་
རྒྱས་པོ་ཅེ་ཡིན་ཏུ་གོ་དགོས་ཡིན་ནོག ང་དང་རང་རེ་ཤེས་རིག་དང་ཁྲིམས་

Dbu chan: Auszug aus MELONG (Ladakhische Zeitschrift)

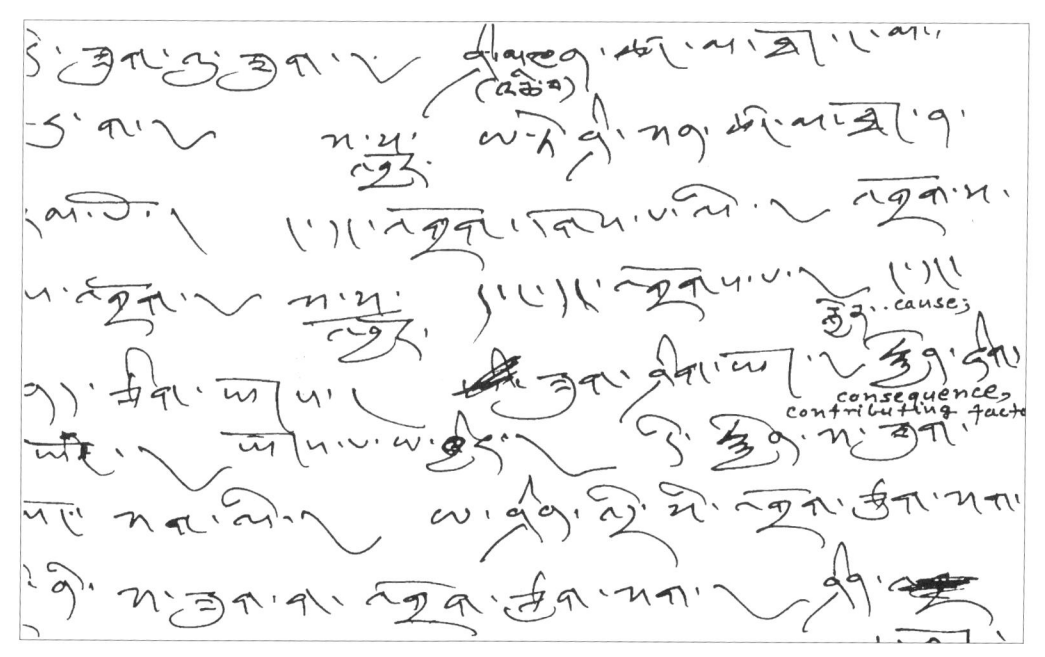

Dbu-med: Die Handschrift von Tsultim Kubet

243

Das tibetische Alphabet umfasst 30 Zeichen. Der Vokal a ist jedem Buchstaben inhärent. Der Buchstabe K z. B. bezeichnet das Wort KA. Wenn das K mit einem anderen Vokal kombiniert wird, muss dem Buchstaben eines der vier Vokalzeichen (e, i, o, u) beigefügt werden.

Zusätzlich werden eine Reihe von Buchstaben durch Buchstabenlegierungen gebildet. Die Orthographie des Ladakhi ist jedoch nicht nur wegen dieser Zusatzbuchstaben schwer. Sie ist vor allem wegen der vielen stummen Buchstaben – für die es keine (erforschten) Regeln gibt – außerordentlich kompliziert. Es gibt eine Fülle in der Aussprache völlig gleichlautender Wörter, deren unterschiedliche Bedeutung in der gesprochenen Sprache ausschließlich durch den Kontext und in der geschriebenen Sprache ausschließlich durch die Orthographie zu identifizieren ist – das heißt durch Anfügung oder Weglassung diverser stummer Buchstaben, z.B.:

Aussprache	Orthographie	Bedeutung
ngos	/ ngos	Oberfläche, Seite
	/ dngos	Realität, real
do	/ mdo	Sutra
	/ rgo	Weizen
	/ agro	(Verbalsuffix) vielleicht
	/ sgro	Federkiel
la	/ gla	Gehalt, Gebühr
	/ la	Pass
	/ lha	Gottheit
lo	/ lo	Jahr
	/ lho	Süden
go	/ mgo	Kopf
	/ ago	Ursprung, Quelle
dom	/ dom	Bär
	/ adom	Armspanne (= ca. 6 Fuß)
	/ sdom	Summe, Gesamt

2.4 Das Problem der Arbeit mit Ladakhi-Transkriptionen

Auf dem Hintergrund dieser linguistischen Einordnung und Charakterisierung des Ladakhi und seiner tibetischen Schrift kann ich jetzt das Problem nochmals verdeutlichen, welches ich in der Eingangsszene geschildert habe. Wer nach dem Ansatz der Sprechenden Anthropologie arbeitet, wird niemals darum herumkommen, die Sprache der untersuchten Kultur sehr eingehend zu lernen. Ich habe vorangehend zu vermitteln versucht, dass Ladakhi bei dieser Aufgabe nicht eben einladend ist – vor allem wegen der Redundanz-Feindlichkeit dieser Sprache, ihrer Parallelsprache und ihrer Orthographie. Auf vier Merkmale des Ladakhi möchte ich im Zusammenhang mit der Transkriptionsarbeit im Folgenden noch etwas genauer eingehen:

(1) Die Silbenschrift und Homonymie der Silben
(2) Die Multiplikation polyphoner Homonyme
(3) Die Unzahl stummer Buchstaben und alternativer Schreibweisen
(4) Ekliptische Codes

(1) Silbenschrift und Homonymie der Silben

An der obigen *dbu-chan*-Schriftprobe ist erkennbar, dass in der tibetischen Schrift nicht Worte, sondern nur Silben voneinander getrennt werden. Ein Satz bildet, wie erwähnt, im Schriftbild also eine vollkommen homogene Kette von Silben.

Wo ein Wort anfängt und wo eines aufhört, ist nicht immer leicht zu erkennen, erstens, weil es im Ladakhi eine große Zahl homonymer Silben gibt (identischer Silben, die verschiedene Bedeutungen haben) und zweitens, weil viele dieser mehrdeutigen Silben

– ein eigenständiges einsilbiges Wort,
– die erste Silbe eines zusammengesetzten Wortes,
– die mittlere Silbe eines zusammengesetzten Wortes,
– die letzte Silbe eines zusammengesetzten Wortes oder
– überhaupt keine eigenständige Silbe

sein können, was wegen fehlender Worttrennung im Satz nicht mit einem Blick zu erfassen ist. Ich möchte diese Komplikation an zwei Beispielen illustrieren: an *nang* und *gang*.

a) *Nang*

Zunächst einmal ist die Einzelsilbe nang ein eigenständiges Wort. Dieses Wort hat verschiedene Bedeutungen. Es kann ein Substantiv sein oder eine Präposition. Es heißt als Substantiv »Zimmer« oder »Haus«, als Präposition heißt *nang* »und«, »mit« oder »in/innerhalb«.

Nang kann aber auch die erste Silbe eines aus mehreren Silben zusammengefügten Wortes sein, z. B. *nang med la* »plötzlich«, *nang wa* »Aufmerksamkeit«, *nang tshang* »Familie«, *nang dig cho ches* »einen Streit schlichten«, *nang par* »übernächstes Jahr«.

Nang kommt auch als mittlere Silbe vor, z. B. *in bab nang stun cha ches* »den Bedingungen anpassen« oder *phi nang log cha ches* »umdrehen» oder als letzte Silbe z. B. *chi yin nang* »trotz«.

Die größte Vieldeutigkeit findet man aber bei *nang*, wenn es sich überhaupt nicht um eine einfache Silbe, sondern um eine *phonetisch erweiterte* Silbe handelt. Das Suffix *ang*, das Wörtern angehängt wird, hat zwei verschiedene Bedeutungen:

— an Verben angehängt umschreibt es eine höfliche Bitte
— an Verben, Substantive, Adjektive angehängt bedeutet es »auch«.

Eine der wichtigsten phonetischen Regeln der Silbenkombination im Ladakhi ist, dass man den Endkonsonanten eines Wortes, an welches man ein mit einem Vokal beginnendes Suffix anhängt (wie es dieses *ang* ist), erst verdoppeln muss. Beispiel: *Yon tan* heißt »Kultur«. Kombiniert mit *ang* »auch« wird daraus *yon tan nang*. *Kun* »Schaden« mit *ang* wird zu *kun nang*. *Sdan* »Kissen« mit *ang* wird zu *sdan nang*, desgleichen bei allen anderen Wörtern, die mit n enden und mit »auch« versehen werden sollen: eine Proliferation des *nang*.

b) *Gang*

Gang ist ein weiteres Beispiel für Homonymie und deshalb Ambivalenz einer Silbe, was in Kombination mit der Silbenschrift die Schnelligkeit der Erfassung eines Textes gewiss erschwert.

Gang ist ein eigenständiges einsilbiges Wort und heißt »schöpfen«. Gang ist auch eine Maßeinheit beim Schöpfen von Flüssigkeiten (etwa eine Tasse voll). Gang kann aber auch nach der unter *nang* behandelten phonetischen Regel »auch« heißen nach einem mit g endenden Wort, und es kann nach einem Verb, das auf g endet, einen freundlichen Imperativ ausdrücken.

(2) Die Multiplikation polyphoner Synonyme

Die genannte phonetische Regel (Verdopplung des Endkonsonanten eines Wortes vor einem mit einem Vokal beginnenden Suffix) führt – da es eine Fülle von mit einem Vokal beginnenden Suffixen und eine Fülle von Wortendkonsonanten gibt – zu einer sagenhaften Multiplikation von polyphonen (unterschiedlich klingenden), aber synonymen (gleichbedeutenden) Silben.

Tog, mog, rog, log, shog, ngog, dog, nog, pog usw. ist alles identisch: Es bedeutet alles »og« (ein verbales Suffix zur Kennzeichnung der Evidenzbasis einer Aussage) – ebenso wie ich es soeben für *nang, sang, lang, pang, ngang* usw. gezeigt habe –, wobei aber jedes dieser Wörter – da *ang* ambivalent ist – jeweils zwei Bedeutungen haben kann. Im Folgenden heißt *ngang, mang, bang, dang, rang* – alles »auch«:

khang (Haus) + *ang* (auch) wird zu *khang ngang*
nye lam (Abkürzung) + *ang* wird zu *nye lam mang*
nyob nyob (faul, blöd) + *ang* wird zu *nyob bang*
nyid (Schlaf) + *ang* wird zu *nyud dang*
don kyir (Brot, honorig) + *ang* wird zu *don kyir rang*.

Die Beispiele lassen sich beliebig erweitern, und es wird deutlich, wie wenig eindeutig Ladakhi-Wörter sein können – von Redundanz keine Spur! Hinzu kommt, dass viele dieser homonymen Silben manchmal auch noch eigenständige Wörter sein können oder aber Teil eines zusammengesetzten Wortes, d. h. sowohl homonym als auch heteronym sind.

(3) Die Unzahl stummer Buchstaben und alternativer Schreibweisen

Durch die Vielfalt der stummen Buchstaben – für deren Zufügung es keine Ladakhi-Grammatik-Regeln gibt – wird die Orthographie manchmal außerordentlich schwierig.

Freude und Genuss heißt in Ladakhi *ga de*. Aber es wird keinesfalls *ga de* geschrieben, so wie man es spricht, sondern wird mit diversen stummen Buchstaben vorne und hinten angereichert: *dgaa bde*. Oder: Ein König oder Lord heißt in Ladakhi *nga dag*, das ließe sich im Tibetischen mit drei Buchstaben schreiben (*nga* ist *ein* Buchstabe). Verwendet aber werden sechs: *mngaa bdag*: Es wird ein stummes »m« vorne angehängt, ein stummes »a« an die erste Silbe hinten und ein stummes »b« vor die zweite Silbe.

Leider gibt es bei den Konsonantenkombinationen auch eine Fülle von Aussprachreirregularitäten, was die Transkription gesprochener Texte sehr erschwert.

Der übereinander geschriebene Doppelbuchstabe *snga* kann *snga* ausgesprochen werden, oder *nga* oder *snya* oder *nya* (HAMID 1998, S. 7). Ein anderes Beispiel: In *gchig* ist das erste »g« stumm – manchmal aber wird das vorgestellte g auch wie »l« ausgesprochen z. B. in *gchin*, ausgesprochen wie *lchin* (idem, S. 73).

Von der Aussprache eines Wortes kann im Ladakhi also beileibe nicht immer auf die Schreibweise geschlossen werden. Der Buchstabe »t« in der Aussprache ist eine besonders schwierige Angelegenheit, wenn es ans Schreiben geht. Der Laut »t« kann mit dem Buchstaben »t« geschrieben werden, aber auch mit rk, rg, rd, rb, rp. Von k gibt es 18 verschiedene Schreibweisen, von kh 9, von g 21; und nur in einer Minderheit der Fälle werden verschieden geschriebene Wörter verschieden ausgesprochen. Bei dieser Anreicherung wird einem gesprochenen Buchstaben bald ein Buchstabe vorgesetzt oder ihm aufgesetzt oder ihm darunter gesetzt und natürlich auch gerne alles drei: ein stummer Zusatz oben, vorne, unten.

(4) Ekliptische Codes

Das größte Problem bei der Arbeit mit Ladakhi-Transkriptionen stellt allerdings das besonders redundanz-abstinente Ladakhi-Verb dar. Es ist, wie erwähnt, eigentlich ein Substantiv. WER denn nun eigentlich diese substantivische Handlung – Tun, Gehen, Essen usw. – vollzieht, wird nicht in der Sprache spezifiziert. Wir wissen nicht, wer spricht (ich/du/er/sie/es ?), nicht wie viele sprechen (ich? wir?), nicht das Geschlecht des Sprechers (sie? er?). Als Veranschaulichung, welche Art Sätze sich daraus ergeben, betrachte man folgende Beispiele:

Gon pa tap ste to tsam song kak.
Kloster. Gegründet. Jahr. Wieviel. Gehen. War.
Rin po che sngan me pod ne zhus khan yin nok.
Rinpoche. Vorherig. Aus Tibet. Gebrachte. Sein.

Khong La ma nang jal te spe ra tangs.
Er. Lama. Mit. Besucht. Sprache. Geben.

In der gesprochenen Alltagssprache, in welcher Kontext, Mimik, Gestik, Intonation dazu kommen, ist die Identifikation des Handelnden dank der nichtsprachlichen Zusatzsignale natürlich möglich. Wenn diese Zusatzinformationen aber wegfallen – wie es bei der Texterschließung der Fall ist –, dann ist die Zuordnung, wer eigentlich was getan, gesagt oder unterlassen hat, oft recht schwierig – und zwar auch ganz gewiss für einen Ladakhi-Muttersprachler. Meine Transkript-Arbeit mit Sonam Norboo und Tsultim Kubet ist gepflastert mit Beispielen dieser Art.

Wo die Sprache nicht für Eindeutigkeit sorgt, sind die Türen weit offen für Phantasie und Konfabulation. Ich habe anfangs, als ich selbst mit Ladakhi noch unsicherer war, erlebt, dass meine zwei Ladakhi-Mitarbeiter eine Schlüsselpassage verstanden zu haben glaubten (die Schamanin sprach von einem zerbrochenen Gefäß) und auf der Basis *dieses* Verständnisses die nächsten 10 Textseiten übersetzten, bis auf der 11. Seite zu lesen stand, dass das hübsche Gefäß vollkommen intakt auf dem Tisch stand. Das passte nicht zusammen. Wir gingen zurück zur Schlüsselpassage. Da stand »ma«. *Ma* kann *sehr* heißen (sehr, arg zerbrochen!), es kann aber auch *nicht* heißen, nicht zerbrochen. Das Gefäß war nicht »arg« zerbrochen, es war »nicht« zerbrochen, es war intakt. Auch handelte es sich keinesfalls symbolisch um das Gefäß des Lebens, wie meine Mitarbeiter konfabulierten, sondern um eine läppische Tasse Tee...

Wenn man von Ladakhi in eine westliche Sprache übersetzt, ist es völlig unvermeidlich, Text hinzuzufügen, damit diese eindrucksvoll sparsame »Stenosprache« einen für einen West-Sprachler verständlichen Text ergibt. Man muss allerdings sehr behutsam sein, damit man im Zuge der Ergänzung (Konjugation, Partikel usw.) nicht auch Bedeutungen hinzufügt. Dies ist nur zu vermeiden, indem man zunächst die Texte Einzelwort für Einzelwort übersetzt, also diese Ebene zunächst voll aufrechterhält: »Mönch. Kloster. Sein. (ich/du/er/sie/es/wir/ihr/sie). Sprechen.«, und erst dann im Gesamtkontext behutsam Schritt für Schritt entschlüsselt, wer spricht. Sonst können groteske Missverständnisse zustande kommen. Dieses Beharren auf die Ebene der Ladakhi-»Stenosprache« vor jeder eleganten Übersetzung ist das unerlässliche Korrektiv für die Übersetzung. Eines Tages ging es bei der Transkriptarbeit um die Lehren eines *onpo* zur Liebesmagie. Die Wirkung des Liebesmittels wurde von meinen beiden (männlichen) Tranksript-Mitarbeitern (die mich wohl schonen wollten) so übersetzt: »Und dann werden einem die Menschen sogleich geneigt sein.« »Dann«, »neigen« (heißt auch »sich hinlegen«), »sogleich« – das war im Text drin, aber ob die Neigung (oder, wie gesagt, das sich aufs Bett legen) mir, dir oder jemandem sonst gilt und ob es Mensch, Mann oder Frau ist, das drückt das Ladakhi *nicht* aus, und die Passage kann genauso gut heißen: »Dann wird sich die Frau sofort für dich (ins Bett) legen.« Und genau das hatte der *on po* gesagt. Dies ging nicht nur aus den nachfolgenden Texten hervor, sondern auch – damals, während jener Lehren – aus unser aller schallendem Gelächter, welches das Tonband festgehalten hatte und welches ich den schonungsvollen Männern zum Beleg noch einmal vorspielte.

3. ARBEIT IM DIALOG

Alle genannten Merkmale des Ladakhi erschweren eine Forschungsarbeit nach dem Ansatz der Sprechenden Anthropologie ganz erheblich. Zunächst ist es ohne Frage schwer, die Sprache zu lernen. Noch viel schwieriger ist es, sie schreiben (und damit lesen) zu lernen – nicht der tibetischen Schrift wegen, die man sich schnell und leicht erobert, sondern wegen der Regellosigkeit der komplizierten Orthographie, welche natürlich auch lokale muttersprachliche Transkript-Mitarbeiter keinesfalls immer beherrschen.

Wenn aber Wörter mit mehreren Bedeutungen, welche nur in der Orthographie unterschieden sind, bei der Übertragung von Ton in Text falsch geschrieben werden, kann – leider gefördert durch das Merkmal der Redundanz-Feindlichkeit der Sprache – sich schnell ein falscher Sinn einschleichen.

Hat man als Forscher, welcher mit den Texten arbeitet, den Verdacht, dass hier etwas nicht stimmt, und will Wörter im Wörterbuch nachprüfen, so sorgt die Vielfalt der möglichen Schreibweisen ein und des gleichen Lautes (vgl. die vielen Schreibweisen von t, k, kh, g) dafür, dass man lange und ausgiebig mit dem Vokabel-Nachschlagen beschäftigt ist.

Addiert man zu diesen Problemen die Last der Silbenschrift (wo fängt ein Wort an, wo hört es auf?), die bedingt, dass kaum ein Ladakhi einen Text flüssig herunterlesen kann, die Homonymie von Silben sowie die enorme Polyphonie von Synonymen (gleichbedeutende Wörter, die anders ausgesprochen werden), dann wird sicher verständlich, dass Ladakhi-Transkriptarbeit nicht nur mühsam und langwierig, sondern bei der Übersetzung auch ungemein fallenreich (Fehler-gefährdet) ist.

All diese Schwierigkeiten kann man allerdings durchaus überwinden. Dass ich für die Ladakhi-Transkriptionsarbeit einfach zehnmal so viel Zeit brauche wie für die Transkriptionsarbeit z. B. meiner Anden-Forschung (Sprache Quechua) – daran ist nichts zu ändern.

Aber ich habe schnell gemerkt, dass ich die Transkriptionsarbeit in Ladakhi auch sonst nicht genauso anpacken kann, wie die in Quechua. Das hat die hier behandelten linguistischen Gründe – aber auch einen, der außerhalb der Sprache liegt (vgl. unten).

In Quechua habe ich einen Haupttranskriptions-Mitarbeiter, und ich prüfe seine Übertragung von Ton in Text Wort für Wort nach, ebenso wie seine Übersetzung. Was unklar bleibt, das kläre ich bei der nächsten Feldforschung mit dem Sprecher selbst ab, dem indianischen, Quechua-sprachigen Medizinmann, dem Ritualisten oder Ritualkenner.

In Ladakhi aber kommt kein einzelner ladakhischer Transkriptions-Mitarbeiter oder Übersetzer ganz allein mit irgendeinem Text wirklich zurecht. Ich allein bin als Kontrolleur einer Ton-Text-Übertragung unzureichend – nicht nur weil ich Ladakhi längst noch nicht so gut kann wie Quechua, sondern vor allem wegen der vielen genannten linguistischen und orthographischen Probleme.

Zusammen mit meinen ladakhischen Mitarbeitern habe ich schließlich ein aufwendiges, mehrstufiges Verfahren erarbeitet, in welchem der *Dialog* eine große Rolle spielt.

Die erste Stufe – Erstellung eines Transkripttextes in tibetischer Schrift – ist ganz ohne Zweifel eine nützliche Basis, aber diese Übertragung kostet enorm viel Zeit. Mein Mitarbeiter Thinley Gyurmet hat unter anderen Mitarbeitern hier immer wieder exzellente Arbeit geleistet. Er aber war bei keiner der Forschungsarbeiten dabei und eine Übersetzung ist für ihn, der den Kontext nur aus meinen Kurzinformationen kennt, *nicht* möglich.

Auf der zweiten Ebene müssen sich mit mir zusammen Mitarbeiter an den Text machen, die bei der Séance oder dem Gespräch, welches transkribiert wurde, dabei waren. Wir hören – Text in der Hand – nochmals das Band ab, und anhand meiner Protokolle pflege ich uns allen auch nochmals Handlungsabläufe und Hintergründe ins Gedächtnis zu rufen. So wird das Transkript zunächst überprüft.

Auf der dritten Stufe steht die unverzichtbare Worttrennung und Wort-für-Wort-Übersetzung. Wie ich gezeigt habe, ist dieser Schritt – wenn man die Richtigkeit einer »verständlichen« Übersetzung prüfen will – ganz unabdingbar. Was auf dieser Ebene entsteht, ist geeignet, einen zur Verzweiflung zu bringen: »Schamane kommen innen abgeschlossen« (plus Suffix, welches bedeutet »ohne es selbst gesehen zu haben«) – und das hunderte von Seiten lang…

Die vierte Stufe ist immer intensive dialogische Arbeit gewesen. Sonam Norboo, Tsultim und ich beugen uns über den Tibetischen Text und die »Stammelsprache« (Wort-für-Wort-Übersetzung) und fragen – was wurde hier gesagt? Die Möglichkeit des Missverstehens ekliptischer Codes ist allerdings doch so groß, dass man bei jedem Übersetzungsversuch unweigerlich eine unermüdliche Haltung offensiver Skepsis aufrechterhalten muss. Als Forscher ist diese einem vertraut. Die Mitarbeiter aber sind oft davon »genervt«. Sonam Norboo ist ein hoch gebildeter, flinker und phantasievoller Denker. Er wirft immer gleich ein paar Bälle in die Diskussion. Tsultim ist langsamer und dafür sehr viel präziser. Phantasie lässt er (wie ich) ohne Prüfung nicht gelten. Und dann wird also diskutiert: Hat er a) gesagt? Hat er b) gesagt? Was in diesen Diskussionen auf Seiten der Ladakhi-Mitarbeiter auf eine ganz spannende Weise mit hineinkommt, sind weitere kultur-relevante Informationen. Tsultim: »Ich bestehe darauf, dass der Schamane von *Pfeil* gesprochen hat.« Sonam Norboo: »Wieso denn?« »Ich war dabei, als bei meiner Tochter, die als Schamanin berufen ist, die *lha*-Gottheit und der *de*-Dämon getrennt wurden – und da haben wir *Pfeile* verwendet, und die sehen so aus wie der X es eben gesagt hat, und deshalb spricht er nicht von *Stöckchen*, sondern er spricht von *Pfeilen*…« Und dann kann ich fragen: »Tsultim, erzähl mehr von der Trennung von *lha* und *de* – wie war das damals?« Und ich stelle das Tonband an. Und dann haben wir alle drei mehr begriffen und gehen, nachdem wir ganz viel über Pfeile wissen, zurück zu der Knochenarbeit, welche Ladakhi-Transkription bedeutet.

Dies alles ist, wie ich meine, Dialogische Anthropologie[13] im besten Sinn. Dialog impliziert nicht Gleichheit – wir drei hatten in dieser Arbeit stets völlig unterschiedlich Rollen, Aufgaben und Kompetenzen. Aber es ist Dialog im Sinne von lebendigem Gespräch.

Am fruchtbarsten ist diese Art Dialogischer Anthropologie (als Medium der Texterstellung, wodurch die Sprechende Anthropologie entsteht) natürlich dann, wenn man alle Unklarheiten mit dem Sprecher selbst abklären kann – dies war ein selbstverständlicher Schritt meiner Andenforschung mit den Quechua-Indianern der Apolobamba-Kordillere Boliviens. Man kann es jedoch, wenn man das Wirken der Schamanen des tibetischen Kulturkreises zu verstehen ausgezogen ist, nur sehr begrenzt anwenden: Die tibetischen Schamanen heilen unter Trance, unter Gottbesessenheit. Und sie sind für all ihr Handeln unter Trance – amnestisch. Hier ist es also nicht nur die Sprache, sondern es ist die *Materie* selbst, welche die Arbeit ungemein erschwert. Aber ich habe in diesem Buch, so hoffe ich, gezeigt, dass es auch für dieses Problem noch Lösungen gibt.

---

13 Vgl. CLIFFORD (1983), DAMMANN (1991), DWYER (1977, 1982), EMERSON und POLLNER (1992), FELD (1987), JAUSS (1982), KÖGLER (1989/1990), KOHL (1998), MICHRINA und RICHARDS (1996), TEDLOCK (1986, 1987, 1993), TEDLOCK und MANNHEIM (1995).

ANHANG D

Jarkko Niemi

Musiktranskription einiger Strophen des großen Schamanischen Gesangs[1]

1   Cross-headed notes stand for the approximate beats of a pellet-drum *da ma ru*, played by the performer. (He also plays a jingle bell *dril bu*, not shown in this transcription.)
    The performer continues to play the *da ma ru* with this kind of rhythmic motive together with his singing, until he pauses the *da ma ru* (see the sixth line in the transcription).
    The capital letters (A, B, C) refer to the division of the main motivic groups in the melody. (See also: Figure 2.)

Figure 1.

The melody is based on the anhemitonic pentatonic mode of the „La" type (La-do-re-mi-sol).

This mode corresponds to the Yü-mode of the ancient Chinese anhemitonic pentatonic system, basing both to theoretical working of the natural harmonic scale and to the theory of series of natural intervals of the fifths.

The possible connection of the mode in Lhamo's song to the Chinese Yü is not dealt here from the perspective of modal analysis.

However, closer examination of the modal functions of the tones reveal the straightforward correspondence of the main tones to the natural harmonics (see their ordinal numbers under the notes). The tones here that have only an approximate correspondence to the harmonic system (the lower g instead of the 5th

harmonic f# in this tonality and the upper g instead of the 11th harmonic high g# in this tonality) appear to be almost exclusively passing tones. They do not appear in metrically emphasized places in the melody and hence their actual pitch levels are more likely to vary.

The actual pitch level of the vocal part in the recording (the lower a' → g#'-a') is connected to the approximate pitch level of the *da ma ru*.

Note that not according to the conventional system, the actual pitches sound an octave lower than what is written here.

Figure 2.

The descending overall modal shape of the melody. It is noteworthy that the descension is organized by the third anhemitonic degree (d), which can be hence considered as the dominant tone of the mode.

All in all, the transcription was organized in a panoptical layout, which may help the reader to discern the corresponding melodic events between the motivic groups (A, B and C). This analytical layout was made also with the aim to suggest something of the correspondence of the song text to the metrical structure of the melody.

Space not permitting here, let it be merely suggested that while the groups A and B are more exclamatory and melismatic by their nature, the more syllabic motivic group C suggests to a kind of metrical system, in which, at least a part is formed by a four-stress metric foot pattern (each foot containing mostly two syllables).

Jarkko Niemi (Ph.D.),
Department of Music Anthropology,
University of Tampere,
Finland

LITERATURVERZEICHNIS

AHMED, M. (1990), *Village Oracles and Healing with Special Reference to Ladakh*. Oxford: Institute of Cultural and Social Anthropology. Unveröffentlichtes Manuskript.

AHMED, M. (1996), *»We are Warp and Weft«. Nomadic Pastoralism and the Tradition of Weaving in Rupshu (Eastern Ladakh)*. Oxford: University Press.

AHMED, M. (1999), The salt trade: Rupshu's annual trek to Tso Kar. In: BEEK, M. van; BERTELSEN, K. B.; PEDERSEN, P. (Eds.), *Ladakh – Culture, History, and Development between Himalaya and Karakoram*. Aarhus: Aarhus University Press, S. 32-48.

AHMED, M. (1999/2000), Subduing demons: Women and weaving in Rupshu. *Textile Museum Journal*, Vol. 39 (No. 39), 4-25.

AHMED-SHIRALI, K.; SAIN, N. (1994), Self-image and sexuality of Kinnauri polyandrous indigenous women. *Journal of the Indian Academy of Applied Psychology*, Vol. 20 (No. 1), S. 87-96.

ALTMANN, A.; RABOUAN, J.-B. (1999), Woll-Lust aus dem Himalaya. *Fokus* Vol. 49, S. 129-138.

AL-WARDI, A. (1972), *Soziologie des Nomadentums: Studie über die iraqische Gesellschaft*. Neuwied: Luchterhand.

ANDERSON, J. N. (1973), Ecological anthropology and anthropological ecology. In: HONIGMANN, J. J. (Ed.), *Handbook of Social and Cultural Anthropology*. Chicago: Rand McNally, S. 179-239.

ANDRADE, R. d' (1995), Objectivity and militancy: A debate. Moral models in anthropology. *Current Anthropology*, Vol. 26 (No. 3), S. 399-408.

ANDRADE, R. d' (1997), *The Development of Cognitive Anthropology*. Cambridge: Cambridge University Press.

ASAD, T. (1979), Equality in nomadic social systems? Notes towards the dissolution of an anthropological category. In: L'ÉQUIPE ÉCOLOGIE ET ANTHROPOLOGIE DES SOCIÉTÉS PASTORALES (Ed.), *Pastoral Production and Society. Proceedings of the International Meeting on Nomadic Pastoralism, Paris 1-3 Dec. 1976*. Cambridge/Ma.: Cambridge University Press, S. 419-428.

BACON, E. E. (1954), Types of pastoral nomadism in Central and Southwest Asia. *Southwestern Journal of Anthropology*, Vol. 10 (No. 1), S. 44-68.

BARFIELD, T. J. (Ed.) (1993a), *The Nomadic Alternative*. Englewood Cliffs/NJ: Prentice Hall.

BARFIELD, T. J. (1993b), The yak breeders: High altitude pastoralism in Tibet. In: BARFIELD, T. J. (Ed.), *The Nomadic Alternative*. Englewood Cliffs/NJ: Prentice Hall, S. 180-201.

BAUMANN, Z. (1996), From pilgrim to tourist – or a short history of identity. In: HALL, S.; GAY, P. du (Eds.), *Questions of Cultural Identity*. London: Sage Publications, S. 18-36.

BEALL, C. M.; GOLDSTEIN, M. C. (1981), Tibetan fraternal polyandry: A test of sociobiological theory. *American Anthropologist*, Vol. 83 (No. 1), S. 5-12.

BERREMAN, G. D. (1960), *Himalayan Polyandry: A Comparative Study*. Berkeley: University of California Press.

BERREMAN, G. D. (1962), Pahari polyandry: A comparison. *American Anthropologist*, Vol. 64, S. 60-75.

BERREMAN, G. D. (1968), Pahari polyandry: A comparison. In: BOHANNAN, P.; MIDDLETON, J. (Eds.), *Marriage, Family and Residence*. New York: Natural History Press, S. 147-167.

BERREMAN, G. D. (1975), Himalayan polyandry and the domestic cycle. *American Ethnologist,* Vol. 77 (No. 2), S. 127-138.

BERREMAN, G. D. (1978), Ecology, demography and domestic strategies in the Western Himalayas. *Journal of Anthropological Research,* Vol. 34 (No. 3), S. 326-368.

BERREMAN, G. D. (1980), Polyandry: Exotic custom vs. analytic concept. *Journal of Comparative Family Studies,* Vol. 11 (No. 3), S. 377-383.

BHASIN, V. (1996), *Transhumants of Himalayas. Changpas of Ladakh, Gaddis of Himachal Pradesh and Bhutias of Sikkim.* Delhi: Kamla-Raj Enterprises.

BHATT, G. S. (1991), *Women and Polyandry in Rawain Jaunpar.* Jaipur/New Delhi: Rawat Publications.

BHATT, G. S. (1997), Anthropology, women, and polyandry. *The Eastern Anthropolgist,* Vol. 50 (No. 3-4), S. 433-443.

BHATTACHARJI, C. (1994), Der Tsomoriri See. Zerstörung durch Zivilisationseinflüsse. *Südasien,* Vol. 14 (No. 3), S. 32-33.

BHATTACHARJI, R. D. (1993), Back to Rupshu. *Himalayan Journal,* Vol. 50, S. 123-143.

BONNEMAIRE, J. (1976), Le yak domestique et son hybridation. *Ethnozootechnie,* Vol. 15, S. 46-77.

BOWLIN, J. R.; STROMBERG, P.G. (1997), Representation and reality in the study of culture. *American Anthropologist,* Vol. 99 (No. 1), S. 123-134.

BRAIDOTTI, R. (1999), Response to Dick Pels. (Reply to the Article »Privileged Nomads. On the strangeness of intellectuals and the intellectuality of strangers« by Dick Pels.) *Theory Culture & Society,* Vol. 16 (No. 1), S. 87-93.

BRAUEN, M. (1980), Ladakh – Menschen und Kunst hinter dem Himalaya. *Du – Die Kunstzeitschrift,* Vol. 1, S. 16-64.

BRAUEN, M. (1982), Volksglauben. In: MÜLLER, C. C.; RAUNIG, W. (Hrsg.), *Der Weg zum Dach der Welt.* Innsbruck: Pinguin Verlag; Frankfurt/Main: Umschau-Verlag, S. 244-274.

CASSIDY, M. L.; LEE, G. R. (1989), A study of polyandry: A critique and synthesis. *Journal of Comparative Family Studies,* Vol. 20 (No. 1), S. 1-11.

CHANDRA, R. (1972), The notion of paternity among the polyandrous Kanet of Kinnaur, Himachal Pradesh. *Bulletin of the Anthropological Survey India,* Vol. 21 (No. 1 & 2), S. 80-87.

CHANDRA, R. (1973), Types and forms of marriage in a Kinnaur village. *Man in India,* Vol. 53 (No. 2), S. 176-187.

CHANDRA, R. (1987), Polyandry in the north-western Himalayas: Some changing trends. In: RAHA, M. K.; COOMAR, P. C. (Eds.), *Polyandry in India.* Delhi: Gian Publishing House, S. 130-154.

CLARKE, G. E. (1988), China's reforms of Tibet, and their effects on pastoralism. *Kailash,* Vol. 14 (No. 1-2), S. 63-131.

CLARKE, G. E. (1992), Aspects of the social organisation of Tibetan pastoral communities. In: IHARA, S.; YAMAGUCHI, Z. (Eds.), *Tibetan Studies. Proceedings of the 5th Seminar of the International Association for Tibetan Studies, Narita 1989. Vol 2: Language, History and Culture.* Narita: Naritasan Shinshoji, S. 393-411.

CLARKE, G. E. (Ed.) (1998), *Development, Society and Environment in Tibet.* Wien: Verlag der Österreichischen Akademie der Wissenschaften.

CLIFFORD, J. (1983), Power and dialogue in ethnography: Marcel Griaule's initiation. In: STOCKING, G. W. (Ed.), *Observers Observed.* Madison: University of Wisconsin Press, S. 121-156.

CLIFFORD, J. (1986), The topological realism of Michel Leiris. *Sulfur,* Vol. 15, S. 4-125.
CLIFFORD, J.; MARCUS, G. E. (Eds.) (1986), *Writing Culture. The Poetics and Politics of Ethnography.* (A School of American Research Advanced Seminar, Santa Fé, NM., April 1984) Berkeley/Los Angeles: University of California Press.
COX, T. (1987), Tibetan nomads before the Chinese invasion. *Himalayan Research Bulletin,* Vol. 7 (No. 2-3), S. 11-12.
COX, T. (1991), Pre-Chinese invasion political relations between Tibet's monastic state and Changtang (Byang thang) nomads: A response to Goldstein. *Himalayan Research Bulletin,* Vol. 11 (No. 1-3), S. 151-152.
CROOK, J. H. (1994), Explaining Tibetan polyandry: Socio-cultural, demographic and biological perspectives. In: CROOK, J. H.; OSMASTON, A. H. (Eds.), *Himalayan Buddhist Villages: Environment, Resources, Society and Religious Life in Zanskar, Ladakh.* Delhi: Motilal Banardidas, S. 735-786.
CROOK, J. H.; CROOK, S. J. (1988), Tibetan polyandry: Problems of adaptation and fitness. In: BETZIG, L.; BORGERHOFF MULDER, M.; TURKE, P. (Eds.), *Human Reproductive Behaviour – A Darwinian Perspective.* Cambridge: Cambridge University Press, S. 97-114.
CROOK, J. H.; SHAKYA, T. (1994), Six Families of Leh. In: CROOK, J. H.; OSMASTON, H. A. (Eds.), *Himalayan Buddhist Villages. Environment, Resources, Society and Religious Life in Zanskar, Ladakh.* Delhi: Motilal Banardidas, S. 701-734.
DAMMANN, R. (1991), *Die dialogische Praxis der Feldforschung. Der ethnographische Blick als Paradigma der Erkenntnisgewinnung.* Frankfurt am Main: Campus Verlag.
DAY, S. (1989), *Embodying Spirits: Village Oracles and Possession Ritual in Ladakh, North-India.* (Doktorarbeit an der London School of Economics and Political Science.) London: London University.
DAY, S. (1990), Ordering spirits: The initiation of village oracles in Ladakh. In: ICKE-SCHWALBE, L.; MEIER, G. (Hrsg.), *Wissenschaftsgeschichte und gegenwärtige Forschung in Nordwest-Indien.* (Internationales Kolloqium 9. – 13.3.1987 in Herrnhut) Dresden: Staatliches Museum für Völkerkunde in Dresden, S. 206-222.
DENWOOD, P. (1980), Linguistic studies in Ladakh. In: ARIS, M.; AUNG SAN SUU KYI (Eds.), *Tibetan Studies in Honour of Hugh Richardson.* (Proceedings of the International Seminar on Tibetan Studies, Oxford 1979) Warminster: Aris & Phillips, S. 93-96.
DENWOOD, P. (1995), The tibetanisation of Ladakh: The linguistic evidence. In: OSMASTON, H.; DENWOOD, P. (Eds.), *Recent Research in Ladakh 4 and 5. Proceedings of the Fourth and Fifth International Colloquia on Ladakh.* Delhi: Motilal Banarsidass, S. 281-287.
DEVEREUX, G. (1973), *Angst und Methode in den Verhaltenswissenschaften.* München: Hanser-Verlag.
DOLLFUS, P. (1996), Maîtres du sol et dieux du territoire au Ladakh. *Etudes Rurales,* (No. 143-144), S. 27-44.
DOLLFUS, P. (1999), Mountain deities among the nomadic communities of Kharnak (Eastern Ladakh). In: BEEK, M.; BERTELSEN, K. B.; PEDERSEN, P. (Eds.), *Ladakh – Culture, History, and Development between Himalaya and Karakoram.* Aarhus: Aarhus University Press, S. 92-118.
DOWNS, J. F.; EKVALL, R. B. (1965), Animals and social types in the exploitation of the Tibetan Plateau. In: LEEDS, A.; VAYDA, A. P. (Eds.), *Man, Culture and Animals. The Role of Animals in Human Ecological Adjustments.* Washington/DC: American Association for the Advancement of Science, S. 169-184.
DUNCAN, M. H. (1933), Eastern Tibetan nomads. *China Journal,* Vol. 19, S. 68-75.

DWYER, K. (1977), On the dialogic of fieldwork. *Dialectical Anthropology,* Vol. 2, S. 143-151.
DWYER, K. (1982), *Morroccan Dialogues. Anthropology in Question.* Baltimore: John Hopkins University Press.
DYSON-HUDSON, R.; DYSON-HUDSON, N. (1980), Nomadic pastoralism. *Annual Review of Anthropology,* Vol. 9, S. 15-61.
DYSON-HUDSON, R.; SMITH, E. A. (1978), Human territoriality: An ecological re-assessment. *American Anthropologist,* Vol. 80, S. 21-41.
EBBINGHOUSE, D.; WINSTEN, M. (1982a), Tibetan dZi beads. Pt. I. *Ornament,* Vol. 5 (No. 3), S. 19-27, 53.
EBBINGHOUSE, D.; WINSTEN, M. (1982b), Tibetan dZi beads. Pt. II. *Ornament,* Vol. 5 (No. 4), S. 36-39.
EGEROD, S. C. (1974), Sino-tibetan languages. *Encyclopedia Britannica,* Vol. 16, S. 796-806.
EKVALL, R. B. (1939), *Cultural Relations on the Kansu-Tibetan Border.* Chicago: University of Chicago Press.
EKVALL, R. B. (1961), The nomadic pattern of living among Tibetans as preparation for war. *American Anthropologist,* Vol. 63 (No. 3), S. 1250-1263.
EKVALL, R. B. (1964a), *Religious Observances in Tibet: Patterns and Function.* Chicago/London: The University of Chicago Press.
EKVALL, R. B. (1964b), Law and individual among Tibetan nomads. *American Anthropologist,* Vol. 66, S. 1110-11115.
EKVALL, R. B. (1964c), Peace and war among the Tibetan nomads. *American Anthropologist,* Vol. 66, S. 1119-1148.
EKVALL, R. B. (1968/1983), *Fields on the Hoof. Nexus of Tibetan Nomadic Pastoralism.* (Case Studies in Cultural Anthropology) Prospect Heights/Ill: Waveland Press.
EKVALL, R. B. (1974), Tibetan nomadic pastoralists: Environments, personality and ethos. *Proceedings of the American Philosophical Society,* Vol. 118 (No. 6), S. 519-537.
EMERSON, R. M.; POLLNER, M. (1992), Difference and dialogue: Members' readings of ethnographic texts. In: HOLSTEIN, J. A.; MILLER, G. (Eds.), *Perspectives on Social Problem: A Research Annual.* Greenwich: JAI Press, S. 79-98.
EPSTEIN, H. (1974), Yak and chauri. *World Animal Review,* Vol. 9, S. 9-12.
EVERDING, K.-H. (1993), *Tibet. Lamaistische Klosterkulturen, nomadische Lebensformen und bäuerlicher Alltag auf dem Dach der Welt.* Köln: DuMont.
FAEGRE, T. (1979), *Tents: Architecture of the Nomads.* London: John Murray.
FAHLÉN, S. (2000), *A Woman With Several Husbands Is Like a Blooming Flower: The Decline of Polyandry as an Indicator of Social Change in Ladakh.* Uppsala: Uppsala University Press.
FEILBERG, C. G. (1944), *La Tente Noire: Contribution Ethnographique à l'Histoire Culturelle des Nomades.* Kopenhagen: Nationalmuseum.
FELD, S. (1987), Dialogic editing: Interpreting how Kaluli read sound and sentiment. *Cultural Anthropology,* Vol. 2, S. 190-210.
FERNANDEZ, R. L. (1981), Comments on Tibetan polyandry: A test of sociobiological theory. *American Anthropologist,* Vol. 83, S: 896-897.
FÖLLMI, O.; FÖLLMI, D. (1999), *Les Bergers de L'Hiver.* Pampelune: Editions de la Martinière.
FRAKE, C. O. (1962), Cultural ecology and ethnography. *American Anthropologist,* Vol. 64 (No. 1), S. 53-59.
FRANCKE, A. H. (1898), Die Respektssprache im Ladaker tibetischen Dialekt. *Zeitschrift der Deutsch-Morgenländischen Gesellschaft,* Vol. 52, S. 275-281.
FRANCKE, A. H. (1901/1979), *Ladakhi and Tibetan Grammar.* Delhi: Seema Publications.

FRANCKE, A. H. (1903), Kleine Beiträge zur Phonetik und Grammatik des Tibetischen. *Zeitschrift der Deutsch-Morgenländischen Gesellschaft,* Vol. 57, S. 285-298.

FRANCKE, A. H. (1904), A language map of West Tibet with notes. *The Journal of Asiatic Society of Bengal,* Vol. 7, Part I (No. 4), S. 362-367.

FRANCKE, A. H. (1929/1979), *Ladakhi and Tibetan Grammar.* Berlin: de Gruyter / Delhi: Seema Publications.

FRANK, W. A. (1983), Protocol of a spontaneous paranormal healing in Ladakh. In: KANTOWSKY, D.; SANDER, R. (Eds.), *Recent Research on Ladakh,* München/Köln/London: Weltforum Verlag. S. 135-137.

GALATY, J. G.; JOHNSON, D. L. (1990), *The World of Pastoralism. Herding Systems in Comparative Perspective.* New York/London: The Guilford Press.

GALVIN, K. A. (1996), Nomadism. In: LEVINSON, D.; EMBER, M. (Eds.), *Encyclopedia of Cultural Anthropology.* New York: Henry Holt and Company, S. 859-863.

GELEK (1998), The Washu Serthar: A nomadic community of Eastern Tibet. In: CLARKE, G. E. (Ed.), *Development, Society, and Enviroment in Tibet.* Wien: Verlag der Österreichischen Akademie der Wissenschaften, S. 47-58.

GHOSH, A. (1999), Tibetan literary language and Ladakhi speech: A continuity. In: BEEK, M van; BERTELSEN, K. B.; PEDERSEN, P. (Eds.), *Ladakh – Culture, History, and Development Between Himalaya and Karakorum.* (Recent Research on Ladakh; 8) Aarhus: Aarhus University Press, S. 125-130.

GINAT, J.; KHAZANOV, A. M. (Eds.) (1998), *Changing Nomads in a Changing World.* Portland/OR: Sussex Academic Press.

GOLDSCHMIDT, W. (1971), Independence as an element in pastoral social systems. *Anthropological Quarterly,* Vol. 44 (No. 3), S. 132-142

GOLDSCHMIDT, W. (1979), General model for pastoral social systems. In: L'EQUIPE ÉCOLOGIE ET ANTHROPOLOGIE DES SOCIÉTÉS PASTORALES *(Ed.), Pastoral Production and Society. Proceedings of the International Meeting on Nomadic Pastoralism, Paris, 1-3 Dec. 1976.* Cambridge/MA: Cambridge University Press, S. 15-27.

GOLDSTEIN, M. C. (1971), Stratification, polyandry and family structure in Central Tibet. *Southwestern Journal of Anthropology,* Vol. 27 (No. 1), S. 64-74.

GOLDSTEIN, M. C. (1976), Fraternal polyandry and fertility in a High Himalayan valley in Northwest Nepal. *Human Ecology,* Vol. 4 (No. 3), S. 223-233.

GOLDSTEIN, M. C. (1977), Population, social structure and strategic behavior: An essay of polyandry, fertility and change in Limi Panchayat. *Contributions to Nepalese Studies,* Vol. 4 (No. 2), S. 47-62.

GOLDSTEIN, M. C. (1978), Pahari and Tibetan polyandry revisited. *Ethnology,* Vol. 17 (No. 3), S. 325-337.

GOLDSTEIN, M. C. (1981), High-altitude Tibetan populations in the remote Himalayas: Social transformation and its demographic, economic and ecological consequences. *Mountain Research and Development,* Vol. 1 (No. 1), S. 5-18.

GOLDSTEIN, M. C. (1988), On the political organization of nomadic pastoralists in Western Tibet: A rejoinder to Cox. *The Himalayan Research Bulletin,* Vol. 8 (No. 3), S. 15-17.

GOLDSTEIN, M. C. (1992), Nomadic pastoralists and the traditional political economy – a rejoinder to Cox. *The Himalayan Research Bulletin,* Vol. 12 (No. 1-2), S. 54-62.

GOLDSTEIN, M. C.; BEALL, C.M. (1986), Studying nomads on the Tibetan plateau. *China Exchange News,* Vol. 14 (No. 4), S. 2-7.

GOLDSTEIN, M. C.; BEALL, C. M. (1987), Anthropological fieldwork in Tibet studying nomadic pastoralism on the Changtang. *The Himalayan Research Bulletin,* Vol. 7 (No. 1), S. 1-4.

GOLDSTEIN, M. C.; BEALL, C. M. (1989a), The remote world of Tibet's nomads. *National Geographic,* Vol. 176 (No. 6), S. 752-781.
GOLDSTEIN, M. C.; BEALL, C. M. (1989b), The impact of China's reform policy on the nomads of Western Tibet. *Asian Survey,* Vol. 29 (No. 6), S. 619-641.
GOLDSTEIN, M. C.; BEALL, C. M. (1990), *Nomads of Western Tibet: The Survival of a Way of Life.* Berkeley: University of California Press. (Deutsch: Die Nomaden Westtibets. Der Überlebenskampf der tibetischen Hirtennomaden. Nürnberg: DA-Verlag – Das Andere, 1991.)
GOLDSTEIN, M. C.; BEALL, C. M. (1991), China's birth control policy in the Tibet Autonomous Region. *Asian Survey,* Vol. 31 (No. 3), S. 285-303.
GOLDSTEIN, M. C.; BEALL, C. M. (1994), *The Changing World of Mongolia's Nomads.* Berkeley: University of California Press.
GOLDSTEIN, M. C.; BEALL, C. M.; CINCOTTA, R. P. (1990), Traditional nomadic pastoralism and ecological conservation on Tibet's northern plateau. *National Geographic Research,* Vol. 6 (No. 2), S. 139-156.
GOLDSTEIN, M. C.; KELLY, T. L. (1987), When brothers share a wife. *Natural History,* Vol. 3, S. 39-49.
GOLDSTEIN, M. C.; TSARONG, P. (1987), De-encapsulation and change in Ladakh. In: RAHA, M. K. (Ed.) *The Himalayan Heritage.* New Delhi: Gian Publishing House, S. 443-455.
GOLOMB, E. (1995), Oracles in Ladakh: A personal experience. In: ADLER, L. L.; MUKHERJI, B. R. (Eds.), *Spirit Versus Scalpel. Traditional Healing and Modern Psychotherapy.* Westport/CT: Bergin & Garvey/Greenwood Publishing Group, S. 59-75.
GOTTOWIK, V. (1997), *Konstruktionen des Anderen. Clifford Geertz und die Krise der ethnographischen Repräsentation.* Berlin: Dietrich Reimer.
GRIERSON, G. A. (Ed.) (1909/1967a), *Linguistic Survey of India.* (Vol. III, Part I) Delhi: Motilal Banarsidass.
GRIERSON, G. A. (1909/1967b), Ladakhi. In: GRIERSON, G. A. (Ed.), *Linguistic Survey of India.* (Vol. III, Part I) Delhi: Motilal Banarsidass, S. 51-68.
GUILLET, D. W. (1983), Toward a cultural ecology of mountains: The Central Andes and the Himalayas compared. *Current Anthropology,* Vol. 24 (No. 5), S. 561-574.
GUPTA, J. (1985), Himalayan polygyandry: Bondage among women in Jaunsar Bawar. In: PATNAIK, U.; DINGWANEY, M. (Eds.), *Chains of Servitude. Bondage and Slavery in India.* Madras: Sangam Books, S. 258-281.
GUTSCHOW, K. (1997), A study of »wind disorder« or madness in Zangskar, India. In: DODIN, T.; RÄTHER, H. (Eds.), *Recent Research in Ladakh 7.* (Ulmer Kulturanthropologische Schriften 8.) Ulm: Kulturanthropologische Schriften, S. 177-202.
HADDIX, K. A. (1998), *Marital Strategies in a Polyandrous Tibetan Community in Northwest Nepal.* Davis: University of California.
HALE, A. (1982), *Research on Tibeto-Burman Languages.* (Trends in Linguistic, State-of-the-Art Report; 14) Berlin/New York/Amsterdam: Mouton Publishers.
HAMID, A. (1998), *Ladakhi – English – Urdu Dictionary with an English-Ladakhi Index.* Leh/Ladakh: Melong Publications.
HEBER, A. R.; HEBER, K. M. (1903/1976), *In Himalayan Tibet and Ladakh. A Description of Its Cheery Folk, Their Ways and Religion, of the Rigours of Climate and Beauties of the Country, Its Fauna and Flora.* Delhi: Ess Ess Publications.
HERMANNS, M. (1949), *Die Nomaden von Tibet. Die soziologischen und wirtschaftlichen Grundlagen der Hirtenkulturen in A mdo und von Innerasien. Ursprung und Entwicklung der Viehzucht.* Wien: Verlag Herold.

HERMANNS, M. (1953), Polyandrie in Tibet. *Anthropos,* Vol. 48, S. 637-641.
HERMANNS, M. (1956), *Mythen und Mysterien, Magie und Religion der Tibeter.* Köln: Pick Verlag.
HERMANNS, M. (1959), *Die Familie der A mdo-Tibeter.* Freiburg: Verlag Karl Alber.
HOFFMANN, T. (1998), Über die Nomaden. *Acta Ethnographica Hungarica,* Vol. 43 (No. 3-4), S. 399-444.
HOSHI, M.; TSERING, T. (1978), *Zanskar Vocabulary. A Tibetan Dialect Spoken in Kashmir.* (Monumenta Serindica; 4) Tokyo: Institute for the Study of Languages and Culture of Asia and Africa.
HUC, R.-E. (1931), *Souvenirs of a Journey through Tartary, Tibet and China during the Years 1844, 1845 and 1846.* Beijing: Lazarist Press.
JAHODA, C. (1994), *Heiratsmuster ausgewählter Gesellschaften Tibetischer Kultur und Sprache, mit besonderer Berücksichtigung der Polyandrie und Prinz Peters Forschungsbeitrag.* (Diplom-Arbeit) Wien: Universität Wien.
JÄSCHKE, H. A. (1865), Note on the pronunciation of the Tibetan language. *Journal of the Asiatic Society of Bengal,* Vol. 34, S. 91-100.
JÄSCHKE, H. A. (1881/1992), *Tibetan-English Dictionary. With Special Reference to the Prevailing Dialects to which is Added an English-Tibetan Vocabulary.* Delhi: Motilal Banarsidass Publishers.
JAUSS, H. R. (1982), Zum Problem des dialogischen Verstehens. In: LACHMANN, R. (Ed.), *Dialogizität.* München: Wilhelm Fink Verlag, S. 11-24.
JINA, P. S. (1990), Pasture ecology of Leh, Ladakh. In: ICKE-SCHWALBE, L.; MEIER, G. (Hrsg.) *Wissenschaftsgeschichte und gegenwärtige Forschungen in Nordwest-Indien.* Dresden: Staatliches Museum für Völkerkunde, S. 171-181.
JINA, P. S. (1995), *High Pasturelands of Ladakh Himalaya.* New Delhi: Indus Publishing Company.
JINA, P. S. (1999), The Chang Pa of the Ladakh Himalayas: Some observations of their economy and environment. *Nomadic Peoples,* (N. S.) Vol. 3 (No. 1), S. 94-105.
JONES, S. (1996), *Tibetan Nomads. Environment, Pastoral Economy and Material Culture.* London: Thames and Hudson.
KALWEIT, H. (1987), *Urheiler, Medizinleute und Schamanen.* München: Kösel.
KAPLANIAN, P. (1981), *Les Ladakhi du Cachemire. Montagnards du Tibet Occidental.* Paris: Hachette.
KAPLANIAN, P. (1984), Le chamanisme au Ladakh. *Nouvelle Revue Tibétaine,* Vol. 8, S. 55-63.
KAPLANIAN, P. (1985), Une séance de la Lhamo de Sabu. In: DENDALETCHE, C.; KAPLANIAN, P. (Eds.), *Ladakh, Himalaya Occidental: Ethnologie, Ecologie.* (Acta Biologica Montana, 5). Pau: Centre Pyrénéen de Biologie et Anthropologie des Montagnes, S. 135-147.
KAPLANIAN, P. (1995), L'homme dans le monde surnaturel Ladakhi. In: OSMASTON, H.; DENWOD, P. (Eds.), *Recent Research on Ladakh 4 and 5, Proceedings of the Fourth and Fifth International Colloquium on Ladakh.* Delhi: Motilal Banarsidass Publishers, S. 101-108.
KAPLANIAN, P.; RAAB, G.; RABOUAN, J.-B. (1992), *Ladakh. De la Transe à l'Extase.* Paris: Editions Peuples du Monde.
KAWAKITA, J. (1966-1967), Structure of polyandry among the Bhotiyas in the Himalayas. *Japanese Journal of Ethnology,* Vol. 31, S. 11-27.
KHAZANOV, A. M. (1998), Pastoralists in the contemporary world: The problem of survival. In: GINAT, J.; KHAZANOV, A.M. (Eds.) *Changing Nomads in a Changing World.* Portland/OR: Sussex Academic Press, S. 7-23.

KÖGLER, H.-H. (1989/1990), Gadamer und die Ethnologie. Wege und Irrwege des Versuchs, ethnologisches Fremdverstehen als Dialog zu begreifen. *Anthroblatt – Fachzeitschrift der Universität Frankfurt,* Vol. 7, S. 16-23.

KOHL, K.-H. (1993), *Ethnologie – Die Wissenschaft vom kulturell Fremden. Eine Einführung.* München: C. H. Beck.

KOHL, K.-H. (1998), Against dialogue. *Paideuma,* Vol. 44, S. 51-58.

KOSHAL, S. (1976), *Ladakhi Phonetic Reader.* (CIIL Phonetic Reader Series; 18). Mysore: Central Institute of Indian Languages.

KOSHAL, S. (1978), *Conflicting Phonological Patterns. A Study in the Adaptation of English Loan Words in Hindi.* Chandigarh: Bahri Publications.

KOSHAL, S. (1979), *Ladakhi Grammar.* Delhi: Motilal Banarsidass.

KOSHAL, S. (1982), *Conversational Ladakhi.* Delhi: Motilal Banarsidass.

KOSHAL, S. (1987), Honorific systems of the Ladakhi language. *Multilingua,* Vol. 6 (No. 2), S. 149-168.

KRAUSE, I. (1991), *Besessenheitsphänomene in Tibet und Ladakh.* Bonn: Philosophische Fakultät der Rheinischen Friedrich-Wilhelms-Universität. (Unveröffentlichte Magisterarbeit)

KRESSING, F. (1997), Candidates for a theory of shamanism. A systematic survey of recent research results from Eurasia and Native America. *Shaman,* Vol. 5 (No. 2), S. 115-141.

KRESSING, F.; RÖSING, I. (2001a), Licht und Schatten über Ladakh. Subjektive Fremdheitserfahrung in einer Region des indischen Himalaya. Unveröffentlichter Materialbericht.

KRESSING, F.; RÖSING I. (2001b), Schamanenproliferation in Ladakh. Unveröffentlichter Materialbericht.

KUHN, A. S. (1988), *Heiler und ihre Patienten auf dem Dach der Welt. Ladakh aus Ethnomedizinischer Sicht.* (Medizin in Entwicklungsländern, Bd. 25). Frankfurt: Peter Lang.

KUPER, A. (1994), Einheimische Ethnographie, politische Korrektheit und das Projekt einer kosmopolitischen Anthropologie. *Anthropos,* Vol. 89 (No. 4/6), S. 529-541.

KUSSMAUL, F. (1952/53), Frühe Nomadenkulturen in Innerasien. Einige Bemerkungen zu Hermanns: Die Nomaden von Tibet. *Tribus: Jahrbuch des Lindenmuseums Stuttgart,* Vol. 2/3, S. 305-360.

LAUFER, B. (1918), Origin of Tibetan writing. *Journal of the American Oriental Society,* Vol. 38, S. 34-46.

LE CALLOC'H, B. (1987), Un phénomène de géographie humaine: la polyandrie. Le Ladakh au temps d'Alexandre Csoma de Körös (1822-1826). *Acta Geographica,* Vol. 3, S. 2-19.

LEACH, E. R. (1955), Polyandry. Inheritance and definition of marriage with particular reference to Sinhalese customary law. *Man,* Vol. 55, S. 182-186.

LEVINE, N. E. (1977), *The Nyinba: Population and Social Structure in a Polyandrous Society.* (Ph. D. diss.) University of Rochester/Department of Anthropology.

LEVINE, N. E. (1980), Nyinba polyandry and the allocation of paternity. *Journal of Comparative Family Studies,* Vol. 11 (No. 3), S. 283-298.

LEVINE, N. E. (1988), *The Dynamics of Polyandry. Kinship, Domesticity and Population on the Tibetan Border.* Chicago: University of Chicago Press.

LEVINE, N. E. (1998), From nomads to ranchers: Managing pasture among ethnic Tibetans in Sichuan. In: CLARKE, G. E. (Ed.), *Development, Society and Environment in Tibet.* Wien: Verlag der Österreichischen Akademie der Wissenschaften, S. 69-76.

LEVINE, N. E.; SANGREE, W. H. (1980), Conclusion: Asian and African systems of polyandry. *Journal of Comparative Family Studies,* Vol. 11 (No. 3), S. 385-410.

LEVINE, N. E.; SILK, J. B. (1997), Why polyandry fails – Sources of instability in polyandrous marriages. *Current Anthropology,* Vol. 38 (No. 3), S. 375-398.

LINDHOLM, C. (1995), The new Middle Eastern ethnography. *Journal of the Royal Anthropological Institute* (N. S.), Vol. 1, S. 1-16.

LINDHOLM, C. (1997), Logical and moral dilemmas of postmodernism. *Journal of the Royal Anthropological Institute,* Vol. 3 (No. 4), S. 747-760.

LIU, R. K. (1980), Identification: Tzi beads. Ornament, Vol. 4 (No. 4), S. 56-58.

MA LIHUA (1993), Shamanic belief among nomads in northern Tibet. In: RAMBLE, C.; BRAUEN, M. (Eds.), *Proceedings of the International Seminar on the Anthropology of Tibet and the Himalaya, Sep. 21-28, 1990 at the Ethnographic Museum of the University of Zürich.* Zürich: Völkerkundemuseum der Universität Zürich, S. 193-197.

MAFFESOLI, M. (1997), *Le Mystère de la Conjonction.* Paris: Fata Morgana.

MAJUMDAR, D. N. (1954-1955), Demographic structure in a polyandrous village. *Eastern Anthropologist,* Vol. 8, S. 161-172.

MAJUMDAR, D. N. (1960-1963), *Himalayan Polyandry. Structure, Function and Cultural Change. A Field Study of Jaunsar-Bawar.* Bombay: Asia Publishing House.

MAJUMDAR, D. N.; ANAND, S. K. (1956-1957), The functioning of school system in a polyandrous society – in Jaunsar Bawar, Dehra Dun District, U.P. *Eastern Anthropologist,* Vol. 10, S. 182-210.

MANDERSCHEID, A. (1998), Life and economic patterns of nomads on the Eastern Tibet plateau: Brog Pa and Sa Ma Brog in Dzam Thang. In: CLARKE, G. E. (Ed.) *Development, Society and Environment in Tibet.* Wien: Verlag der Österreichischen Akademie der Wissenschaften, S. 59-67.

MANDERSCHEID, A. (1999a), *Lebens- und Wirtschaftsformen von Nomaden im Osten des Tibetischen Hochlandes.* Berlin: Dietrich Reimer Verlag.

MANDERSCHEID, A. (1999b), Mobilität zwischen saisonalen Aktionsräumen: Eine Fallstudie zu nomadischen Gruppen im Osten des tibetischen Hochplateau. In: JANZEN, J. (Hrsg.), *Räumliche Mobilität und Existenzsicherung: Fred Scholz zum 60. Geburtstag.* Berlin: Dietrich Reimer Verlag, S. 132-151.

MANN, R. S. (1978a), Ladakhi polyandry reinterpreted. *Indian Anthropologist,* Vol. 8 (No. 1), S. 17-30.

MANN, R. S. (1978b), Eco-system and society in Ladakh. *Journal of Social Research,* Vol. 21, S. 60-76.

MANN, R. S. (1985), The Ladakhis: A cultural ecological perspective. In: VIDYARTHI, L. P.; JHA, M. (Eds.), *Ecology, Economy and Religion in Himalya.* Delhi: Orient Publications, S. 3-16.

MANN, R. S. (1990), Culture and ecology in Ladakh. *Man in India,* Vol. 70 (No. 3), S. 217-277.

MASPERO, H. (1952), Langues de l'Asie du Sud-Est. In: MEILLET, A.; COHEN, M. (Eds.), *Les Langues du Monde.* Paris: Centre National de Recherches Scientifique, S. 525-644.

MERKLE, R. (2000), Nomadism: A socio-ecological mode of culture. Proceedings of the Third International Congress on Yak, Lhasa, Tibetan Autonomous Region People's Republic of China, September 4-9, 2000. Manuskript, 7 Seiten.

MICHRINA, B. P.; RICHARDS, C. A. (1996), *Person to Person. Fieldwork, Dialogue, and the Hermeneutic Method.* Albany: State University of New York Press.

MILLER, R. A. (1956), Segmental diachronic phonology of a Ladakh (Tibetan) dialect. *Zeitschrift der Deutsch-Morgenländischen Gesellschaft,* Vol. 106, S. 345-362.

MILLER, R. A. (1969), The Tibetan-Burman languages of South Asia. In: EMENEAU, M. B.; FERGUSON, C. A. (Eds.), *Linguistics in South Asia.* The Hague: Mouton, S. 431-449.

MILTON, K. (1997), Ecologies: Anthropology, culture and the environment. *International Social Science Journal,* Vol. 49 (No. 4), S. 477-495.

MORAN, E. F. (2000, 2. ed.), *Human Adaptability – An Introduction to Ecological Anthropology.* Boulder: Westview Press.

MÜLLER, F.-V. (1994), Ländliche Entwicklung in der Mongolei: Wandel der mobilen Tierhaltung durch Privatisierung. *Die Erde,* Vol. 124 (No. 4), S. 213-222.

NAMGYAL, C. (1995), Ladakhi language. In: OSMASTON, H.; TSERING, N. (Eds.), *Recent Research on Ladakh 6.* Delhi: Motilal Banarsidass, S. 351-568.

NANDI, S. B. (1977), Status of women in polyandrous society. *Man in India,* Vol. 57 (No. 2), S. 137-151.

NARKYID, N. (1983), The origin of the Tibetan script. In: STEINKELLNER, E.; TAUSCHER, H. (Eds.), *Contributions on Tibetan Language, History, and Culture.* Proceedings of the Csoma de Körös Symposium held at Velm-Vienna, Austria, 13-19 September 1981, Vol. 1. (Wiener Studien zur Tibetologie und Buddhismuskunde; 10) Wien: Arbeitskreis für Tibetische und Buddhistische Studien, S. 207-220.

NEBESKY-WOJKOWITZ, R. (1952), Prehistoric beads from Tibet. *Man,* September, S. 131-132.

NEWELL, W. H. (1994), Review of: GOLDSTEIN, M. C.; BEALL, C. M., *Nomads of Western Tibet: The Survival of a Way of Life.* Berkeley: University of California Press, 1990. In: *Australian Journal of Chinese Affairs,* Vol. 32, S. 208-209.

NORBERG-HODGE, H.; PALDAN, G. T. (Eds.) (1991), *Ladakhi-English, English-Ladakhi Dictionary.* Delhi: Jayyed Press.

NORMAN, R. (1994), *Getting Started in Ladakhi.* Ladakh: Melong Publications.

PALDAN, T. (1990), The language and literature of Ladakh: An overview. In: RUSTOMJI, N. K.; RAMBLE, C. (Eds.), *Himalayan Environment and Culture: Analysis and Prospect.* Shimla: Indian Institute of Advanced Study, S. 256-262.

PANT, R.; RAWAT, D. S.; SAMAL, P. K. (1997), The changing scenario of polyandry culture: A case study in Central Himalaya. *Man in India,* Vol. 77 (No. 4), S. 345-353.

PARMAR, Y. S. (1975), *Polyandry in the Himalayas.* Delhi: Vikas Publishing House.

PATAI, R. (1951), Nomadism: Middle Eastern and Central Asian. *Southwestern Journal of Anthropology,* Vol. 7, S. 401-414.

PELS, D. (1999), Privileged nomads. On the strangeness of intellectuals and the intellectuality of strangers. *Theory Culture & Society,* Vol. 16 (No. 1), S. 63-86.

PETER PRINCE OF GREECE AND DENMARK, H. R. H. (1948), Tibetan, Toda, and Tiya polyandry, a report on field investigations. *Transactions of the New York Academy of Sciences,* Vol. 10 (No. 6), S. 210-225.

PETER PRINCE OF GREECE AND DENMARK, H. R. H. (1955a), Polyandry and the kinship group. *Man,* Vol. 55, S. 179-181.

PETER PRINCE OF GREECE AND DENMARK, H. R. H. (1955b), The polyandry of Tibet. In: *Actes du IVº. Congrès International des Sciences Anthropologiques et Ethnologiques, Vienne, 1952.* Vol. 2, S. 176-184.

PETER PRINCE OF GREECE AND DENMARK, H. R. H. (1963), *A Study of Polyandry.* The Hague: Mouton & Co.

PETER PRINCE OF GREECE AND DENMARK , H. R. H. (1965), The Tibetan family. In: NIMKOFF, M. F. (Ed.), *Comparative Family Systems.* Boston: Houghton Mifflin Co., S. 192-208.

PETER PRINCE OF GREECE AND DENMARK , H. R. H. (1974/75), Zor – A western Tibetan ceremonial goat sacrifice. *Folk,* Vol. 16/17, S. 309-312.

PETER PRINCE OF GREECE AND DENMARK, H. R. H. (1980), Comments on the social and cultural implications of variant systems of polyandrous alliances. *Journal of Comparative Family Studies,* Vol. 11 (No. 3), S. 371-375.
PETERS, L. G.; PRICE-WILLIAMS, D. (1980), Towards an experiential analysis of shamanism. *American Ethnologist,* Vol. 7 (No. 3), S. 397-418.
PHYLACTOU, M. (1989), *Household Organisation and Marriage in Ladakh, Indian Himalaya.* London: University of London – London School of Economics.
PITTARD, E. (1900), A propos de la polyandrie chez les Tibétains. *Bulletin de la Société Neuchâteloise de Géographie,* Vol. 12, S. 302-305.
PLANHOL, X. de (1979), Saturation et sécurité: Sur l'organisation des sociétés de pasteurs nomades. In: L'EQUIPE ÉCOLOGIE ET ANTHROPOLOGIE DES SOCIETES PASTORALES (Ed.), *Pastoral Production and Society. Proceedings of the International Meeting on Nomadic Pastoralism, Paris, 1-3 Dec. 1976.* Cambridge/MA: Cambridge University Press, S. 29-42.
POHLHAUSEN, H. (1954), *Das Wanderhirtentum und seine Vorstufen: Eine ethnographisch-geographische Studie zur Entwicklung der Eingeborenenwirtschaft.* Braunschweig: Limbach.
Polyandrie (1980), *Journal of Comparative Family Studies,* Special Issue, Vol. 11 (No. 3).
QUIERS, P.-J. (1998), Les nomades des déserts du Tibet. *Combat Nature,* No. 122, S. 50-52.
RABOUAN, J.-B. (2000), *Journey to the kingdom of Pashmina.* Ligugé, Poitiers, France: Aubin Imprimeur, Cheminements.
RAHA, M. K. (1991), Polyandry in India: Retrospect and Prospect. *Man in India,* 71/1, S. 163-181.
RAHA, M. K.; COOMAR, P. C. (1987), Polyandry in a High Himalayan society: Persistence and change. In: RAHA, M. K.; COOMAR, P. C. (Eds.), *Polyandry in India.* Delhi: Gian Publishing House, S. 62-129.
RÄTHER, H.; RÖSING, I. (2001), Die Rolle der ladakhischen Rinpoches. Unveröffentlichter Kurzbericht.
REYNA, S. (1994), Literary anthropology and the case against science. *Man* (N. S.) Vol. 29, S. 55-582.
RIZVI, B. R. (1987), Class formation and conflict in a polyandrous village of Himachal Pradesh. In: RAHA, M. K. (Ed.), *The Himalayan Heritage.* New Delhi: Gian Publishing House, S. 413-426.
RIZVI, J. (1996), *Ladakh. Crossroads of High Asia.* Delhi: Oxford University Press.
RIZVI, J. (1999), The trade in Pashm and its impact on Ladakh's history. In: BEEK, M.; BERTELSEN, K.B.; PEDERSEN, P. (Eds.), *Ladakh – Culture, History, and Development between Himalaya and Karakoram.* Aarhus: Aarhus University Press, S. 317-338.
ROERICH, G. N. de (1931), Modern Tibetan phonetic with special reference to the dialect of Central Tibet. *Journal of the Royal Asiatic Society of Bengal,* Vol. 27 (No. 2), S. 285-312.
RÖSING, I. (1988/1995), *Dreifaltigkeit und Orte der Kraft: Die Weiße Heilung. Nächtliche Heilungsrituale in den Hochanden Boliviens.* Mundo Ankari Band 2, Buch I und Buch II. Nördlingen: Greno, 1. Aufl. 1988/Frankfurt: Zweitausendeins; 3. Aufl. 1995.
RÖSING, I. (1997), The hidden psychology of ritual healing: A bridge to the transcultural transfer of traditional healing methods with special references to Tibetan medicine. In: ASCHOFF, J.; RÖSING, I. (Eds.), *Tibetan Medicine. „East meets West – West meets East". Proceedings of the International Symposium, University of Ulm/Germany, 19/20th July 1996.* Ulm: Fabri Verlag, S. 111-124.
RÖSING, I. (1999), Lies and amnesia in anthropological research: Recycling the waste. *Anthropology of Consciousness,* Vol. 10 (No. 2-3), 13-34.

RÖSING, I. (2001), *Religion, Ritual und Alltag in den Anden. Die zehn Geschlechter von Amarete, Bolivien. Zweiter ANKARI-Zyklus.* MUNDO ANKARI Band 6. Berlin: Reimer Verlag.

RÖSING, I. (2002), Frakturen der Liebe. Rituelle Heilungen – ein transkultureller Vergleich zwischen den Schamanen im Himalaya und den Medizinmännern in den Anden. Manuskript.

RÖSING, I. (2003), Burnout, Buschgeister, Belastungssyndrome. Heil, Unheil und Heilung. In: EGNER, H. (Hrsg.), *Heilung und Heil. Begegnung – Verantwortung – interkultureller Dialog.* Düsseldorf: Walter Verlag.

SAKSENA, R. N. (1962), *Social Economy of a Polyandrous People.* Bombay: Asia Publishing House.

SALZMAN, P. C. (1979), Inequality and oppression in nomadic society. In: *L'EQUIPE ÉCOLOGIE ET ANTHROPOLOGIE DES SOCIÉTÉS PASTORALES (Ed.), Pastoral Production and Society. Proceedings of the International Meeting on Nomadic Pastoralism, Paris 1-3, Dez. 1976.* Cambridge/MA: Cambridge University Press, S. 429-446.

SALZMAN, P. C. (1980), Is „nomadism" a useful concept? *Nomadic Peoples,* Vol. 6, S. 1-7.

SAMAL, P. K.; CHAUHAN, M. S.; FERNANDO, R. (1996), The functioning and eco-cultural significance of marriage types among the Jaunsaries in Central Himalaya. *Man in India,* Vol. 76 (No. 3), 199-214.

SAMAL, P. K.; FARBER, C.; FAROOQUEE, N. A. et al. (1996), Polyandry in a Central Himalayan community: An eco-cultural analysis. *Man in India,* Vol. 76 (No. 1), S. 51-65.

SANDBERG, G. (1894/1999), *Handbook of Colloquial Tibetan. A Practical Guide to the Language of Central Tibet.* New Delhi: Asian Educational Services.

SARKAR, N. (1973), The so-called polyandry among the Gallongs. *Man in India,* Vol. 53 (No. 2), S. 128-134.

SCHALLER, G. B. (1993), Tibet's remote Chang Tang. *National Geographic,* Vol. 184, S. 62-87.

SCHALLER, G. B. (1997), *Tibet's Hidden Wilderness. Wildlife and Nomads of the Chang Tang Reserve.* New York: Harry N. Abrams Inc. Publishers.

SCHENK, A. (1990), Tranceverhalten der Orakelheiler in Ladakh. In: ICKE-SCHWALBE, L.; MEIER, G. (Hrsg.), *Wissenschaftsgeschichte und gegenwärtige Forschung in Nordwest-Indien.* (Internationales Kolloquium 9. – 13.3.1987 in Herrnhut) Dresden: Staatliches Museum für Völkerkunde in Dresden, S. 234-243.

SCHENK, A. (1993), Inducing trance: On the training of Ladakhi oracle healers. In: RAMBLE, C.; BRAUEN, M. (Eds.), *Proceedings of the International Seminar on the Anthropology of Tibet and the Himalaya,* September 21-28, 1990 at the Ethnographic Museum of the University of Zürich. (Ethnologische Schriften, ESZ 12), Zürich: Völkerkundemuseum der Universität Zürich, S. 331-342.

SCHENK, A. (1994), *Schamanen auf dem Dach der Welt. Trance, Heilung und Initiation in Kleintibet.* Graz: Akademische Druck- und Verlagsanstalt.

SCHENK, A. (1996), Trance als Therapie. Die Bewusstseinstransformation bei den Schamanen Kleintibets. In: QUEKELBERGHE, R. van, EIGNER, D. (Hrsg.), *Trance, Besessenheit, Therapie – Heilrituale und Psychotherapie.* (Jahrbuch für Transkulturelle Medizin und Psychotherapie 1994) Berlin: VWB – Verlag für Wissenschaft und Bildung.

SCHLENKER, H. (1975/1983), *Tibeter (Zentralasien, Ladakh).* Ausbildung einer Orakelpriesterin. Göttingen: Institut für den Wissenschaftlichen Film.

SCHOLZ, F. (Hrsg.) (1991), *Nomaden: Mobile Tierhaltung. Zur gegenwärtigen Lage von Nomaden und zu den Problemen und Chancen mobiler Tierhaltung.* Berlin: Das Arabische Buch.

SCHOLZ, F. (1992), *Nomadismus.* Berlin: Das Arabische Buch.

SCHOLZ, F. (1994), Nomadismus – Mobile Tierhaltung. Formen, Niedergang und Perspektiven einer traditionsreichen Lebens- und Wirtschaftsweise. *Geographische Rundschau,* Vol. 2 (No. 46), S. 72-78.

SCHOLZ, F. (1995), *Nomadismus. Theorie und Wandel einer soziologischen Kulturweise.* (Erdkundliches Wissen, 118) Stuttgart: Steiner Verlag.

SCHULER, S. (1978), Notes on marriage and the status of women in Baragaon. *Kailash,* Vol. 6 (No. 2), S. 141-152.

SCHULER, S. R. (1983), *Fraternal Polyandry and Single Women: A Study of Marriage, Social Stratification and Property in Chumik, a Tibetan Society of the Nepalese Himalaya.* Cambridge: Harvard University Press.

SCHULER, S. R. (1987), *The Other Side of Polyandry: Property, Stratification, and Nonmarriage in the Nepal Himalayas.* (Women in Cross-Cultural Perspective Series) Boulder: Westview Press.

SHAFER, R. (1957), *Bibliography of Sino-Tibetan Languages, Part I.* Wiesbaden: Otto Harrassowitz Verlag.

SHAFER, R. (1963), *Bibliography of Sino-Tibetan Languages, Part II.* Wiesbaden: Otto Harrassowitz Verlag.

SHAFER, R. (1966-1973), *Introduction to Sino-Tibetan.* Wiesbaden: Otto Harrassowitz Verlag.

SHARMA, D. D. (1987), Kinship organization of the polyandrous Lahulas. In: RAHA, M. K. (Ed.), *The Himalayan Heritage.* Delhi: Gian Publishing House, S. 387-412.

SISHAUDHIA, V. K. (1987), Polyandry in a Cis-Himalayan community. In: RAHA, M. K.; COOMAR, P. C. (Eds.), *Polyandry in India.* Delhi: Gian Publishing House, S. 220-232.

SMITH, E. A. (1998), Is Tibetan polyandry adaptive? Methodological and metatheoretical analyses. *Human Nature,* Vol. 9 (No. 3), S. 225-261.

SPIRO, M. E. (1996), Postmodernism, anthropology, subjectivity, and science: A modernist critique. *Comparative Studies in Society and History,* Vol. 38 (No. 4), S. 759-780.

SPOONER, B. (1971), Towards a generative model of nomadism. *Anthropological Quarterly,* Vol. 44 (No. 3), S. 198-210.

SPOONER, B. (1973), *The Cultural Ecology of Pastoral Nomads.* Reading/Mass.: Addison Wesley Publisher.

STEIN, R. A. (1972), *Tibetan Civilization.* Stanford: Stanford University Press.

STEWARD, J. (1968), Cultural ecology. In: SILLS, D.L. (Ed.), *International Encyclopedia of the Social Sciences,* Vol. 4. New York: The Macmillan Company & The Free Press, S. 337-344.

STRECKER, I. (1990), Forschung und Freundschaft. In: KOHL, K.-H.; MUSZINSKI, H.; STRECKER, I. (Eds.), *Die Vielfalt der Kultur. Ethnologische Aspekte von Verwandtschaft, Kunst und Weltauffassung.* Berlin: Dietrich Reimer Verlag, S. 606-613.

STULPNAGEL, C. R. (1955), Polyandry in the Himalayas. *The Indian Antiquary,* Vol. 7, S. 132-135.

TEDLOCK, D. (1986), The analogical tradition and the emergence of a dialogical anthropology. *Journal of Anthropological Research,* Vol. 43 (No. 3), S. 387-400.

TEDLOCK, D. (1987), Questions concerning dialogical anthropology. *Journal of Anthropological Research,* Vol. 43 (No. 4), S. 325-337.

TEDLOCK, D. (1993), Fragen zur dialogischen Anthropologie. In: BERG, E.; FUCHS, M. (Hrsg.), Kultur, soziale Praxis, Text. *Die Krise der ethnographischen Repräsentation.* Frankfurt: Suhrkamp Verlag, S. 269-287.

TEDLOCK, D.; MANNHEIM. B. (Eds.) (1995), *The Dialogic Emergence of Culture.* Champaign/Urbana: University of Illinois Press.

TOPGYAL, T.; TOPGYAL, T. et al. (1998), The lifestyle of nomads. *The Tibet Journal,* Vol. 23 (No. 3), S. 34-49.

TOWNSEND, J. B. (1997), Shamanism. In: GLAZIER, S. D. (Ed.), *Anthropology of Religion.* A Handbook. Westport/CT: Greenwood Press, S. 429-469.

TREVITHICK, A. (1997), On a panhuman preference for monandry: Is polyandry an exception? *Journal of Comparative Family Studies,* Vol. 28 (No. 3), S. 154-181.

TSEWANG, L. (1985), Problem of Ladakhi language and its solution. In: PALJOR, T.; TRIPATHI, S. R. S.; DORJE, S. S. (Eds.), *Ladakh Men Bauddh Vidyaun Ka Atihasik Evam Darshanik Sandarbh.* (Ladakh-Prabha; 3) Leh, Ladakh: Kendriya Bauddha Vidya Sansthan, S. 37-42.

UJFALVY, C. E. (1884), Über das Vorkommen der Polyandrie bei den Völkerschaften im westlichen Himalaja. *Deutsche Rundschau für Geographie und Statistik,* Vol. 6, S. 14-20.

VAJDA, L. (1968), *Untersuchungen zur Geschichte der Hirtenkulturen.* (Veröffentlichungen des Osteuropa-Institutes München, Band 31) Wiesbaden: Otto Harrassowitz.

VOLF. P. (1994), *Seger åt Gudarna. Rituell Bestatthet hos Ladakhier.* (Victory to the Gods. Ritual Possession among Ladakhis.) Stockholm: Allmqvist & Wiksell International.

YAMADA, T. (1991/1993), Spirit possession and shamanism among the Ladakhi in Tibet. In: HOPPAL, M.; HOWARD, K. D. (Eds.), *Shamans and Cultures.* Regional Aspects of Shamanism. Budapest: Akadémiai Kiadó, S. 214-222.

ZEISLER, B. (1999), Borrowed language: Passive assimilation or active incorporation of modern concepts. In: BEEK, M. van; BERTELSEN, K. B.; PEDERSEN, P. (Eds.), *Ladakh – Culture, History, and Development Between Himalaya and Karakoram.* (Recent Research on Ladakh; 8) Aarhus: Aarhus University Press, S. 389-401.

Martin Thöni
Westtibet
Reise in ein verborgenes Land
ISBN 3-7059-0076-5
23,5 x 30,5 cm; 192 Seiten; 230 Farbfotos; geb.

Westtibet ist auch heute nur schwer erreichbar. Es ist ein Land, wo Mythologie, Religion und Kultur mit einer überwältigenden Landschaftsarchitektur zu einer Einheit verschmelzen. Das Buch führt mit Bildern, Reiseinformationen und weiteren Textkapiteln zu Mythologie, Religion, Kulturgeschichte und zur Geologie in das verborgene Land hinter dem Himalaya.

Weishaupt Verlag, A-8342 Gnas
Tel: 03151–8487, Fax: 03151–84874
e-mail: verlag@weishaupt.at
e-bookshop: www.weishaupt.at

Hans Först
Tibet – Mythos und Wirklichkeit

ISBN 3-7059-0045-5
21,5 cm x 30 cm; 192 Seiten; 200 Farbfotos; geb.; mit einem Vorwort vom 14. Dalai Lama Tenzin Gyatso

Generationen von Reisenden versuchten, das geheimnisvolle Tibet zu erreichen. Ihre Berichte von Klosterstädten mit goldenen Dächern, von heiligen Bergen und lebenden Göttern haben im Abendland den Mythos Tibet geschaffen. Das Buch informiert umfassend über die Geschichte, Kulturdenkmäler und die Menschen, die diese Kultur geschaffen haben.

Hans Först
Tibet
Reiseführer

ISBN 3-7059-0152-4
13,5 x 20,5 cm; 432 Seiten; 202 teils farbige Abb.; Brosch.; 3. Aufl./Neuauflage

Tibet – das geheimnisvolle, „verbotene" Land hinter den Eisriesen des Himalaya – hat seit Jahrhunderten die Phantasie der Europäer angeregt. Dieser aktuellste und mit 432 Seiten, 58 farbigen und 144 einfarbigen Abbildungen sowie mit vielen praktischen Reiseinformationen umfangreiche Tibet-Führer ist dabei eine unentbehrliche Hilfe.

Weishaupt Verlag, A-8342 Gnas
Tel: 03151–8487, Fax: 03151–84874
e-mail: verlag@weishaupt.at
e-bookshop: www.weishaupt.at